至善人文

马克思的社会概念
（增订版）

卞绍斌　著

图书在版编目（CIP）数据

马克思的社会概念/卞绍斌著 .—增订版 .—北京：商务印书馆，2024
（至善人文）
ISBN 978-7-100-23568-6

Ⅰ.①马… Ⅱ.①卞… Ⅲ.①马克思主义—社会学—研究 Ⅳ.① A811.64

中国国家版本馆 CIP 数据核字（2024）第 062444 号

权利保留，侵权必究。

至善人文

马克思的社会概念
（增订版）

卞绍斌　著

商 务 印 书 馆 出 版
（北京王府井大街36号　邮政编码100710）
商 务 印 书 馆 发 行
南京鸿图印务有限公司印刷
ISBN 978-7-100-23568-6

2024年6月第1版　　开本 890×1240 1/32
2024年6月第1次印刷　　印张 13

定价：68.00 元

至善人文

编委会

主　　任：樊和平

成　　员：(以姓氏笔画为序)

　　　　　　王　珏　王禄生　叶　炜　吕宗力　刘　俊

　　　　　　孙向晨　李焯然　杨立华　张志伟　张福贵

　　　　　　陈谦平　赵稀方　洪岩璧　贺　来　黄乔生

主　　编：卞绍斌

副 主 编：王华宝　张　娟

总　序

当今世界，科学技术尤其是人工智能快速迭代，深度影响着人类的生活形态与思维方式；地区冲突与全球风险依然层出不穷，寻求价值共识和社会团结的努力道阻且长。"至善人文"丛书的编撰，正是为了应对时代课题而进行的理论探索和思想建构。概言之，本丛书力图体现以下几重学术旨趣：

一是彰显人文学科与激发人格理想的深层关联。人格理想是我们对自身存在的自觉之思，人文学科在有限中希求无限人格，在规范中追寻自由人格，在特殊中通达普遍人格。这一人格理想既包含理性地寻求最高阶价值的善观念，也蕴含理解并践行公共原则的正义感。尊重、捍卫并提升每个人所具有的人格尊严，敞开更多的可能性，使人成为人，乃是人文学科的根本关切，阐明并发扬高尚伟大人格，是人文学者的责任所在，也是本丛书自觉践行的基本理念和价值诉求。

二是明晰人文学术在构筑精神世界中的独特地位。精神家园是人文学术必须用心构筑并守护的高远之境、理想之境和至善之境。哲学经由概念推证构造理由空间，文学通过爱憎与悲悯营造情感空间，历史学则借古今兴亡再造文明空间，由此创获我们身处其中的第二自然，思想与行动因此交相辉映、彼此充盈。我们在精神世界中，既安若家居，又不断拓展想象力的边界。而持之有故，言之成理，是人文学者贡献独特心智力量的基本路径，也是本丛书编撰秉持的基本准则。

三是提升人文学者关切人类未来的自觉意识。人类未来是我们倾力畅想的共存图景，经由人文学者的创造性阐明、激发与构建，基于坚实的人格理想和共通的精神境界，我们将更为自主，也更有可能团结一致。经由人文学科创立的话语形态和思想空间，通过诉诸我们的公共理性与共通感，将更有可能达至更广泛的共识。也因此，本丛书倡导跨学科交流对话，融汇国故新知，贯通东西文明，通过传达优美和庄严的义理辞章，致力于人类繁盛，抵御心灵陷入蛮荒状态。

综上，激发人格理想，构筑精神家园，畅言人类未来，是人文学术的宗旨所在，也是这套丛书的使命所系。我们希望与学界同仁共同努力，以沉着和耐心勾画一片融贯自然和自由的人文之境。

卞绍斌

2024 年 3 月

目 录

导　论　重新理解马克思的社会概念 ……………………… 1
　第一节　被误读的马克思社会概念 ……………………………… 2
　第二节　对马克思社会概念的种种诘难 ………………………… 28
　第三节　解读马克思社会概念遵循的基本理路 ………………… 53

第一章　反省现代性：马克思社会概念的根本出发点 ……… 65
　第一节　马克思的现代性体验及其辩证立场 …………………… 66
　第二节　反现代性语境中的现代性话语 ………………………… 83
　第三节　现代性批判与马克思社会概念的多重向度 …………… 88

第二章　重建公共生活：马克思社会概念的思想指向 ……… 108
　第一节　现代性课题与黑格尔的解决路径 ……………………… 109
　第二节　马克思对黑格尔国家与社会理论的批判 ……………… 120
　第三节　马克思与现代公共生活的重构 ………………………… 130
　第四节　马克思社会概念公共性内涵的当代意义 ……………… 145

第三章　寻求社会解放的存在论价值旨趣 …………………… 173
　第一节　现代性问题的存在论追问 ……………………………… 174
　第二节　从政治解放到社会解放 ………………………………… 186
　第三节　生活世界批判与解放的世俗基础 ……………………… 192

第四节　社会解放的理想图景 …………………………… 197

第四章　社会生活的实践特质与实践的社会规范内涵 ……… 207
　　第一节　实践哲学转向与现代生活的重新审视 …………… 208
　　第二节　理论哲学视野中的社会概念 ……………………… 218
　　第三节　后形而上学语境中的马克思哲学革命 …………… 230
　　第四节　马克思实践哲学的社会规范内涵 ………………… 239

第五章　资本主义社会的历史定位与永恒正义的瓦解 ……… 247
　　第一节　马克思社会历史观的思想境遇 …………………… 248
　　第二节　资本主义正义观念的前提批判 …………………… 271
　　第三节　马克思正义观的多重内涵 ………………………… 280
　　第四节　马克思社会历史观的当代价值 …………………… 302

第六章　比较与融通：马克思社会政治思想的当代阐释 …… 317
　　第一节　马克思与正义：从罗尔斯的观点看 ……………… 318
　　第二节　柯亨的平等主义诉求及其道德价值 ……………… 350
　　第三节　实践理性与唯物史观的规范性诠释 ……………… 366

主要参考文献 ……………………………………………………… 391

初版后记 ………………………………………………………… 399

再版后记 ………………………………………………………… 403

导　论

重新理解马克思的社会概念

社会概念在马克思的思想变革中占有基石性地位，也是为人们所熟知的一个概念。但熟知并非真知，人们在不断重复这一概念的时候，对其真实内涵却没有进行深入探究，这也造成了对这一概念的诸多误解和偏见。我们所做的工作，正是对当前业已形成的关于马克思社会概念的常识和原理进行一番前提性评述，进而在现代性视域中重新理解这一概念，揭示这一概念在解决现代性问题上所具有的重大理论价值。在我们看来，只有从现代社会所造成的个体主体与社会共同体分裂这一重大课题出发，才能更加深刻地理解马克思社会概念所具有的思想内涵，才能更加真切地体会这一概念着眼于批判现代资本主义社会从而重构公共生活的根本思想指向。在此基础上，马克思社会概念中所具有的存在论旨趣、实践性特质、历史性维度才能得到更加清晰的呈现。充分阐释社会概念的思想内涵，对于立足马克思思想开展与当代西方政治哲学思潮的批判性对话也具有重要意义。

第一节　被误读的马克思社会概念

围绕马克思的社会概念，国内外学界已经进行了一定程度的解读和反思，也积累了相当多的理论成果。许多学者都大体认同，这一概念不仅是马克思考察现代社会的基本出发点，也是其批判资本主义现实社会关系及其形而上学逻辑预设的思想前提，同时，这一概念还是其建构真实社会生活的规范性价值基础。这三个要素相互联结，共同组成了马克思哲学变革的重要环节。但不容否认的是，我们对这一概念的理解依然存在诸多问题。我们把这些问题称为对马克思社会概念的误读。[①] 在这里，我们将评述误读马克思社会概念的三种表现形式。

一、实体化的误读

概括起来，实体化的误读主要体现在以下三个方面：

首先，马克思的社会概念被理解为高于个体而存在的集合体。从而，这一概念被当作抽象化的集合体和无人身的理性实体。有人认为，马克思主义坚持了如下观点："个人，这是人的共性——生物类、社会集团的个别和单个的代表。人就把自己本质的这样一些方

---

① 需要说明的是，所谓误读大多是由一定的现实情景和思维方式所造成的，同时，清理这些误读主要是为了更准确、更充分地展现马克思社会概念的思想内涵，而并不否认学界在这一概念的理解上已经取得的重要思想成果。因此，所谓误读也只是在相对的、一定层面上的指认。

面，如社会的、生物的、精神道德的和文化历史的方面，表现为一个不可分割的统一体。"① 在这段表述中，个人只不过是共性的单个代表，从而人或者社会就被抽象化为比个体更高的概念，并且，这种抽象化的社会观就把普遍性、统一体等概念的力量提升到比个人更高的地位，从而误解了马克思社会概念的基本内涵。

问题在于，当社会被理解为一种高于个人的集合体时，无形中就把社会的价值看作绝对高于个人的价值，群体的利益也就大于个体的利益，而原先作为历史发展前提和归宿的个人的作用被抹杀了，在集体面前，人也就成了无足轻重的工具和社会舞台上的道具。在不同的历史发展阶段中，这种虚构的集体逐渐演变为高高在上的人格化实体，对人发号施令，而个人只有无条件服从。因此，个体的独立价值和生命感悟或被消解或被当作次要的东西来加以对待。这种抽象化的集体采取共同体、国家、宗教组织等不同的表现形式，在一定意义上都可能成为压制个体的统治性力量。马克思很早就开始批判这种凌驾于现实个人之上的虚幻的集体，"从前各个人联合而成的虚假的共同体，总是相对于各个人而独立的；由于这种共同体是一个阶级反对另一个阶级的联合，因此对于被统治的阶级来说，它不仅是完全虚幻的共同体，而且是新的桎梏"②。马克思的观点很明确，作为真实集体的未来社会乃是个人的联合而不是一种群聚，同时这种联合的最终目的是个体的自由而不是虚幻的群体价值。高清海先生正是根据马克思的这一思想而提出类哲学和类生活的理念的，在他看来：

---

① 格里戈里扬：《关于人的本质的哲学》，汤侠声等译，生活·读书·新知三联书店1984年版，第177页。
② 《马克思恩格斯文集》第1卷，人民出版社2009年版，第571页。

群体意义上的集体与类体意义上的集体的不同就在于，前者的个体是没有独立性的，后者的个体是独立的。由此决定群集体是一种超个体的存在，而类集体则是多元复合的统一体。在前种集体中，个人只是附属于集体的一个成员，他们的价值和意义不在自身而在集体，因此它的原则便是集体利益绝对地高于一切，一切都要服从于发展集体的需要，个人不能讲求单独利益，必须无条件地服从集体需要。①

因此，一方面，马克思从来不在纯粹概念的意义上谈论大写的人，相反，在他看来，"人的本质不是单个人所固有的抽象物，在其现实性上，它是一切社会关系的总和"②；另一方面，他也不在抽象的层面上考察脱离个体发展的社会生活，而是主张"人们的社会历史始终只是他们的个体发展的历史，而不管他们是否意识到这一点。他们的物质关系形成他们的一切关系的基础。这种物质关系不过是他们的物质的和个体的活动所借以实现的必然形式罢了"③。在马克思那里，社会在本质上是个人交互活动的产物，是人和人之间在一定的历史条件下所形成的社会关系。于是，马克思在人们的实践生活中破解现代性状况下的社会发展与个体发展之谜，并且结合个体的发展来构建未来社会形态。

其次，马克思的社会概念被等同于一种客观实在，社会发展被归结为一种似自然性过程，并且可以用研究自然科学的方式来考察其规

---

① 高清海：《高清海哲学文存》第 2 卷，吉林人民出版社 1997 年版，第 132 页。
② 《马克思恩格斯文集》第 1 卷，人民出版社 2009 年版，第 501 页。
③ 《马克思恩格斯文集》第 10 卷，人民出版社 2009 年版，第 43 页。

律和趋势。在这种理解方式中，马克思的社会概念一方面被实证化了，被当作一种孤立存在的脱离现实人类生存的客观实在，另一方面被理解为可以用类似自然科学方法加以解释的规律性实体。在这种自然化的社会观看来：

> 既然自然界、存在、物质世界是第一性的，而意识、思维是第二性的，是派生的；既然物质世界是不依赖于人们意识而存在的客观实在，而意识是这一客观实在的反映，那末由此应该得出结论：社会的物质生活、社会的存在，也是第一性的，而社会的精神生活是第二性的，是派生的；社会的物质生活是不依赖于人们意志而存在的客观实在，而社会的精神生活是这一客观实在的反映，是存在的反映。①

于是，社会与自然可以共享同样的方法和规律，社会规律不过是自然规律的延伸和扩展。最终，在这样的观念主导下，马克思思想语境中的社会被当作自然事物的翻版，社会被当作可以加以分析和研究的僵化的物质存在，"作为人们相互作用的产物的社会，是物质发展的已知形式中的高级形式"，"'社会'概念反映物质运动的社会形

---

① 联共(布)中央特设委员会编：《联共(布)党史简明教程》，中共中央马克思恩格斯列宁斯大林著作编译局译，人民出版社1975年版，第128页。不可否认的是，直到今天，我们的一些马克思主义哲学原理教科书依然在这一层面上阐释物质、存在与社会等概念，历经多次改革的教科书体系依然未能从根本上脱离自然主义范式的影响，在我们看来其中一个重要的原因在于知性化思维方式的作用，当我们依然没有走出并对这一思维方式进行前提批判而仓促建构体系时，看似完美的思想体系恰恰是以失去马克思所具有的实践品格和创造性重构社会联合的思想为代价的。

式——它与其他形式不同——的质的规定性"①。同时我们也可以仿效自然科学的研究方法抽取其中的机械因果规律,由此,我们就可以预言社会发展规律,断言未来社会形态,同时也可以改造社会机体。普列汉诺夫正是把马克思的历史观和社会观理解为科学原则的代表人物,在他看来:

> 马克思证明了人类社会的经济制度是基础,用这个基础的进化可以解释社会进化的一切其他方面。这就是马克思的主要功绩,甚至比他在《资本论》中对现代社会所进行的无可反驳的批判更为重要。他的关于历史的理论第一次给了我们理解人类进化的钥匙。我们从马克思那里第一次得到了说明人类历史的唯物主义哲学。②

在我们看来,这种证明、解释和说明依然停留在马克思所批判的解释世界哲学的层面上,而无法理解马克思社会概念所蕴含的批判和改变世界的深刻内涵。

实际上,马克思从没有试图揭示出一种客观、永恒、普遍适用的规律,在他那里,只有结合一定社会发展阶段而引申出来的解决现实问题的观念和视角,而且他所主张的历史观和社会观应该根据具体的情境来创造性地加以运用。在此意义上,那种把马克思的社会历史观

---

① 马拉霍夫:《社会发展的辩证法》,单志澄、胡慧琴译,东方出版社1988年版,第19、34页。
② 普列汉诺夫:《普列汉诺夫哲学著作选集》第2卷,生活·读书·新知三联书店1961年版,第510页。

看作客观自然规律的观点实质上误解了马克思的思想,这种看似客观、一元的社会观和历史观和那种从原则、逻辑出发的理论哲学进路有很多相似之处。马克思早在《德法年鉴》时期就已经深刻批判了这种教条主义的知识化立场,"以前,哲学家们把一切谜底都放在自己的书桌里,愚昧的凡俗世界只需张开嘴等着绝对科学这只烤乳鸽掉进来就得了","在这种情况下,我们不是教条地以新原理面向世界:真理在这里,下跪吧!我们是从世界的原理中为世界阐发新原理"①。对于这种似自然性的社会概念,诸多学者都有较为清醒的认识,在他们看来,马克思的社会、规律等概念绝不是一种自然科学意义上的理论逻辑,而是具有强烈实践意味的历史性概念。俞吾金先生曾从社会主体论的视角来解读马克思的思想,在他看来,马克思的社会概念是一个包含了人的实践活动和个体价值的整体规定,同时也是揭露资本主体奥秘的思想方法,因此,马克思的社会主体是一个关系性、历史性的实践范畴,而不是客观的自然性实体。②

最后,实体化的误读还表现在,社会被理解为一种与生物有机体相类似的存在物,从而可以被当作生物有机体来进行解剖和分析,并且也可以仿照有机体的存在方式来进行建构和改造。社会于是有了从低级到高级,从简单到复杂的系统、形态和结构。社会被有机体化看似合理,但却遮蔽了马克思社会概念的真实内涵。在这一思想语境中,社会依然被当作一个实体来进行研究和分析,其中蕴含着的人类实践活动和批判内涵也被消解了,社会被当作一个排除价值判断的客体存在物,也被当作一个无须加以反思批判的体系结构,建立在这一

---

① 《马克思恩格斯文集》第10卷,人民出版社2009年版,第7、9页。
② 俞吾金:《马克思的社会主体论探要》,《复旦学报(社会科学版)》2005年第5期。

理路上的社会概念最终演变成为一系列的知识和原理，根本无法触动现实的人类生活。

以传统马克思主义哲学教科书为代表的对马克思社会概念的解读，大多走入了这一误区。其对马克思社会结构、社会形态、社会体系思想的阐发看似具体、丰富，但却是以远离和失去这一概念旨在解决现代性问题并走出现代性困境的真实思想旨趣为代价的。实际上，马克思在许多场合都反复强调其社会概念的批判向度，比如他在考察资本主义的社会关系时，不仅仅停留在描述这一关系的状态和模式上，而是要揭露这一关系背后所隐含的资本主义权力关系的社会现实：

> 毫不相干的个人之间的互相的和全面的依赖，构成他们的社会联系。这种社会联系表现在交换价值上，因为对于每个个人来说，只有通过交换价值，他自己的活动或产品才成为他的活动或产品；他必须生产一般产品——交换价值，或本身孤立化的、个体化的交换价值，即货币。另一方面，每个个人行使支配别人的活动或支配社会财富的权力，就在于他是交换价值的或货币的所有者。他在衣袋里装着自己的社会权力和自己同社会的联系。①

批判并颠覆现代资本主义社会所造成的权力关系，找寻能够走出这一社会关系的道路，是马克思社会概念的题中应有之义，而实体化的解读思路恰恰抹杀了这一概念的批判向度和规范内涵。

---

① 《马克思恩格斯全集》第30卷，人民出版社1995年版，第106页。

出现这种实体化解读思路的根本原因在于，它预设了一个非历史性的前提，脱离了产生这一概念的具体语境，更没有理解这一概念所彰显的现代性问题意识。这种理解方式把马克思的社会概念作为现成的知识和原则，并且认为这种现成的概念体系能够被我们随意地加以运用。于是，在这种实体化的解读思路中，我们感悟不到人类存在的生命气息，而是被层出不穷的关于社会的知识体系所包围。这种无人身的知识建构不仅无法对现实世界进行批判性反思，也不能为我们的未来生活给出有价值的指引。马克思思想中涌动的激情被剥离殆尽，只剩下冷冰冰的知识话语，马克思社会概念的原初内涵也被深深遮蔽了。

这一实体化的误读还源于起制约作用的知性化的思维方式。黑格尔（Georg Wilhelm Friedrich Hegel）曾经立足于唯心主义立场对这一思维方式进行深刻的评判，他把这一思维方式称为独断论，"知性形而上学的独断论主要在于坚执孤立化的片面的思想规定"，"它们认为抽象的孤立的思想概念即本身自足，可以用来表达真理而有效准"[①]。在对马克思社会概念进行探究的过程中，我们已然在无形中把这一概念孤立化，并作出了片面性的理解，从而没有看到这一概念所具有的丰富多元的内涵，更没有体会到这一概念所应对的现实课题。最终，这一实体化的思维方式把社会与个人的存在二元对立了起来，或者以自然科学的研究方式来解析社会存在，或者以机械决定论的知识理路来判定社会发展进程，其中隐含的知性化思维方式不仅遮蔽了马克思社会概念的原初语境和问题意识，也导致时至今日，马克思社会概念的真实内涵依然隐而不显。

我们把这样的一种知识论立场界定为一种以物视角看待社会的思

---

① 黑格尔：《小逻辑》，贺麟译，商务印书馆1980年版，第101、95页。

想路径,而这一路径得以建立的一个重要思想背景是近代以来影响深远的"实证社会学"思潮。这一思潮通过反叛形而上学的理性玄思,主张把社会作为客观事实来看待并研究,通过坚持价值中立来洞察社会的本质。正如实证社会学的创始人孔德(Auguste Comte)所说,"作为我们智慧成熟标志的根本革命,主要是在于处处以单纯的规律探求、即研究被观察现象之间存在的恒定关系,来代替无法认识的本义的起因"[①]。由此,孔德认为,摆脱社会危机的主要步骤是引入新的知识和信仰体系,就是以实证科学的精神来研究社会,同时将社会学建立成为一门科学。斯宾塞(Herbert Spencer)也坚持客观的社会学方法,同时也大大扩展了社会进化论和有机体论。在他看来,社会类似于单个人的身体组织,社会进化也与动物组织的演化相似,"社会在从发展的最低阶段进步到最高阶段时所采取的各种不同的组织,原则上和各种不同的动物组织是相似的","社会的发展,也和人的发展及一般生命的发展一样,可以描述为一种个体化——变成一个事物——的倾向"[②]。迪尔凯姆(Émile Durkheim)一方面承接了孔德的实证社会学的基本理路,另一方面还进一步批判了孔德思想的不彻底性,指认后者还残留着道德教化的痕迹。因此在他看来,社会学研究必须把客观的社会事实当作物来分析,这是一条基本的研究原则:

> 实际上,时至今日,社会学所专门研究的几乎都是概念,而不是物。不错,孔德说过,社会现象就是服从于自然规律的自然事实。从这句话来看,他隐含地承认了社会现象是物,因为自然界

---

① 孔德:《论实证精神》,黄建华译,商务印书馆2011年版,第19页。
② 斯宾塞:《社会静力学》,张雄武译,商务印书馆2009年版,第262、266页。

中存在的只有物。但是，当他脱离这种哲学概括，试图运用自己的原理并使科学摆脱这种哲学概括时，他还是把观念作为研究的对象了。实际上，他的社会学研究的主题是：人类从古至今的进步。[1]

受孔德所开创并延续久远的实证社会学思潮的强烈影响，我们在相当长的时期内也把马克思思想置于同一脉络中，对社会的理解也带有较多的实证科学印记，从而，"尽管社会生活现象错综复杂，但是社会历史科学能够成为例如同生物学一样准确的科学，能够拿社会发展规律来实际应用"[2]。

在这种物的理解方式左右下，马克思社会概念的内涵被曲解了，马克思关于社会的种种观点被当作可以随意加以套用的原则和公式，这些原则和公式一经产生便成了无须进一步反思的教条和体系，在这些知识体系中，真实的问题和语境被遮蔽了，真切的个体价值和人文情怀丧失了，真正的实践的、批判的规范意蕴没有了，知识被不断生产和建构，但是问题却依然如故，种种理论构想成了一种马克思所批判的彼岸世界的存在物。

二、双重构架的误读

这种误读的主要观点是，早期马克思思想中的社会概念与类概念由于受人本学异化史观框架的制约，因而是不成熟的，下面我们简要

---

[1] 迪尔凯姆：《社会学方法的准则》，狄玉明译，商务印书馆2004年版，第39页。
[2] 联共（布）中央特设委员会编：《联共（布）党史简明教程》，中共中央马克思恩格斯列宁斯大林著作编译局译，人民出版社1975年版，第128页。

分析与之相关的具体论述。

1. 由于受其不成熟的人本学思想框架的制约，早期马克思的社会概念、类概念无法充当新世界观的思想基础。

早期马克思的社会概念及在这一概念基础上形成的类哲学思想能否成为其哲学出发点？要回答这个问题，我们首先应该弄清楚，马克思哲学的理论基点是否是单一的、不变的；同时也应该结合马克思的思想发展历程来说明，早期马克思的社会概念与类哲学思想框架是否与现实的个人这一出发点相矛盾。

我们认为，马克思在其不同阶段的思想文本中分别使用过现实的个人、社会生产、现实的历史、社会实践以及社会化的人类等概念作为其思想的立论基点，也就是说，在马克思那里根本没有一个本质主义的思想基础，而只有在应对不同的现实问题时所采取的特殊的思想路径和实践方案。

具体到马克思早期思想的代表性文本《1844年经济学哲学手稿》（以下简称《1884年手稿》）中，类生活、社会化的人与现实个人这一出发点并行不悖，也并不冲突，个体的存在恰恰是社会存在的表现。

> 因此，人是特殊的个体，并且正是人的特殊性使人成为个体，成为现实的、单个的社会存在物，同样，人也是总体，是观念的总体，是被思考和被感知的社会的自为的主体存在，正如人在现实中既作为对社会存在的直观和现实享受而存在，又作为人的生命表现的总体而存在一样。[①]

---

① 《马克思恩格斯文集》第1卷，人民出版社2009年版，第188页。

个体作为社会总体而存在，正是因为这种存在能够彰显人的生命活动。所以，类哲学与现实的个人并不矛盾，其也并不意图取代马克思主义哲学的根本出发点。高清海先生对马克思类哲学思想的诠释也体现了这一点，他通过解读马克思的三形态思想认为：

> 自觉类本位的人——属于类主体形态。这是在个人自立的基础上人与人、人与自然界都达到了高度本质统一的形态，因而成为自由和自觉的"人"。在这时人方得到全面的发展，开始占有自身的全面本质，真正成为"人化的人"（"建立在个人全面发展和他们共同的社会生产能力成为他们的社会财富这一基础上的自由个性"阶段）。①

由此可见，早期马克思的社会概念及其类哲学思想的根本要义恰是以个体的独立和发展作为前提条件的，且所有这些条件都需要现实社会存在的有力支撑，而马克思对现实的个人的诠释与其对未来社会生活的构想并行不悖，其对类哲学的阐发正是基于这一构想。

2. 早期马克思社会概念及其类哲学思想试图通过恢复自由自觉的人类劳动来消除资本主义异化的社会现实，由此使人成为真正的类存在物，这是一种隐性的唯心史观。

在我们看来，早期马克思的自由自觉的劳动及其相对应的异化劳动思想是其社会概念的主要内涵。这一思想能够帮助我们更好地破除

---

① 高清海：《高清海哲学文存·续编》第3卷，黑龙江教育出版社2004年版，第73页。

那种抽象的、固定不变的社会生活图景，也能够使我们在实践基础上不断创造更可欲的社会联合体。

因此，《1844年手稿》中马克思对劳动概念的分析正是理解其社会概念的重要切入点。而且，这也是其超越费尔巴哈（Ludwig Feuerbach）的自然意义上的类并批判黑格尔的劳动辩证法的积极成果。忽视这一点，便很容易深陷唯心史观。

首先，马克思通过异化、异化劳动概念揭示私有财产的本质，进而有力地批判了资本主义社会中工人的非人的社会生活：

> 我们从两个方面考察了实践的人的活动即劳动的异化行为。第一，工人对劳动产品这个异己的、统治着他的对象的关系。这种关系同时也是工人对感性的外部世界、对自然对象——异己的与他敌对的世界——的关系。第二，在劳动过程中劳动对生产行为的关系。这种关系是工人对他自己的活动——一种异己的、不属于他的活动——的关系。①

正是由于劳动异化，类本质和人与人的异化状态才得以产生。

其次，马克思还深入考察了异化劳动这一现代社会生活的实践特征，因而并非在理论悬设的意义上提出这一命题。

> 在实践的、现实的世界中，自我异化只有通过对他人的实践的、现实的关系才能表现出来。异化借以实现的手段本身就是实

---

① 《马克思恩格斯文集》第1卷，人民出版社2009年版，第160页。

践的。因此，通过异化劳动，人不仅生产出他对作为异己的、敌对的力量的生产对象和生产行为的关系，而且还生产出他人对他的生产和他的产品的关系，以及他对这些他人的关系。①

这一外在于工人生活并对工人生活实施奴役的关系就是私有财产关系，其人化的形象就是资本家。

最后，马克思通过对异化劳动不同层面的分析得出了私有财产的概念，并且指出了消灭私有财产与"人类解放"息息相关。

> 从异化劳动对私有财产的关系可以进一步得出这样的结论：社会从私有财产等等解放出来、从奴役制解放出来，是通过工人解放这种政治形式来表现的，这并不是因为这里涉及的仅仅是工人的解放，而是因为工人的解放还包含普遍的人的解放；其所以如此，是因为整个的人类奴役制就包含在工人对生产的关系中，而一切奴役关系只不过是这种关系的变形和后果罢了。②

在此意义上，马克思的自由自觉的人类劳动才能得到切实的理解。

> 这种物质的、直接感性的私有财产，是异化了的人的生命的物质的、感性的表现……因此，对私有财产的积极的扬弃，作为对人的生命的占有，是对一切异化的积极的扬弃，从而是人从宗

---

① 《马克思恩格斯文集》第1卷，人民出版社2009年版，第165页。
② 《马克思恩格斯文集》第1卷，人民出版社2009年版，第167页。

教、家庭、国家等等向自己的合乎人性的存在即社会的存在的复归。①

可以看出,马克思异化劳动概念的适用并不是简单的价值悬设,而是建立在他在这一阶段的经济学研究基础之上的,即使这一研究过程还处于起步阶段,但是他的批判性思想已经自觉地以社会实践为出发点,揭露现代社会维护私有财产的本质,指出其未来的发展态势。

3. 早期马克思的社会概念及其类哲学思想预先假定了一个先验的理想模型和价值秩序,因而是一种本质主义的思想观念。

从马克思的早期文本来看,他恰恰是反对上述关于其社会概念的本质主义断言的。事实上,早期马克思的社会概念与上述先验论的哲学观念截然相反。下面我们来具体解析一下马克思对未来共产主义社会的表述。

一方面,马克思从私有财产的积极扬弃这一角度来理解共产主义的性质。他的主要观点是,共产主义与现实资本主义之间由于存在紧密联系,所以也就必须通过扬弃私有财产及其导致的异化状态才能达到真正的共产主义。这表明他已经初步形成了从政治经济学视角来批判现代资本主义社会的观点,并且把这种观点与实现真正的社会关系联系了起来。

> 共产主义是被扬弃了的私有财产的积极表现;起先它是作为普遍的私有财产出现的。由于这种共产主义是从私有财产的普遍

---

① 《马克思恩格斯文集》第1卷,人民出版社2009年版,第186页。

性来看私有财产关系的,所以共产主义在它的最初的形态中不过是私有财产关系的普遍化和完成。①

另一方面,马克思把建立在扬弃私有财产基础上的人的真实本质的复归作为未来社会的重要标志,确实带有浪漫主义的色彩,但是,这一价值向度是建立在前面实证分析和批判基础之上的,因而不能孤立地理解这些论断。

> 共产主义是对私有财产即人的自我异化的积极的扬弃,因而是通过人并且为了人而对人的本质的真正占有;因此,它是人向自身、也就是向社会的即合乎人性的人的复归,这种复归是完全的复归,是自觉实现并在以往发展的全部财富的范围内实现的复归。这种共产主义,作为完成了的自然主义,等于人道主义,而作为完成了的人道主义,等于自然主义,它是人和自然界之间、人和人之间的矛盾的真正解决,是存在和本质、对象化和自我确证、自由和必然、个体和类之间的斗争的真正解决。它是历史之谜的解答,而且知道自己就是这种解答。②

从上述分析可以看出,我们不能先验地判定一个文本和一个概念成熟与否,而应该在复调式语境中不断开掘其有价值的思想。在早期马克思那里,虽然他不同程度地受到了古典经济学的社会唯物主义、黑格尔的劳动异化理论以及费尔巴哈的类概念的影响,但是

---

① 《马克思恩格斯文集》第1卷,人民出版社2009年版,第183页。
② 《马克思恩格斯文集》第1卷,人民出版社2009年版,第185—186页。

我们也应该看到马克思此时超越他们的诸多关键点,并应该对这些超越的环节给予足够的重视。同时,既然复调式思想线索占据着马克思的整个思想历程,那么我们同样也不能先验地假定早期马克思思想中占主导地位的是伦理价值批判,也不能认定这种伦理价值批判就是不成熟的思想体现。马克思始终对历史和现实持有伦理批判的态度,也同时对未来社会进行了许多规范性的说明;与此同时,即使在《1844年手稿》中,这种价值判断也是在对现实的实证分析基础上得出的。我们能够看到两条线索的交替作用,但是无法得出前者不成熟的结论。

在《1844年手稿》中,马克思在承认国民经济学实证研究具有重要意义的同时①,也对其作了严肃的价值判断,"国民经济学的目的也就是社会的不幸"②。而为了揭露其导致的不幸后果,马克思首先进行的是实践的社会批判③,而非情感的单向度抒发,这在《1884年手稿》笔记本Ⅰ中得到了鲜明体现。虽然马克思此时依然没有完整地认识到抽象的社会劳动是资产阶级社会生产关系的本质特征,但不容否认的一点是,此时在马克思思想语境中,实践的批判思路占据着更为主导的地位,而这恰是异质于国民经济学的思想前提。

马克思认为,国民经济学的根本错误在于,它把活生生的、包含

---

① 马克思指出,"我的结论是通过完全经验的、以对国民经济学进行认真的批判研究为基础的分析得出的"(《马克思恩格斯文集》第1卷,人民出版社2009年版,第111页)。
② 《马克思恩格斯文集》第1卷,人民出版社2009年版,第122页。
③ "我们是从国民经济学的各个前提出发的";"我们且从当前的国民经济的事实出发"(《马克思恩格斯文集》第1卷,人民出版社2009年版,第155、156页)。

着人类活动的经济现实理解为一种抽象的单纯追逐经济利益的行为。因而它没有对其所要说明的经济事实前提进行批判性反思,而是直接断言私有财产这一事实的存在。

> 国民经济学从私有财产的事实出发。它没有给我们说明这个事实。它把私有财产在现实中所经历的物质过程,放进一般的、抽象的公式,然后把这些公式当做规律。它不理解这些规律,就是说,它没有指明这些规律是怎样从私有财产的本质中产生出来的。……它把应当加以阐明的东西当做前提。①

在这里,马克思自觉地指认:

> 我们不要像国民经济学家那样,当他想说明什么的时候,总是置身于一种虚构的原始状态。这样的原始状态什么问题也说明不了。国民经济学家只是使问题堕入五里雾中。他把应当加以推论的东西即两个事物之间的例如分工和交换之间的必然关系,假定为事实、事件。神学家也是这样用原罪来说明恶的起源,就是说,他把他应当加以说明的东西假定为一种具有历史形式的事实。②

在《1844年手稿》中,马克思承认自己对国民经济学的批判受到

---

① 《马克思恩格斯文集》第1卷,人民出版社2009年版,第155页。
② 《马克思恩格斯文集》第1卷,人民出版社2009年版,第156页。

了费尔巴哈人本主义哲学的影响①，但是他同时对费尔巴哈思想的不彻底性和非现实性进行了有力的批判。早在1843年3月13日致卢格（Arnold Ruge）的信中他就提道，"费尔巴哈的警句只有一点不能使我满意，这就是：他强调自然过多而强调政治太少。然而这是现代哲学能够借以成为真理的惟一联盟"②。因而，在《1844年手稿》中，马克思对费尔巴哈哲学思想的运用也是有前提、有条件的，这个前提条件就是，利用其唯物主义人本学思想对黑格尔及青年黑格尔派的唯心主义辩证法进行批判，从而揭示现实的异化劳动关系。于是在马克思看来，费尔巴哈思想的伟大功绩表现在：

（1）证明了哲学不过是变成思想的并且通过思维加以阐明的宗教，不过是人的本质的异化的另一种形式和存在方式；因此哲学同样应当受到谴责；（2）创立了真正的唯物主义和实在的科学，因为费尔巴哈使社会关系即"人与人之间的"关系也同样成为理论的基本原则；（3）他把基于自身并且积极地以自身为根据的肯定的东西同自称是绝对肯定的东西的那个否定的否定对立起来。③

可以看出，费尔巴哈的思想在两个方面具有重要价值：一是神学

---

① "对国民经济学的批判，以及整个实证的批判，全靠费尔巴哈的发现给它打下真正的基础。从费尔巴哈起才开始了实证的人道主义的和自然主义的批判。" "费尔巴哈是唯一对黑格尔辩证法采取严肃的、批判的态度的人；只有他在这个领域内作出了真正的发现，总之，他真正克服了旧哲学。"（《马克思恩格斯文集》第1卷，人民出版社2009年版，第112、199页。）
② 《马克思恩格斯全集》第47卷，人民出版社2004年版，第53页。
③ 《马克思恩格斯文集》第1卷，人民出版社2009年版，第200页。

批判，确立了人的地位；二是哲学批判，确立了唯物主义的思想原则。但是即使是对于黑格尔的思辨的辩证法的理解，在《1844年手稿》中马克思与费尔巴哈之间也是存在分歧的①，正如马克思指出的，"费尔巴哈把否定的否定仅仅看做哲学同自身的矛盾，看做在否定神学（超验性等等）之后又肯定神学的哲学，即同自身相对立而肯定神学的哲学"②。很明显，马克思此时不满费尔巴哈仅仅在哲学颠倒的意义上批判黑格尔哲学，因为费尔巴哈在这样做的同时也失去了黑格尔思想中极有价值的成分。所以马克思才说，"我们既要说明这一运动在黑格尔那里所采取的抽象形式，也要说明这一运动在黑格尔那里同现代的批判即同费尔巴哈的《基督教的本质》一书所描述的同一过程的区别；或者更正确些说，要说明这一在黑格尔那里还是非批判的运动所具有的批判的形式"③。这是马克思详尽解读黑格尔《精神现象学》的理论动因，他同时看到了黑格尔思想中具有的现代国民经济学的立场，看到了劳动在人的本质的生成和确证过程中的重要作用，而这恰恰是费尔巴哈所忽视的建立在现实基础上同时也被思辨地表达的劳动的辩证法：

> 黑格尔的《现象学》及其最后成果——辩证法，作为推动原则和创造原则的否定性——的伟大之处首先在于，黑格尔把人的自我产生看做一个过程，把对象化看做非对象化，看做外化和这种外化的扬弃；可见，他抓住了劳动的本质，把对象性的人、现

---

① 恩格斯称之为"批判性的保留意见"，参见《马克思恩格斯文集》第4卷，人民出版社2009版，第275页。
② 《马克思恩格斯文集》第1卷，人民出版社2009年版，第200页。
③ 《马克思恩格斯文集》第1卷，人民出版社2009年版，第201页。

实的因而是真正的人理解为人自己的劳动的结果。①

正是由于马克思此时理解了黑格尔哲学中的积极成果，他在使用类和社会等概念的时候在很大程度上异质于费尔巴哈。与费尔巴哈把人看作内在的、无声的和自然的类不同，马克思此时把类和社会放到了整个资本主义现实历史中来考察，因此，在马克思那里，类和社会是能动的、现实的关系。

> 人同作为类存在物的自身发生现实的、能动的关系，或者说，人作为现实的类存在物即作为人的存在物的实现，只有通过下述途径才有可能：人确实显示出自己的全部类力量——这又只有通过人的全部活动、只有作为历史的结果才有可能——并且把这些力量当做对象来对待，而这首先又只有通过异化的形式才有可能。②

正是对黑格尔的辩证法进行了异于费尔巴哈的理解，马克思此时对个体的类生活和社会生活作了全新的阐释。

（1）这种生活需要有意识的生命活动，抑或自由自觉的创造性实践过程，而不是无声的类的聚合。在马克思看来，"有意识的生命活动把人同动物的生命活动直接区别开来。正是由于这一点，人才是类存在物。或者说，正因为人是类存在物，他才是有意识的存在物，也就是说，他自己的生活对他来说是对象。仅仅由于这一点，他的活动

---

① 《马克思恩格斯文集》第 1 卷，人民出版社 2009 年版，第 205 页。
② 《马克思恩格斯文集》第 1 卷，人民出版社 2009 年版，第 205 页。

才是自由的活动"①。在此意义上,类生活乃是一种自由的生命创造,而不是脱离人类活动的抽象存在物。

(2) 未来社会中个体和类、社会是统一而不可分割的,因此,我们"首先应当避免重新把'社会'当做抽象的东西同个体对立起来。个体是社会存在物。因此,他的生命表现,即使不采取共同的、同他人一起完成的生命表现这种直接形式,也是社会生活的表现和确证"②。换句话说,个体与其所处的社会形态紧密契合,未来社会形态与每个人生命形态互为表里。

(3) 个体和类、理论和现实的矛盾只有在社会实践中才能得以真正消解,且只能在现实中,而不是在理论中解决。

> 主观主义和客观主义,唯灵主义和唯物主义,活动和受动,只是在社会状态中才失去它们彼此间的对立,从而失去它们作为这样的对立面的存在;我们看到,理论的对立本身的解决,只有通过实践方式,只有借助于人的实践力量,才是可能的;因此,这种对立的解决绝对不只是认识的任务,而是现实生活的任务,而哲学未能解决这个任务,正是因为哲学把这仅仅看做理论的任务。③

通过上述分析,我们认为,指认马克思思想中存在着多重思想线索和复调语境是必要之举,但是我们很难分清,或者难以确定,众多

---

① 《马克思恩格斯文集》第1卷,人民出版社2009年版,第162页。
② 《马克思恩格斯文集》第1卷,人民出版社2009年版,第188页。
③ 《马克思恩格斯文集》第1卷,人民出版社2009年版,第192页。

思想线索中究竟哪一条占主导的地位,哪些又处于次要地位。多种线索的并行发展在马克思思想历程中一直没有消失,甚至晚年在《资本论》的写作中,他还有意地体现自己思想中的黑格尔主义因素:

> 正当我写《资本论》第一卷时,今天在德国知识界发号施令的、愤懑的、自负的、平庸的模仿者们,却已高兴地像莱辛时代大胆的莫泽斯·门德尔松对待斯宾诺莎那样对待黑格尔,即把他当做一条"死狗"了。因此,我公开承认我是这位大思想家的学生,并且在关于价值理论的一章中,有些地方我甚至卖弄起黑格尔特有的表达方式。①

因此,我们认为,在马克思的思想历程中,无法准确界定其在某个时期到底是处于费尔巴哈阶段、黑格尔阶段还是历史唯物主义阶段。我们不应关注物理时间意义上的变革,而应注重对马克思哲学中透露出来的精神实质的分析和领悟。更为重要的是,这些领悟也不拘泥于马克思的文本,而是把它置于我们当下的语境中,在解决现实问题时让马克思出场。以这样的方式面对青年马克思的类概念、社会概念,我们会发觉,马克思的理想性维度此时可能更鲜明、更透彻,而这种价值内涵在晚年马克思那里并未消失,而是在其批判现实社会和对未来社会的表述中有着更加深刻的体现。

通过分析可以看出,对马克思社会概念的误读根本上源于对马克思早期文本特别是《1844年手稿》的不成熟定位。但判定一个概念或

---

① 《马克思恩格斯文集》第5卷,人民出版社2009年版,第22页。

文本成熟与否不仅没有唯一确定的标准，而且也不可能脱离使用这一概念或文本时所处的语境。当众多学者仅仅在文本解读的层面上认定其不成熟时，我们却从诸多西方马克思主义思想家那里窥见了这一概念在批判资本主义社会时的巨大威力。特别是在面对当前全球资本主义这一新的现代性状况时，早期马克思社会概念所包含的伦理价值向度应该而且也可以发挥其理论效应，在祛除资本逻辑的压制和滋生、防止物化的人类存在状况、建构社会生活的规范基础、发挥人的自由个性以及创造更具团结性的社群等方面，其都具有极为重要的思想价值。

三、抽象化的误读

对马克思社会概念的抽象化误读主要体现在国内学界关于实践唯物主义的讨论过程中。应该说，对实践唯物主义的讨论对于重新认识和理解马克思哲学的理论实质具有重要意义，特别是对实践概念的反思性讨论，使我们对马克思的自由、价值以及解放等理论的认识更加清晰。但是综观实践唯物主义讨论的历史和现状，在关于马克思社会概念的认知上，依然存在许多值得关注的问题。

首先，这种抽象化的理解表现在把马克思社会概念置于主体性哲学的框架内进行讨论，认为在马克思那里社会只是一种静态的事实和客观存在，是被主体改造和批判的对象世界。从而，由于缺乏对社会概念真实内涵的解读，在相关讨论中，我们有意无意地把实践唯物主义等同于主体性哲学。正如张汝伦先生曾指出的，实践唯物主义讨论中的一些观点，"实际上是以'实践'外衣包装的主体性哲学；强调或突出实践,实际是强调和突出主体和主体性"①。在我们看来,主体性哲学的一个重要症结在于,其认为可以脱离现实社会情境来改造世界,并且还认为通过这样的改造可以彰显主观性和个体价值,社会也只能是主体所建构的抽象的总体性范畴,对这一总体性特征的指认在很大程度上忽略了现实社会的复杂性和矛盾性,也忽视了真实个体所期望的公共生活理想。

其次,这种抽象化的理解还表现为对社会概念的实践特质缺乏深入的鞭辟。实践唯物主义讨论确立了实践在马克思整个哲学革命中的基础性地位,并且从实践出发,马克思的所有哲学概念都可以得到合理的阐释,特别是关于解释世界与改变世界这两种哲学特质的区分,更是彰显了实践的重要地位。但是,在如此推崇实践并确立实践核心地位的同时,我们往往只是对这一概念作了空泛化的理解,忽视了实践概念的真实效用并不在于作为普遍性原理来建构知识体系,而是批判现实资本主义社会和构建未来社会生活。而这两点,在很多时候被一些实践概念的阐释者忽略了。也因此,马克思社会概念所蕴含的批判与规范内涵随之湮入尘埃,实践被等同于单向地改造自然和社会的技艺和工具理性活动。

最后,这一抽象化的理解也导致了两个互为表里的后果。一是,我们对马克思的实践唯物主义革命的理解存在着简单化、片面化的倾向,在讨论诸如主体、自由以及价值等等概念时,没有把它们放到马克思批判现实社会和构想可能生活的具体语境之中,因而也就无法为解决当下人类生存困境和建构理想图景提供有价值的思想观念。二

---

① 张汝伦:《德国哲学十论》,复旦大学出版社2004年版,第42页。

是，我们在构建基于实践唯物主义的马克思主义哲学体系的过程中，无形中又把实践和唯物主义等范畴实体化了，没有从更根本的社会批判、社会关系和社会生活等层面来解决问题，因而也在很大程度上遮蔽了马克思社会概念的实践特质。

在我们看来，马克思实现的实践唯物主义革命在根本上是为了更彻底地批判并改造现代资本主义社会，在此基础上重新构建未来社会生活图景。这种构建之所以既是实践的又是唯物的，是因为这一社会生活是通过我们自由自觉的创造性活动来加以完成的，并且这一创造性活动是建立在社会生产发展和社会关系变革这一双重物质基础之上的。因此，马克思实践哲学革命的真实意蕴不在于确立新的哲学体系和解释原则，而在于其中蕴含的切近社会生活的精神气质，这是一种能够让我们更好地批判现代性状况的思想武器，也是一种让我们知悉创造好生活并超越现代资本主义社会的方式和道路。故而，实践哲学不是一种改造自然界的哲学，而是一种改造社会生活的思想立场，是变革人与人、人与物双重关系的全新的规范价值观念。这些观念和立场有助于我们更好地实现个体自由与解放，而只有通过实践地改造现实社会并创造性地建构社会生活，才能达致这些目标。

对马克思社会概念的一系列误读所导致的后果表现为：一方面，许多人认为这一概念已经相当清晰，因而我们可以把它当作无须进一步追问的前提来阐释马克思的社会结构、社会生产以及社会生活等思想；另一方面，我们以简单化的态度来维护马克思关于社会发展规律的判定并弘扬其关于未来社会的理想价值，而把来自自由主义等思潮的批评看作无理的纠缠，马克思社会概念的真实内涵也因此被遮蔽了。我们对这一前提性问题缺乏深入的洞悉，直接导致了我们所具有的关于未来社会的诸多构想缺乏基本的思想理据,这同时也造成了我们如今虽然拥有丰富的马克思主义社会理论和知识体系,但却很少对其中的知识建构原则进行反思性批判,我们只是以一种单向度的方式传承这些知识体系。因此,虽然各种有关未来社会的理想图景如雨后春笋般喷薄而出,但大多是在对马克思原初思想语境特别是社会概念未作澄明的前提下进行的。所以,看似已经清晰可见的知识建构在深层理路上却是问题重重。

第二节 对马克思社会概念的种种诘难

对马克思社会概念的诘难主要体现在西方学者的相关论述中。面对法西斯主义暴政和斯大林主义时代的专制统治,西方学者特别是自由主义理论家对以社会、集体名义所进行的控制和奴役个体的事实有着深刻的体察,这也促使他们对包括马克思思想在内的各种社会观进行前提性批判。阿伦特(Hannah Arendt)就曾指出:

> 社会的彻底胜利总会导致某种类型的"共产主义虚构",其显著的政治特点就是社会被一只"看不见的手"引导,被无人所统治。此时,我们传统上所谓的国家和政府让位于纯粹的管理——一种马克思正确地称之为"国家的消亡"的状态,虽然他错误地假定了只有一场革命才会导致这种状态的实现,并更加错误地相信这种社会的完全胜利意味着"自由领域"的最终出现。[①]

[①] 阿伦特:《人的境况》,王寅丽译,上海人民出版社2009年版,第29页。

更为严重的是，阿伦特等人还认为马克思的社会概念建立在缺乏对话特征的单一劳动概念这一思想基石上，这将不可避免地导致权力过度集中的体制。[①] 西方学者针对马克思社会概念所进行的诸多反省提出了许多值得我们思考的重大理论问题，下面我们将对其中深具代表性的观点进行一番简要评述，进而为接下来详尽剖析这一概念的内涵提供问题语境。

诘难之一：马克思的社会概念乃是建构理性主义的产物，将会导致对自生自发社会秩序和个体理性的否弃。

建构理性主义是哈耶克（Friedrich August von Hayek）对马克思社会概念的精神实质的概括，以区别于他所提出的自生自发社会秩序理论和方法论的个人主义思想特质。在谈到反省社会概念的思想缘起时，哈耶克指出，"我们对'社会的'这个词太熟悉了——我们甚至把它当做一种当然之物接受了下来，所以我们也就很难再意识到这个词在含义方面所存在的任何问题了"[②]。我们先来看看哈耶克是如何批评马克思的社会概念的。

首先，哈耶克认为马克思的社会概念带有拟人化的倾向，容易导致对社会生活的全面控制。在哈耶克看来，种种唯理主义的社会建构论思路以及拟人化的社会观本质上是反社会的。原因在于，这种建构论的社会观包含着对社会秩序进行全面控制的欲求以及我们有能力按照意愿对社会进行刻意安排的认知，哈耶克认为这是一种以道德规范来控制大众社会的意识形态。所以在他看来：

---

① 参见阿伦特：《马克思与西方政治思想传统》，孙传钊译，江苏人民出版社2007年版，第79—110页。
② 哈耶克：《民主向何处去？——哈耶克政治学、法学论文集》，邓正来译，首都经济贸易大学出版社2014年版，第248—249页。

直到今天，马克思主义者还完全无法理解那种自我生成的秩序，或者说，完全无法认识到一种不具有任何决定其方向之规律的优胜劣汰性进化过程是如何能够形成一种自我指导的秩序的。实际上，中央的指导或指令根本就不可能激励个人持续不断地根据千百万其他人对各种事件所掌握的日益变化的知识做出调适，因而也无法实现有效的社会劳动分工；除此以外，马克思的整个方案还因为他所持有的这样一种幻想而蒙遭了侵损：在自由的个人组成的社会里，亦即在一个由市场所提供的报酬告知人们如何行事的社会里，产品可以根据某些正义原则进行分配。①

哈耶克认为，在深层的理路上，这是一种拟人化的社会观，这种社会观趋向于把自生自发过程所形成的社会理解为一种人为设计的产物，从而，"这种尝试却致使他们越来越深地陷入了用拟人化的方式去解释社会的困境之中——亦就是趋向于把自生自发过程所形成的结果解释成某种'意志'指导的结果或是由人们经由设计而产生的结果的那种困境"②。

其次，哈耶克认为马克思所构想的社会正义图景是虚而不实的意识形态幻象，从而也是无法实现的价值诉求。在哈耶克看来，现代性社会所产生的价值分立的个体已经使得社会正义的统一性规划难以实现，其主要表现在个体无法就全社会的分配方案达成一致。哈耶克否定"社会正义"一词所具有的内涵，他认为：

---

① 哈耶克：《法律、立法与自由》第2—3卷，邓正来、张守东、李静冰译，中国大百科全书出版社2000年版，第521—522页。
② 哈耶克：《法律、立法与自由》第2—3卷，邓正来、张守东、李静冰译，中国大百科全书出版社2000年版，第476页。

第一，人们对社会正义在特定情势中所要求的东西根本就无法达成任何共识；第二，如果人们在这些问题上发生了分歧，那么可供人们据以判定谁是正确的已知标准也是根本不存在的；第三，在一个由自由人组成的社会中——亦即个人有权运用自己的知识去追求自己的目的的社会中，人们绝不可能在事先就有效地制定出一种分配方案。实际上，个人对其行为所承担的道德责任乃是与实现任何这种刻意的整体分配模式不相容合的。①

个体欲求的正当性和首要性，以及个体知识的局限性，使得社会正义无法通过理性建构来完成，也不能预先规划。

最后，哈耶克认为马克思的社会观依然隐含着权力形态，即期望通过集体组织来控制和消解个体的自由价值。与这种大一统的人为建构的社会观念相反，哈耶克坚持社会秩序的非人为设计与自生自发性，并且强烈反对那种可以凭借人的意志和知识形塑社会的权力形态，同时，国家也只有在保护私人利益不受侵害并提供相应规范的意义上才是正当的。"真正构成社会的要素却是个人与他们所组成的各种组织之间以自生自发的方式形成的各种关系网络"②，"让这些自生自发的力量发生作用，在这些情形中可以说是我们达致所欲求结果的唯一手段，因此让这种力量发生作用也就意味着，在创设这种秩序的

---

① 哈耶克：《民主向何处去？——哈耶克政治学、法学论文集》，邓正来译，首都经济贸易大学出版社2014年版，第266页。
② 哈耶克：《法律、立法与自由》第2—3卷，邓正来、张守东、李静冰译，中国大百科全书出版社2000年版，第474—475页。

过程中，有诸多方面实是我们控制力所不及者"①。

由于哈耶克对马克思社会概念进行了异常尖锐的抨击，这导致一段时间以来，他几乎被当作马克思主义和社会主义的敌人来对待。哈耶克对马克思社会概念的首要误读在于，他歪曲了马克思社会概念的真正内涵，特别是他没有能够看到，马克思社会概念的实质是把现实的个人作为出发点，并把个体的自由全面发展作为其最终归宿。而且，他也没有注意到，马克思社会概念绝不是一个单纯的建构式的理性形而上学概念，恰恰相反，这一概念的精神实质是批判资本主义社会的物化状况和通过私有财产权来压制人、剥削人的现实，并在改造现代社会的基础上来构建未来社会生活，而不是如哈耶克所认为的那样，建立在消解个体价值的理性主义建构论之上。因而，马克思的社会概念带有坚实的现代问题语境和强烈的价值指向，而哈耶克所向往的不受约束的个人在现代性的状况下恰恰身陷异化的囹圄，那种自生自发的社会建构理路其实是对资本主义"市场交换"原则的过分迷信。

> 人自身异化了以及这个异化的人的社会是一幅描绘他的现实的社会联系，描绘他的真正的类生活的讽刺画；他的活动由此而表现为苦难，他个人的创造物表现为异己的力量，他的财富表现为他的贫穷，把他同别人结合起来的本质的联系表现为非本质的联系，相反，他同别人的分离表现为他的真正的存在；他的生命表现为他的生命的牺牲，他的本质的现实化表现为他的生命的失

---

① 哈耶克：《自由秩序原理》上册，邓正来译，生活·读书·新知三联书店1997年版，第201页。

去现实性,他的生产表现为他的非存在的生产,他支配物的权力表现为物支配他的权力,而他本身,即他的创造物的主人,则表现为这个创造物的奴隶。①

哈耶克所要维护的价值无涉的个体性原则在实际生活中却始终无法摆脱资本主义生产关系的控制,而马克思则要彻底改造这一由资本的强力所统治的虚假的个体独立性。

因此,与哈耶克的思想显著不同的是,马克思的社会概念带有强烈的解放旨趣,这一解放旨趣并不基于哈耶克所说的资产阶级正义原则和分配方式,更不信奉市场主导的"自由交换"的价值规律;恰恰相反,这一自由交换的商品社会关系正是马克思一再加以批判的。"在商品生产者的社会里,一般的社会生产关系是这样的:生产者把他们的产品当做商品,从而当做价值来对待,而且通过这种物的形式,把他们的私人劳动当做等同的人类劳动来互相发生关系。"② 在马克思看来,只有破除建立在私有财产权基础上的物化的社会关系,才能真正实现个体自由和社会生活的重构。

  只有当社会生活过程即物质生产过程的形态,作为自由联合的人的产物,处于人的有意识有计划的控制之下的时候,它才会把自己的神秘的纱幕揭掉。但是,这需要有一定的社会物质基础或一系列物质生存条件,而这些条件本身又是长期的、痛苦的发

---

① 《马克思恩格斯全集》第42卷,人民出版社1979年版,第25页。
② 《马克思恩格斯文集》第5卷,人民出版社2009年版,第97页。

展史的自然产物。①

而哈耶克的相关思想恰恰和马克思背道而驰。也就是说，在马克思试图颠覆建立在市场规则基础之上的个体自由和社会生活时，哈耶克却极力为这一社会秩序进行论证和辩护；在哈耶克相信基于自由交换的市场原则能够实现社会的自发进化时，马克思恰恰揭示了这不过是古典经济学家奉为圭臬的所谓"无形之手"的又一种表现形式。

同时，我们也应该认识到，哈耶克对唯理主义的社会建构论和进化论的批判在许多方面值得我们认真反思。哈耶克的批判是建立在我们的知识有限甚至无知这一事实之上的，也是建立在对西方近代以来自由主义传统的承袭之上的，在这方面，他与马克思分享着许多相似的理论资源。

一方面，我们应该看到，哈耶克反对的是那种唯理主义建构论的唯社会观及其所导致的非人后果，他在深层的理论构想中并不全然反对真实的社会概念。因此实际上与马克思一样，哈耶克的自由主义在某种意义上是以真实的社会存在和人类生活为依归的，正如他在《个人主义：真与伪》一文中指出的：

> 我们需要追问这样一个问题，即真个人主义有哪些本质特征呢？就此而言，我们应当即刻指出的是，真个人主义首先是一种社会理论，亦即一种旨在理解各种决定着人类社会生活的力量的努力；其次，它才是一套从这种社会观念中衍生出来的政治规

---

① 《马克思恩格斯文集》第5卷，人民出版社2009年版，第97页。

则。只此一个事实就应当驳倒若干一般误解中那种最为愚蠢的误解了,亦即那种认为个人主义乃是一种以孤立的和自足的个人存在为预设的(或者是以这样一项假设为基础的)观点,而不是一种以人的整个性质和特征都取决于他们存在于社会之中这样一个事实作为出发点的观点。①

从这一论点中我们可以看出,在强调个体价值及其社会关系背景方面,哈耶克与马克思有着某种相近之处。

另一方面,哈耶克的理论也存在一些与马克思的思想旨趣相契合的地方。哈耶克的真个人主义实质上与那种抽象的个体存在以及可能导向集体主义的伪个人主义是相对立的。

> 我们惟有通过理解那些直接指向其他人并受其预期行为所指导的个人行动,方能达致对社会现象的理解。这一论辩的首要目的就在于反对那些不折不扣的集体主义的社会理论,因为那些社会理论谎称它们有能力直接把类似于社会这样的社会整体理解成自成一类的实体;这就是说,这类实体乃是独立于构成它们的个人而存在的。然而需要指出的是,对社会作个人主义分析的第二个目的则在于反对唯理主义的伪个人主义,因为这种伪个人主义在实践中也会导向集体主义。②

---

① 哈耶克:《个人主义与经济秩序》,邓正来译,生活·读书·新知三联书店2003年版,第11页。
② 哈耶克:《个人主义与经济秩序》,邓正来译,生活·读书·新知三联书店2003年版,第12页。

哈耶克的这一批判给予我们更多的警醒，它要求我们认真界定马克思思想语境中的真实的集体概念，这也内含于我们对马克思社会概念的考察之中。在深层理路上，马克思思想中真实的集体概念已经避免了哈耶克所说的对个体价值的压制，与此相反，他把那种社会生活对个体价值的强制看作以往社会的特征，而未来社会才真正实现了个体与集体的关联。

总之，哈耶克对强制性集体主义的拒斥以及对个人自由的过分张扬导致他对社会概念的理解同样囿于一隅，解决这一问题的关键还是要界定马克思思想语境中的社会概念，从而祛除那种关于社会概念的实体化理解，这是哈耶克留给我们的重要启示。①

诘难之二：马克思社会概念乃是建立在普遍原则之上的客观性话语，并且带有浓厚的神学目的论色彩。

这一观点在伯林（Isaiah Berlin）的思想中有很鲜明的体现。同为自由主义代表人物的伯林在很大程度上与哈耶克持有相近的理路，他们都坚持个体价值和自由选择的至上性，从而也都反对那种超越个体并试图控制个体的社会建构，同时也都认为马克思主义的社会概念带有强烈的实证科学特征，因而他们都对马克思的社会观持批判态度。如果说哈耶克主要是从自由资本主义经济的视角来探寻这一问题的话，那么伯林则主要是基于政治哲学视角来对这一概念进行论证的。

---

① 邓正来先生也认为，哈耶克对人们滥用社会的一词的批判极为重要。实际上，哈耶克有关唯理主义经由自然与人为二分观而达至的自然与社会二元论的真正谋划乃在于建构出一种对社会施以控制的支配关系的一元论的社会观的论述，正是通过他一以贯之地对社会这个实体化和同质化概念在唯理主义理路支配下被运用于解释社会现象的谬误的彻底批判而达致的。参见哈耶克：《法律、立法与自由》第2—3卷，邓正来、张守东、李静冰译，中国大百科全书出版社2000年版，第201页译注。

在伯林看来，马克思的社会理想之所以能够产生巨大的影响力，其学说之所以能够成为一种引导人类解放的真理性思潮，根本原因在于马克思对社会坚持一种科学的解释原则，并且试图通过客观的方法预见未来，这就使得这一概念带有浓烈的宗教色彩。"这是一种科学方法、历史现实主义和终极回报之保证的综合，这种保证的真实性和确定性，和以往提供类似保证的宗教或哲学所达到的程度一样。"① 以这种方式保证的社会就是自由平等和普遍繁荣的理想图景，也就是说，马克思关于未来社会的价值诉求与宗教和形而上学的理想性悬设是等同的，都是一种建立在普遍原则基础上的理性模式。

伯林认为这种理性模式最突出的表现是普列汉诺夫所确立的一元论社会历史观，依据这一历史观解释模式，马克思主义思想就能够充分地解释一切社会问题。"马克思实际上创造的是一个新的反教会的普世性组织，有对概念和范畴的充分解释，至少在理论上有能力对所有可能的问题提供清楚和最终的答案，无论这些问题是私人的还是公共的，是科学的还是历史的，是道德的还是美学的，是个人的还是组织的。"② 依赖这一组织，受压迫者就能够联合起来成为一个社会，并能够通过暴力革命实现人的自由和解放，其中，关键环节是改造资本主义的生产关系，通过生产方式的变革创造未来社会。伯林认为，马克思的后继者大多持有这样一种解放的观念，但他却判定这样的观念基础是形而上学的："它们建立在一个无论怎么说都是自我证明的形而上学的基础上，建立在一个巨大的假设上，这个假设是马克思从

---

① 伯林：《现实感》，潘荣荣、林茂译，译林出版社2004年版，第131页。
② 伯林：《现实感》，潘荣荣、林茂译，译林出版社2004年版，第131页。

黑格尔和古典哲学那里继承来的，他自己用不着费劲去论证。"①

伯林认为，依据这一形而上学的社会历史观，马克思就把历史和自然整合进单一的、无所不包的体系中来了，这是一个由支配着人类和无生命自然的僵化定则组成的体系，"这些法则本身就可以解释人类历史迄今为止的思想上的错误和实践中的失败与磨难；并且不仅如此，其自身就可以区分什么是进步的，什么是反动的，也就是说，什么可以有助于实现正确的、能为理性证明的人类目的，什么阻碍或忽略这些目的"②。伯林认为，马克思正是依据这一公理性的预设来探寻人类解放的道路的，并且马克思认为，不管这一道路如何曲折，最终我们都能够实现和平、统一的世界历史性场景。在这样的社会中，人类依据一种组合起来的社会体制共同生存，这也是一种符合人类本性的生存方式，未来社会就如古代的城邦和基督教的上帝之城一样，其中的人停止争斗而彼此联合。

伯林对马克思社会概念的批评主要是针对被实证化了的马克思主义，这一实证化的马克思思想在其倡导者那里被看作一种发现客观规律、抹杀人的个体能动性的决定论解释模式，未来社会也变成一种可以消极等待的天启式图景，在其中"自然和人类遵循着不可抗拒的法则，这些法则不是他们发明的且他们无法改变，一个人如果想在行动中有成效，最好是理解这些解释过去和预示未来的法则"③。遵循这样的理性法则，社会解放才能真正得以实现。伯林始终对这样的解放持怀疑态度。在反对社会解放的无人身理性构想上，同时在批判那

---

① 伯林：《现实感》，潘荣荣、林茂译，译林出版社2004年版，第132页。
② 伯林：《现实感》，潘荣荣、林茂译，译林出版社2004年版，第132页。
③ 伯林：《现实感》，潘荣荣、林茂译，译林出版社2004年版，第156页。

种客观主义的社会发展模式上,伯林的思想对于我们正确理解马克思的社会概念同样具有纠偏作用。长期以来,我们总在试图寻找决定论意义上的社会发展形态,并且也始终相信这样的发展形态乃是不可避免的、具有普遍意味的。我们以为,一旦探明并建立起如此这般的马克思社会理想方案,就能够一劳永逸地解决社会生活中的所有问题,并能够应对来自各种非马克思主义思潮的批判。但是,这样客观的、普遍的马克思主义社会学说根本就不存在。原因在于:

第一,马克思的社会概念不是为了确立一个科学的原则和客观的目的论范式,马克思也反对把一切社会现实放到这一抽象的逻辑范畴中。马克思把对社会的理解放到特定的历史情境中,进而批判性地分析了这一社会阶段的问题和弊端,特别是其对个体价值的剥夺和压制,这一批判鲜明地体现在他对资本主义社会现实的揭露上。在《哲学的贫困》一文中,马克思就把自己对社会的看法与蒲鲁东的形而上学的社会分析方法作了比较,从而不仅表明了自己反对确立一切形而上学客观性原则的立场,同时也阐述了这一立场与基督教普遍性学说的根本差异。在他看来:

> 哲学家和基督徒不同之处正是在于:基督徒只有一个逻各斯的化身,不管什么逻辑不逻辑;而哲学家则有无数化身。既然如此,那么一切存在物,一切生活在地上和水中的东西经过抽象都可以归结为逻辑范畴,因而整个现实世界都淹没在抽象世界之中,即淹没在逻辑范畴的世界之中,这又有什么奇怪呢?①

---

① 《马克思恩格斯文集》第1卷,人民出版社2009年版,第600页。

于是，与伯林所指认的恰恰相反，马克思反对建立一种普遍的社会理论，也没有把未来社会说成是由这一方法推演而来的。在马克思看来，具有历史继承性的社会生产力才是一切精神力量的现实根基，"人创造环境，同样，环境也创造人。每个个人和每一代所遇到的现成的东西：生产力、资金和社会交往形式的总和，是哲学家们想象为'实体'和'人的本质'的东西的现实基础"①。

第二，马克思的社会历史观没有提供包治百病的灵丹妙药，更没有提供预言全部社会发展形态的详尽清单。马克思没有设定一个逻辑前提，而是在考察现实资本主义社会关系的基础上构想未来社会，他也没有把社会发展放到其一元论的历史观模式中来展示和论证，而是在解决现实矛盾的过程中来表达其思想。于是，伯林所指认的社会历史观恰恰是马克思之前的历史观的症结所在。

> 迄今为止的一切历史观不是完全忽视了历史的这一现实基础，就是把它仅仅看成与历史进程没有任何联系的附带因素。因此，历史总是遵照在它之外的某种尺度来编写的；现实的生活生产被看成是某种非历史的东西，而历史的东西则被看成是某种脱离日常生活的东西，某种处于世界之外和超乎世界之上的东西。②

第三，马克思也没有建立一个包罗万象的理论体系，而是在现实的历史发展中，在生活世界中历史地区分进步与反动、文明与落后。

---

① 《马克思恩格斯文集》第1卷，人民出版社2009年版，第545页。
② 《马克思恩格斯文集》第1卷，人民出版社2009年版，第545页。

马克思从没有发明一种能够以不变应万变的思想体系来解决社会的矛盾和问题，也没有停留在对现实的理论说明中，相反，他始终从处于一定社会历史条件下的现实的个人及其现实生活过程出发来考察问题。

> 德国哲学从天国降到人间；和它完全相反，这里我们是从人间升到天国。这就是说，我们不是从人们所说的、所设想的、所想象的东西出发，也不是从口头说的、思考出来的、设想出来的、想象出来的人出发，去理解有血有肉的人。我们的出发点是从事实际活动的人，而且从他们的现实生活过程中还可以描绘出这一生活过程在意识形态上的反射和反响的发展。①

现实个体的行动和思想，并不受先天的法则支配，也并没有任何解放的图式可以遵循。于是，在马克思那里，人类解放及共产主义社会的实现始终与社会发展的现实状况息息相关，与一定的历史发展阶段相呼应。在《德意志意识形态》(以下简称《形态》)一文中，马克思对未来共产主义社会状况作了如下表述：

> 共产主义和所有过去的运动不同的地方在于：它推翻一切旧的生产关系和交往关系的基础，并且第一次自觉地把一切自发形成的前提看做是前人的创造，消除这些前提的自发性，使这些前提受联合起来的个人的支配。因此，建立共产主义实质上具有经

---

① 《马克思恩格斯文集》第1卷，人民出版社2009年版，第525页。

济的性质,这就是为这种联合创造各种物质条件,把现存的条件变成联合的条件。共产主义所造成的存在状况,正是这样一种现实基础,它使一切不依赖于个人而存在的状况不可能发生,因为这种存在状况只不过是各个人之间迄今为止的交往的产物。这样,共产主义者实际上把迄今为止的生产和交往所产生的条件看做无机的条件。然而他们并不以为过去世世代代的意向和使命就是给他们提供资料,也不认为这些条件对于创造它们的个人来说是无机的。有个性的个人与偶然的个人之间的差别,不是概念上的差别,而是历史事实。在不同的时期,这种差别具有不同的含义。①

可以看出,与伯林对马克思未来社会理论的解释不同,这里并不存在一种先验的和末世论意义上的社会图景,而是建立在对以往社会和个体交往关系发展的考察基础之上。因此,未来社会中的个人不仅并没有进入一个超越尘世的目的论王国,而且是掌握了现实生产力的联合起来的有个性的个人。

不容否认的是,伯林的观点对个体自由的伸张也具有一定的理论价值。他坚持一种不能被任何单一的、终极的目的所同化的个体存在方式,也反对个体生活被强行纳入"公共领域"中去。"目标是相互冲撞的,人不可能拥有一切事物……于是,选择的需要,为着一些终极价值而牺牲另一些终极价值的需要,就成为人类困境的永久特征。"② 人的价值无法被忽视,更无法被消解,这是伯林给予我们的

---

① 《马克思恩格斯文集》第1卷,人民出版社2009年版,第574页。
② 伯林:《自由论》,胡传胜译,译林出版社2011年版,第44页。

启示。特别是在理解马克思社会概念的过程中，我们在很长一段时间里都忽视了对个体价值的维护，即使是在承认马克思的未来社会具有个体价值自由的位置的同时，我们也往往认为它们是处于第二位的，是由社会决定了的。

因此，伯林对马克思社会概念的批评虽然有诸多偏颇之处，但是对于我们深入反思蕴含在社会发展与未来社会生活中的个体自由，依然具有重要的理论意义。其实，马克思关于社会、社会生活以及社会化个人的思想的最根本价值指向是实现个体自由。但是与伯林不同的是，这样的个体自由不是通过界划公共与私人的边界来实现的，也不是通过给个人留有充分的不受侵扰的活动空间就完成了，马克思主张只有在社会生活中、在一定的历史阶段里、在社会生产发展的基础上、在一定的社会关系条件下，这样的个人自由才能实现。在此意义上，未来的社会与个人是统一不可分的，一方面，社会本身不是外在于个体的对立物；另一方面，个体本身也摆脱了那种基于交换价值的私利性存在方式。于是，从马克思的思想来看，伯林所提倡的消极自由依然是资产阶级意义上的虚幻自由：

> 在资产阶级社会里，资本具有独立性和个性，而活动着的个人却没有独立性和个性。而资产阶级却把消灭这种关系说成是消灭个性和自由！说对了。的确，正是要消灭资产者的个性、独立性和自由。在现今的资产阶级生产关系的范围内，所谓自由就是自由贸易、自由买卖。①

---

① 《马克思恩格斯文集》第2卷，人民出版社2009年版，第46—47页。

诘难之三：马克思社会概念依然处于一种生产主义范式之中，呈现的只是一种人与世界的单向度关联。

这一诘难主要是由哈贝马斯（Jürgen Habermas）提出来的。在西方马克思主义阵营内部，哈贝马斯是以重建历史唯物主义著称的重要思想家，他对马克思社会概念的解读与批评也是我们需要认真对待的重要思想资源。哈贝马斯对马克思社会概念进行批评的背景是，斯大林主导的苏联教科书体系以及第二国际理论家从素朴实在论的视角出发把马克思思想描述为经济决定论，社会发展被归结为经济基础和上层建筑的单向决定过程，未来社会图景也成了进化论意义上的可以被不断接近的终极实体。哈贝马斯没有把造成这一后果的根本原因归结为对马克思主义的教条化和庸俗化理解，而是试图彻底击溃马克思原本思想中的理论基石，认为生产范式基础上的社会理想依然没有脱离主体形而上学的场域，也无法为推进社会进化和人类解放提供坚实的思想根基，进而他认为应该重建历史唯物主义。

一方面，在哈贝马斯看来，马克思运用生产范式所建立的社会理论依然停留在主体性哲学视野内，从而无法为现代性状况下的人类生存提供理论支持。按照哈贝马斯的分析，现代哲学模式可以划分为两种同样具有始源性的主客体关系：认知主体形成对客观世界的意见，行为主体以目的取向行为改造客观世界，通过认知和行为这两种媒介，主体和客体进入了一个相互影响和不断更新的过程中。在哈贝马斯看来，当马克思用劳动代替黑格尔的自我意识时，他就陷入了生产范式的窠臼，而生产范式依然是主体性哲学的一种变形，依然停留在理性解放的启蒙方案中，并期望通过释放社会中的理性潜能来完成社会变革，这一人类解放图景的建构与黑格尔通过国家扬弃市民社会的总体性思路可谓如出一辙。"马克思把社会现代化和日益提高的自然资源开发能力以及日益扩张的全球贸易和交通网络联系起来,因此,这种生产力的解放,必须被还原为现代性的一种原则,其基础与其说是认知主体的反思,不如说是生产主体的实践。"[①] 马克思试图以生产力解放的视角实现人类解放,哈贝马斯认为这并不能够获得成功,社会解放必须奠基于交往范式才能实现。

另一方面,哈贝马斯认为,马克思依然在主体性哲学框架下悬设了一个大写的社会主体。在他看来,马克思的社会概念乃是生产力和生产关系矛盾运动的产物,自然通过大写的社会主体和在社会中活动的主体的再生产而让自身获得了再生产。正如他指出的,"实践哲学把社会理解为一个自我指涉的大写主体,它囊括了所有的单个主体;一旦我们放弃了这样一种社会概念,诊断和克服危机的相应模式也就失去了意义:分裂与革命"[②]。也就是说,马克思社会概念的内涵只在主体哲学的模式下才有意义,在一个消解主体形而上学的语境中,社会危机也不能通过分裂和革命的方式得到有效化解,哈贝马斯据此认为,马克思的社会概念依然未能超越黑格尔的总体性思想。

于是,哈贝马斯试图通过生活世界这一概念来弥补马克思社会概念的缺陷。生活世界是交往行为培育的结果,而交往行为反过来又依赖于生活世界的丰富资源,在这个意义上,生活世界与交往行为主体处于一个有差异的相互联结中,而不是如社会主体那样无限扩张并成为消解一切差异的总体。生活世界不会造成这样的强制总体性,因为

---

① 哈贝马斯:《现代性的哲学话语》,曹卫东译,译林出版社2004年版,第72—73页。
② 哈贝马斯:《现代性的哲学话语》,曹卫东译,译林出版社2004年版,第391页。

生活世界一方面受制于交往行为的中介，另一方面又依仗着行为者自身的解释活动，从而交往行为的差异会不断加深，具体的生活方式与生活世界也会发生分裂，"以复数形式出现的生活方式的总体性之间的确存在着家族相似性，它们相互重叠，相互纠结，但决不会形成一个新的超级总体性。因为，在抽象过程中出现了多样性和分散化，而通过抽象过程，独特的生活世界内涵在一般生活世界结构中会显得越来越突出"[①]。哈贝马斯还通过生活世界的三个组成部分来反观马克思社会主体概念存在的问题，他认为生活世界作为资源提供者包含文化、社会和个性三个层面。文化是一种知识储备，为达致共识的沟通准备了前提；社会乃是一种合法的秩序，交往行为在其中通过人际关系而不断寻求团结；个性指产生主体言语和行为能力的一些习得力量，有了个性，才能在互动语境中捍卫自身的同一性。生活世界的三个层面亦即"能够建立共识的阐释框架（或'有效知识'）、正当的人际关系（或'团结'）以及互动能力（或'个人认同'）"[②]是在相互联结中不断更新的，这样，生活世界这种概念策略"打破了主体哲学和实践哲学所坚持的传统观念：社会是由集体组成的，而集体又是由个体的组成，个体和集体只有在一种隐喻意义上才是一个生活世界的'成员'"[③]。可以发现，哈贝马斯的生活世界既具有社会秩序的合法强制性，从而保证了建立共识的价值规范基础；同时又实现了自我主宰的个体化，能够采取交往行为保证自我实现。这两个方面是相互依存、不断作用的统一体。这一交往行为理论确实具有重要的现实价

---

① 哈贝马斯：《现代性的哲学话语》，曹卫东译，译林出版社2004年版，第386—387页。
② 哈贝马斯：《现代性的哲学话语》，曹卫东译，译林出版社2004年版，第388页。
③ 哈贝马斯：《现代性的哲学话语》，曹卫东译，译林出版社2004年版，第387页。

值，能够更好地保证个体自由并实现社会团结。

总体来说，哈贝马斯的交往行为理论主要立足于晚期资本主义所表现出来的新态势并是在此基础上作出的思想规划和理论建构。在他看来，资本主义的现状已经无法运用马克思主义的生产力与生产关系原理来进行有效的分析，这是因为当前生产力本身的发展主要是由科学技术所决定的，脱离了生产关系所发挥的作用力，进而，社会进步也不单是靠生产力的解放就能推动的，还需要有更丰富的规范内涵，这是因为"技术生产力的解放，包括学习［技术］和控制［技术］机器的建造，同能够在自由的、习以为常的相互关系的基础上，在祛除统治的相互作用中建立起完美的、辩证的伦理关系的规范的形成并非一回事"[①]。以此观之，马克思仅仅局限在基于技术生产力解放的视角寻求社会变革和人类自由，而忽视了当前社会中所要求的伦理关系内涵，所以，"马克思对相互作用和劳动的联系并没有作出真正的说明，而是在社会实践的一般标题下把相互作用归之劳动，即把交往活动归之为工具活动"[②]。哈贝马斯认为，可以利用交往范式克服生产范式的局限性，同时也能够有效应对当下资本主义社会的矛盾和问题。

但是，仔细审视哈贝马斯对马克思社会概念的批判之后，我们认为一个重要的问题在于，他没有充分理解马克思社会概念的真正意旨，他把马克思的思想归结为生产范式的做法也是偏颇的。

首先，马克思的社会实践内涵不是单一的人和自然的关系，还包括人与他人的社会关系。而且，在马克思那里，前者的相互关系只有

[①] 哈贝马斯：《作为"意识形态"的技术和科学》，李黎、郭官义译，学林出版社1999年版，第33页。
[②] 哈贝马斯：《作为"意识形态"的技术和科学》，李黎、郭官义译，学林出版社1999年版，第33页。

在社会关系中才能得到合理的说明。与此同时，马克思大多是在批判的意义上考察人和自然的关系的，因为异化劳动使得这种关系与人的本质相对立。因此，马克思指出：

> 正是在改造对象世界的过程中，人才真正地证明自己是类存在物。这种生产是人的能动的类生活。通过这种生产，自然界才表现为他的作品和他的现实。因此，劳动的对象是人的类生活的对象化：人不仅像在意识中那样在精神上使自己二重化，而且能动地、现实地使自己二重化，从而在他所创造的世界中直观自身。①

但是在资本主义的劳动关系中，"人的类本质，无论是自然界，还是人的精神的类能力，都变成了对人来说是异己的本质，变成了维持他的个人生存的手段。异化劳动使人自己的身体同人相异化，同样也使在人之外的自然界同人相异化，使他的精神本质、他的人的本质同人相异化"②。于是，马克思对人与自然之间关系的说明，以及对劳动概念的阐述，都是在批判现实社会的过程中进行的，其不只是一种单纯的描述性概念。

其次，马克思对于自然的理解是放在社会中来进行的，而不是哈贝马斯所认为的仅仅呈现的是人与自然的单向度关系。

> 社会性质是整个运动的普遍性质；正像社会本身生产作为人的人一样，社会也是由人生产的。活动和享受，无论就其内容或

---

① 《马克思恩格斯文集》第 1 卷，人民出版社 2009 年版，第 163 页。
② 《马克思恩格斯文集》第 1 卷，人民出版社 2009 年版，第 163 页。

就其存在方式来说，都是社会的活动和社会的享受。自然界的人的本质只有对社会的人来说才是存在的；因为只有在社会中，自然界对人来说才是人与人联系的纽带，才是他为别人的存在和别人为他的存在，只有在社会中，自然界才是人自己的合乎人性的存在的基础，才是人的现实的生活要素。只有在社会中，人的自然的存在对他来说才是人的合乎人性的存在，并且自然界对他来说才成为人。因此，社会是人同自然界的完成了的本质的统一，是自然界的真正复活，是人的实现了的自然主义和自然界的实现了的人道主义。①

自然与社会互动和关联，并不像哈贝马斯所认为的那样仅仅是一种生产主体之间的劳动关系。

再次，更为重要的是，马克思的社会理论恰恰要批判资本主义社会把人与人之间的关系仅仅归结为雇佣劳动关系、商品交换关系，进而揭露资本主义对生命活动的轻视，从而与哈贝马斯的交往范式存在质的差异。正如马克思所指出的：

> 劳动力是一种商品，是由其所有者即雇佣工人出卖给资本的一种商品。他为什么出卖它呢？为了生活。可是，劳动力的表现即劳动是工人本身的生命活动，是工人本身的生命的表现。工人正是把这种生命活动出卖给别人，以获得自己所必需的生活资料。可见，工人的生命活动对于他不过是使他能够生存的一种手

---

① 《马克思恩格斯文集》第 1 卷，人民出版社 2009 年版，第 187 页。

段而已。他是为生活而工作的。他甚至不认为劳动是自己生活的一部分；相反，对于他来说，劳动就是牺牲自己的生活。①

马克思对劳动进行批判的主要目的是释放个人完整的生命活动，而这必须通过改造资本主义生产关系来实现；与此相反，哈贝马斯恰恰是在承认资本主义现实关系的基础上来构想其交往范式的。

最后，马克思认为，人与自然、人与他人的矛盾的解决是通过自由劳动来实现的，这与哈贝马斯停留在交往范式基础上的理论建构具有根本差异。马克思认为，与那种外在的"强制性劳动"相反，自由劳动乃是自我实现的重要途径。

> 物质生产的劳动只有在下列情况下才能获得这种性质：(1)劳动具有社会性；(2)这种劳动具有科学性，同时又是一般的劳动，这种劳动不是作为用一定方式刻板训练出来的自然力的人的紧张活动，而是作为一个主体的人的紧张活动，这个主体不是以单纯自然的，自然形成的形式出现在生产过程中，而是作为支配一切自然力的活动出现在生产过程中。②

这种自由劳动基础上实现的个体自由已经超越了哈贝马斯所批判的主体性哲学范式，同时也异质于哈贝马斯所主张的交往实践范式。从马克思的角度看，哈贝马斯的理论建构恰恰是抽象的、虚幻的，依然只是停留在资产阶级宪制的框架内解决人的自由问题，带有普遍主义的

---

① 《马克思恩格斯文集》第1卷，人民出版社2009年版，第715页。
② 《马克思恩格斯全集》第30卷，人民出版社1995年版，第616页。

资产阶级意识形态幻象。罗蒂(Richard Rorty)也曾经批判过哈贝马斯理论中的普遍主义抽象性质。

> 他的普遍主义导致他用意见的会合来取代追求非历史性的基础;相对的,我对语言偶然性的坚持,令我对于意见会合所确保的"普遍有效性"概念,产生怀疑。哈贝马斯想要保存传统上(如黑格尔和皮尔斯)所谓逐渐逼近想像点的说法。我反对这说法,而以另一个说法取而代之:意见会合表示人们愈来愈愿意在多元的情境中共同生活,而不是追求普遍有效性。①

如果以一种平和的心态认真审视这些批评和诘难,我们不难发现,西方学者对马克思社会概念的批判大多指向的是次生的马克思主义形态,其中包括在斯大林主导下编制的教科书体系、诸多第二国际理论家所主张的经济决定论以及一系列庸俗化、常识化的理解方式等等。正如哈贝马斯所言,"1938年,斯大林编纂、整理了历史唯物主义,他所采取的方式导致了巨大的后果,以致以后的历史唯物主义研究,一直在很大程度上被限定在这个理论框架内"②。在这一理论框架中,由于对马克思社会概念缺乏自觉的反思,这一概念的基本内涵和根本价值无法得以显现。

这也提示我们,当社会生活呈现新的状态并生发新的矛盾和问题时,如果包括社会概念在内的马克思思想不能够直面这些现实并作出有力的回应,那么很可能会失去其改变世界的生命力。因此,面对种

---

① 罗蒂:《偶然、反讽与团结》,徐文瑞译,商务印书馆2003年版,第96页。
② 哈贝马斯:《交往与社会进化》,张博树译,重庆出版社1989年版,第134页。

种诘难，我们应该先具有一种理论上的自觉意识，亦即把这些批评当作挖掘并推进马克思思想走向当代的一个重要动力，当作破除掩盖在马克思思想上的教条化理解方式的一个重要契机，而不是简单地拒斥这一批评，甚至把这些批评只是当作意识形态偏见置之不理。① 在此意义上，西方学者的批判对于我们反省马克思的社会概念具有重要的借鉴意义。

同时，我们也应该认识到，这种只是针对副本的批判并不能动摇马克思社会概念的重要价值和理论意义。特别是在现代性状况下，具有实践哲学品格的马克思社会概念应该而且也可以在应对现实问题的过程中作出有价值的思想回应，当然，这需要当代的马克思思想研究者自觉承担起这一历史任务。原封不动地套用原有的解释构架肯定已经不合时宜，也不符合马克思的思想品格。有鉴于此，通过清理围绕马克思社会概念所产生的种种误读和诘难，我们不仅得以追溯到产生这些误读和诘难的根源，更为重要的是，我们可以更深入地解读这一概念的真实内涵，重新呈现这一概念的根本价值旨趣。

通过简要评述围绕马克思社会概念所产生的误读和诘难，我们对这一概念的当代境遇也就有了初步的把握。正如我们反复表明的，产生这些误读和诘难的一个重要原因，在于我们对马克思社会概念的生成语境和价值旨趣没有进行透彻的探询和前提追问。忽视马克思社会

---

① 诚如邓正来先生所言，"真正阻碍国人把握西方自由主义理路及其根本问题者，最主要的便是这种'印象式'的论辩，而其结果只能是在实践中陷入极端的'非此即彼'的逻辑：要么对自由主义施以滥用，要么对自由主义做简单却彻底的否定"（哈耶克：《自由秩序原理》，邓正来译，生活·读书·新知三联书店1997年版，"代译序"第3—4页）。

概念由以产生的现代性问题语境,直接导致了对这一概念进行简单、片面化的指认,因而也无法显现这一概念的思想内涵。我们认为,马克思社会概念所要反省和解决的是个体和共同体、私人领域和公共领域分裂这一重大的现代性课题。他通过社会概念揭示了资本主义私有制是导致这一分裂的根本原因,从而在现实生产发展的基础上找寻超越资本主义的道路,进而重建能够实现个人自由全面发展的未来社会生活图景。这是本书将着重阐发的主题,也是重新理解马克思社会概念的根本价值所在。

第三节 解读马克思社会概念遵循的基本理路

本书把反省现代性问题作为理解马克思社会概念的根本出发点,进而揭示这一概念在解决这一重大课题上的基本视角和思想观念。

马克思所面对的是一个现代性生活场景。伴随着市民社会的兴起和资产阶级私有财产权利原则的确立,个体自主性成为现代社会最主要的思想原则,同时这一原则也带来了破坏性的后果,个体与自然、社会之间存在着深刻的分裂和冲突。如何解决这一矛盾,成为继黑格尔之后诸多思想家的重要理论目标。在本书第一章中,我们将着重阐释这一现代性问题语境。

在我们看来,马克思正是着眼于解决这一重大现代性课题来进行其思想探索的,而社会概念正是其确立新的哲学观念、重建现代公共生活的重要思想标志。马克思通过社会概念所提出的自由人联合体、社会解放、社会化的人类等思想观念,为构想未来生活图景提供了具有重大意义的思想方案，在此意义上，马克思社会概念包含需要详尽解读的公共性思想内涵，本书的第二章将重点阐释这一内涵①。

本书认为，马克思社会概念主要通过以下四个层面来展开对现代社会生活的批判性建构。

一是通过形而上学批判，马克思确立了从社会实践出发分析和解决问题的思想观念，明确了只有从实践出发才能理解社会生活，同时也只有通过实践的、批判的革命活动才能重构社会生活。"全部社会生活在本质上是实践的"② 这一新哲学观念，也是马克思提出规范论社会图景的思想前提。

二是通过揭露资本主义社会的历史性来批判并颠覆其生产关系。马克思对现代资本主义社会关系的抽象性、非历史性以及奴役性特征的分析，是其社会批判理论的具体运用，通过这些批判，马克思让我们认识到走出现代性困境应该具有的辩证立场和自觉意识。

三是通过对资产阶级政治解放的批判走出现代性困境。马克思认为只有通过社会解放才能从根本上走出现代性困境，也只有通过社会

---

① 对公共性、公共生活的理解，不同学者给出了多种解释，因而其内涵也随不同语境而变化，我们对马克思公共性思想内涵的界定大体接近于恩格斯后来所指出的未来社会联合体及其相关的生活方式，"迄今存在过的联合体，不论是自然形成的，或是人为造成的，实质上都是为经济目的而存在的，但是这些目的被意识形态的附带物掩饰和遮盖了。古代的城邦、中世纪的城市或行会、封建的土地贵族联盟——这一切都有意识形态的附带目的，这些附带目的，它们是奉为神圣的，在城市望族的血族团体和行会中，这些附带目的来源于氏族社会的回忆、传统和象征，古代城邦的情况也差不多。只有资本主义商业公司才是完全清醒的和务实的——然而是庸俗的。未来的联合体将把后者的清醒同古代联合体对共同的社会福利的关心结合起来，并以此来达到自己的目的"（《马克思恩格斯全集》第28卷，人民出版社2018年版，第208页）。

② 《马克思恩格斯文集》第1卷，人民出版社2009年版，第501页。

解放，才能把人的真正社会关系和生活世界归还给人，才能从根本上克服现代性的存在论问题。

四是在对未来社会的种种构想中，马克思又让我们体会到，他毕生为之奋斗的真正的社会生活到底是何种样态、基于何种价值基础得以建立。也在此意义上，马克思社会概念包含需要我们仔细解读的价值指向。实践性、历史性、存在论是马克思社会概念所具有的多重思想维度，也是马克思审视公共生活这一现代性课题的具体方式和思想路径。本书的第三、四、五章分别对这一概念的思想特质和价值旨趣进行了详细解读。

深入反省现代性问题也为我们全面认识马克思社会概念的多重功能和思想维度指明了方向。通过相关解读我们认为，马克思的社会概念具有评价性和规范性两种功能。前者揭示了现代资本主义状况下建立在私有财产制度基础上物化的社会关系，并揭露了种种虚幻的共同体实质上是资本逻辑的另一种表现方式，因此，马克思同时瓦解了这一社会关系和共同体；后者能够让我们更深入地理解马克思构想未来公共生活的基本观念，它使我们认识到，在种种重构公共生活的努力中，马克思的思想依然具有独特的意义和价值。对这两种功能的揭示也能够让我们更深入地理解马克思思想中所包含的批判的、革命的辩证立场，进而与包括罗尔斯在内的当代政治哲学展开沟通对话。本书第六章将通过比较研究，着重阐释马克思立场的当代视界。

与此同时，这两种功能与马克思社会概念所内含的三个维度紧密相连，即现实性、历史性和理想性维度。所谓现实性是指，马克思对矛盾的揭示总是从现实的社会生活出发，而且对问题的解决总是结合现实的社会实践来进行的；所谓历史性是指，马克思的社会概念所传递给我们的是对资本主义社会暂时性的揭示，指认其随着一定历史条件的变化而变化，也将被更高级的社会形态所代替；马克思社会概念的理想性体现在其对人类解放、社会解放的寻求上，这是马克思自青年时期就确立的思想出发点和最终目标。

紧密结合对现代性问题的分析从而揭示马克思社会概念所具有的多重内涵和思想维度，是本书所遵循的基本理路。

首先，在理论前提上，我们对马克思社会概念的阐述是在一个新的哲学观念层面上进行的。马克思的哲学革命与其社会概念有着非常紧密的联系。在《关于费尔巴哈的提纲》中，马克思很明确地指认："旧唯物主义的立脚点是市民社会，新唯物主义的立脚点则是人类社会或社会的人类。"① 社会概念作为马克思哲学的立足点，它让我们透析马克思所孜孜以求的思想革命本身所具有的目标指向。

其次，在运思理路上，我们通过解读马克思存在论的、实践的、历史的思想指向，窥见了马克思在考察现代资本主义生产方式的过程中，如何深刻揭露并批判其社会关系的奴役性特征，以及如何通过揭示现实个人及其社会生活的异化、抽象化和物化来批判现存的社会关系。对社会关系的批判和反思使马克思更加深刻地洞察到了资本主义生产条件下人的生存状况。本书着重强调了马克思的社会关系范畴具有的双重内涵：一方面，它在批判资本主义剥削和奴役的现实中起到了关键性的解蔽作用；另一方面，它也是马克思建构未来社会的关键要素。在此意义上，马克思作出的"人的本质是一切社会关系的总和"的论断就有了更丰富的内涵。社会关系既是批判的，也是规范

---

① 《马克思恩格斯文集》第1卷，人民出版社2009年版，第502页。

的；既揭露了资本主义条件下个体被剥削的现实状况，也有对未来社会状况下的真实集体所作的正向阐释。

最后，在理论目标上，我们通过解读类生活、社会生活、社会的个人、社会化的人类、真实的集体、自由人的联合体等概念，深入揭示了马克思不断追寻的新的社会形态下个体价值实现的途径和方式。这正是马克思借由社会概念传达给我们的最重要的启示。特别是在东欧剧变、苏联解体之后，在一个后冷战的时代场景中，我们对马克思思想的理解和把握应该具有更加深厚的规范向度，也因此，即使在以后的岁月中，马克思的个别论断也许并不能够完全回应现代人类生存所面临的诸多困境，但我们依然可以信奉马克思的精神，坚守他的理想，同时也捍卫他所确立的基本信念。当然，前提是我们能够自觉省思马克思思想中的理想性指向。

为了更好地阐述上述观点，在本书展开的各个部分中，尤为注重阐明以下几个关键环节。

第一，马克思的社会概念不是一个抽象的哲学原则。马克思关于前资本主义社会、资本主义社会以及未来社会的论述，都是从一定的生产关系条件出发而不是从观念和原则出发的，是从现实个人的生存状况出发而不是从抽象的人出发的，因此他的社会概念具有鲜活的生命内涵和价值指向。马克思对人、社会和共产主义等概念的论述都是与特定历史条件下现实的生产力状况相联系的，因此，社会概念不是超越的，而是与现代生活相联系的实践哲学观念。

第二，马克思的社会概念不是一个先定的目标图式。马克思经由社会概念所揭示的人类未来生活不是一种普遍适用、永恒不变的乌托邦图景，也不是通过悬设至善目标进而剥夺个体创造性权利的

"道德理想国",而是扎根于物质生产发展基础上的现实的社会生活。因此,在马克思那里,不存在非历史性的未来社会图景和固定的价值目标。当然,这和以下界定是相关联的,即马克思思想中的社会与个人不是二元对立的,而是相互连接、互为表里的统一体。

第三,在马克思的社会理想中,正因为个体能够自由创造一个可欲的、有价值的社会形态,而不受制于既定的社会目标,所以个体的自由、平等权利应该得到尊重和实现。于是,马克思关于平等和自由的观念也就不仅具有理论上的可能性,也有了现实的必要性。当然,这是建立在马克思批判资产阶级永恒正义观念的前提之上的,特别是建立在消除产生这些学说的私有财产制度基础之上的。没有后一个前提,马克思的个体自由概念依然会流于空疏。

第四,马克思的社会概念与其现实的个人的概念是相互联结、不可分割的。个体是社会的存在,其目标和任务皆需立足于一个真实的社会生活才得以成型。同时,社会在其现实性上就是个人的生命活动,为了个体的需要而存在,社会的目标和未来图景必须契合个体的内在价值和自由发展。也因此,如果说社会生活是现实个体存在的前提和条件,那么现实个人的自由发展就是社会生活得以维持和完善的基本参照和最终目标。

在此意义上,马克思的社会概念与当代自由主义、社群主义的社会观既有一定的联系也有一定的差异,这是我们在本书中需要仔细加以辨识的内容。

社群主义认为,一个先定的社会目标和生活情境乃是个体存在的最基本前提,这些前提内在于个体的生存方式、文化传统和情感价值,并且个体无法选择和改变这些前提①。因此,在社群主义那里,个体的角色定位是必须不断加以强化的,而最终的道德目标也应该可以达成。比如麦金太尔(Alasdair MacIntyre)使用了设置(setting)这个词来表示个体被镶嵌于社会之中:

> 某一社会设置可能是一种体制,可能是一种我所谓的实践,也可能是一种与他人相关的背景。但是以我将要进行的理解,这一概念的中心意思乃是,一种设置就有一种历史,单个主体的历史不仅要而且不得不定位于这一历史之中。这仅仅因为,如果没有这种跨越整个历史时间的设置和变化,穿越时间的个体主体及其变化的历史将是无法理解的。②

而在马克思那里,个体由社会分工和特定历史阶段所造就的角色定位应该而且可以被打破。社会的目标和价值必须基于个体的自由创造才是可欲的,并不存在先验的道德情境和至善目标,一切道德本身都是社会关系的产物,这也必将随着社会关系的改变而改变。

自由主义认为,一个秩序良好社会的首要美德就是政治正义观念,以政治正义观念为基础的现代资本主义宪制,能够为个体的自由

---

① 罗蒂曾把社群主义概括为三个组成部分,首先,它是一种经验的预见:一个社会,一旦像杜威那样轻易地抛弃了非历史的道德真理观念,就不能存在。其次,它是一种道德判断,认为那种由自由的制度和文化产生的人是不良的。最后,它是一种主张,即要求政治制度应以一种关于人性的学说为前提,而这种学说又必须与启蒙运动的理性主义不同,即能够澄清自我的历史性这种本质特征。参见罗蒂:《后哲学文化》,黄勇译,上海译文出版社2004年版,第159—160页。

② Alasdair MacIntyre, *After Virtue: A Study in Moral Theory*, University of Notre Dame Press, 2007, pp.206-207.

和平等的权利提供稳定的保障,也能够使各种完备性学说(道德的、宗教的、哲学的等)相互承认。①

所有这些价值都共同表达了自由主义的政治理想,即:由于政治权力是作为一个合并实体的、自由而平等之公民的强制性权力,所以,当宪法根本和基本正义产生危机时,这种权力只能以人民可以理性地期待全体公民都能按照他们的共同人类理性来认可的那些方式来行使。②

而在马克思看来,法律意义上的平等和自由权利只是资产阶级社会关系的抽象性规则,从而也不可能实现个体生存状况的根本变革。马克思认为,只有通过革命的方式废除资本主义的私有财产制度,从而进一步罢黜资产阶级占有的法权,才能实现真正的自由平等。因此,马克思的社会理想与政治自由主义的分歧不在于自由平等是否是马克思思想的要素,而在于到底什么意义上的自由、平等、正义观念才切合马克思的社会理想,而且更为重要的是,这种平等和自由究竟是通过何种方式确立的。

可以看出,马克思在道德关切上具有社群主义的特点,但是反对社群主义对个体存在及其角色的先验假定。在马克思看来,这恰恰是

---

① 金利卡(Will Kymlicka)把罗尔斯(John Rawls)、德沃金(Ronald Dworkin)所承袭的自由平等主义传统概括为三个关键性要素:一是理性地修正善观念的能力;二是非完善论的国家;三是对道德上任意不平等的调整。参见 Will Kymlicka, *Politics in the Vernacular: Nationalism, Multiculturalism and Citizenship*, Oxford: Oxford University Press, 2001, pp. 327-331。

② 罗尔斯:《政治自由主义》,万俊人译,译林出版社 2011 年版,第 129 页。

个体被社会关系物化的表现。在马克思那里，社群或集体与个体生活并不是二分的，个体在社会生活以及真实的社群中通过内在的创造性活动实现自由且全面发展是其最重要的思想指向；同时，马克思与自由主义的政治正义共享了更多的思想观念，但是在具体的方式和道路上又出现了原则性的分歧，马克思期望借由革命来推翻资产阶级私有制，实现真正的个体自由，这一点是政治自由主义的倡导者无法比拟的。

与当代政治哲学进行的对话，能够让我们更加透彻地理解马克思建构社会共同体从而弥合个体与公共生活分裂的思想取向。不管是揭示资本主义社会关系的奴役性还是阐明真实的集体与个体自由的关联，马克思都在关注如何实现社会生活的良序建构与个体的自由全面发展的统一。正如马克思关于未来社会的论断所表明的那样，"建立在个人全面发展和他们共同的、社会的生产能力成为从属于他们的社会财富这一基础上的自由个性，是第三个阶段"①。这一思想也让我们明白，不是社会联系得越紧密越好，更重要的是，这些关系是否能够促进个体的自由和全面发展；也不是个体自由越多越好，而是这些自由应该首先基于一个好生活的判断并以自觉的创造性活动来追寻，同时这一价值取向也能够根据个体的需要来进行调整。在此意义上，未来社会目标不能成为限制个体自由创造的壁垒，也不是固定不变的唯一方案和先定尺度，而只能在个体的自由创造中不断呈现。

在本书中，我们重点关注的是马克思经由社会概念究竟给我们提供了何种有价值的哲学观念，这些观念本身遵循着马克思的哲学精神和理论旨趣，它具有评价和规范两种特征，这与那种单纯地揭示马克

---

① 《马克思恩格斯全集》第30卷，人民出版社1995年版，第107—108页。

思哲学方法论的工作有所区别。在我们看来,方法和观念属于两个不同层面的问题,其中后者更具有本体论上的优先性。因此,对马克思思想进行单纯的方法论研究和原理式归纳的意义不甚重大。原因是,首先,我们很难分清,哪些方法是真正归属于马克思的,哪些又是异质于马克思的。其次,长期以来,我们已经积累了大量的马克思主义哲学方法论,但是,仔细研究这些方法,很可能会发现它们彼此之间都存在着矛盾与冲突。最后,单纯地挖掘马克思的方法,可能依然会落入马克思所批判的抽象形而上学的窠臼。因为我们毕竟要追问:这些方法是内涵的还是形式的、是普遍的还是特殊的?这些方法对解决当前的现实人类性问题有何助益?反思这些问题就促使我们把马克思的思想变革放到具体的问题语境中来,为解决现实问题贡献有价值的观念而不是方法,才不会出现循环的也可能是无效的争论。

对马克思社会概念的解析,在某种程度上类似于维特根斯坦(Ludwig Wittgenstein)所说的语言游戏。我们认同维特根斯坦的如下说法:"语言的述说乃是一种活动,或是一种生活形式的一个部分。"[1] 于是,对马克思社会概念的辨析和解读,以及在交互对话中呈现其精神实质,都是从不同侧面论证马克思哲学与当前社会生活的

---

[1] 维特根斯坦:《哲学研究》,李步楼译,商务印书馆1996年版,第17页。还原语言述说的真实面貌在马克思那里也被作为一种实现了人的真实社会关系的重要象征。在马克思看来,在现代资本主义社会中,我们所进行交流的语言也被物化了,失去了其所包含的人类真实价值和情感。"我们彼此进行交谈时所用的唯一可以了解的语言,是我们的彼此发生关系的物品。我们不懂得人的语言了,而且它已经无效了;……我们彼此同人的本质相异化已经到了这种程度,以致这种本质的直接语言在我们看来成了对人类尊严的侮辱,相反,物的价值的异化语言倒成了完全符合于理所当然的、自信的和自我认可的人类尊严的东西。"(《马克思恩格斯全集》第42卷,人民出版社1979年版,第36页。)也许,我们对马克思社会概念的解读,在一定意义上,也是在尽力祛除我们自己的语言所曾遭受的物化和侵蚀。

关联。这一分析的重要意义还在于，我们今天依然能够运用马克思的观念、立场来包容更多的思想方案并解析相关的理论和现实问题，在这一历程中，我们自身的内在价值诉求也能够得到更好的表达，这也许正是马克思依然是我们同时代人的原因所在。

同时，这一重新理解力求遵循马克思哲学的精神实质。在《马克思的幽灵》一书中，德里达（Jacques Derrida）运用解构策略呈现马克思思想遗产的做法让人印象深刻，特别是其关于马克思主义精神实质的界定让人感触良多。他一方面指出：

> 要想继续从马克思主义的精神中汲取灵感，就必须忠实于总是在原则上构成马克思主义而且首要地是构成马克思主义的一种激进的批判的东西，那就是一种随时准备进行自我批判的步骤。这种批判在原则上显然是自愿接受它自身的变革、价值重估和自我再阐释的。①

紧接着他又表明：

> 如果说有一种马克思主义的精神是我永远也不打算放弃的话……它甚至更主要地是某种解放的和弥赛亚式的声明，是某种允诺，即人们能够摆脱任何的教义，甚至任何形而上学的宗教的规定性和任何弥赛亚主义的经验。②

---

① 德里达：《马克思的幽灵》，何一译，中国人民大学出版社1999年版，第124页。
② 德里达：《马克思的幽灵》，何一译，中国人民大学出版社1999年版，第126页。

细细思量这两处论断，对于我们开拓马克思哲学研究的思想空间具有重要的启示意义。探寻马克思社会概念的丰富内涵，正是为了更深入地挖掘马克思思想中的批判意识和解放旨趣。

第一章

反省现代性：马克思社会概念的根本出发点

在导论部分，我们仔细梳理了学界在理解马克思社会概念过程中存在的有待澄清的课题。在我们看来，不管是对马克思社会概念的误读还是诘难，其产生的一个很大的原因就是忽视了这一概念所具有的批判现实并解决现代性问题的思想旨趣。也就是说，马克思的社会概念并不是在描述性（descriptive）层面上使用的，而是一个评价性（evaluative）和规范性（normative）概念。它通过批判资本主义现实来为未来社会寻找可能的生活形态。既然在马克思那里，对现实资本主义的批判和他对整个现代性问题的理解相互关联，那么揭示现代性的特征并以此为视域对马克思社会概念进行思想定位就显得至关重要。在本章中，我们试图阐明以下两个问题：一是揭示马克思所体验到的现代性问题，从而确立理解其社会概念的基本视域；二是在现代性视域中具体定位马克思的社会概念，初步阐释这一概念的思想旨趣。

第一节　马克思的现代性体验及其辩证立场

现代性是一个复杂的经验事实和话语形态。在经验的意义上，现代性表征的是当代人共享的生活状态和情感体验，这种状态或体验与社会的经济、政治、文化变迁密切相关。在话语层面上，现代性意味着道德、艺术、宗教信仰以及哲学等意识形态方面的变化和冲突，它们都基于一定的逻辑预设，并且也都缠绕着制度和意识形态等因素。与此同时，现代性的话语又与种种反现代性、后现代性思潮粘连在一起，在一定意义上很难把它们区分开来。这也是现代社会生活所表征的思想景象，正如伯曼（Marshall Berman）所指出的，现代性造成了一种悖论和矛盾的社会场景，"现代生活既是革命的也是保守的：它意识到各种新的经验与历险的可能，它受到许许多多现代历险都会导致的深厚虚无主义思想的恐吓，它渴望创造并且抓住某种真实的东西而不管一切东西都在融化"①。于是，现代性乃是一个复合性的概念，具有历史性、多元性、差异性甚至自反性的特征，不同的理论家根据各自的立场演绎不同的现代性方案，其间呈现出某种家族相似性。②

---

① 伯曼：《一切坚固的东西都烟消云散了——现代性体验》，徐大建、张辑译，商务印书馆2003年版，第13页。
② 除了伯曼以外，艾森斯塔特（Shmuel Eisenstadt）也是提倡"多元现代性"理论的著名学者，他认为，理解现代性的最好方法乃是把它视为多种文化观念不断建构和重构的历史进程。吉登斯（Anthony Giddens）等人用"断裂""自反性"来形容现代性状况，施特劳斯（Leo Strauss）通过评述自马基雅维里（Niccolò Machiavelli）以来所呈现的"三波现代性"思潮来表明现代性生活的复杂性，而泰勒（Charles Taylor）则试图通过省察本真性的道德理想进而抵御个人主义和工具理性对现代社会的入侵。所有论述都（转下页）

第一章　反省现代性：马克思社会概念的根本出发点

在当前的理论语境中，两种态度比较鲜明地呈现于我们面前：一种是把马克思视为与现代诸多思想家共享同一叙事而成为被批判和超越的对象，这些思想家都不同程度地主张公共性价值高于个体自由的社会理论，或者在抽象的主体性哲学框架内进行公共性的建构，或者从根本上抹杀个体所享有的自由平等价值；另一种则是挖掘马克思思想与后现代的亲缘关系，在其中，马克思以坚决的现代性反叛者的形象出现，并且彻底地抛弃了对于秩序、权利和正义这些公共性价值原则的寻求，从而与后现代思想家一同走向了否弃共同善的道路。随着我们理解的深入，绝对的否定和绝对的肯定态度已然不合时宜，寻求一种切合马克思思想真实语境的立场成为当前推进马克思哲学研究的重要前提，这也是马克思哲学走向当代的方法论自觉。

在这一章中，我们先从马克思自身的现代性体验来共情其独特的立场和视角，然后在下一章中具体阐释马克思的社会概念在解决现代性问题上的具体理路及其体现的公共性思想指向。在此，我们把马克思的现代性体验界定为现代性的立场、反现代性的立场和重建现代性的立场三个层面，它们相互交织，共同演绎了复调式的现代性乐章。从中，我们也可以更加深刻地感受到马克思思想依然鲜活的生命力。

(接上页)表明，现代性观念的复合性甚至矛盾性。相关文献参见艾森斯塔特：《反思现代性》，旷新年、王爱松译，生活·读书·新知三联书店2006年版；吉登斯：《现代性的后果》，田禾译，译林出版社2000年版；贝克、吉登斯、拉什：《自反性现代化》，赵文书译，商务印书馆2001年版；Leo Strauss, *An Introduction to Political Philosophy: Ten Essays*, Hilail Gildin(ed.), Detroit: Wayne State University Press, 1989；泰勒：《现代性的隐忧》，程炼译，南京大学出版社2020年版。

一、马克思的现代性立场

首先,马克思处于现代性的图景中,他不仅袭承了现代思想的风格和气质,还深沐与之相关的成果和荣耀。现代性通过理性、技术、资本与创造力的结合而不断扩展和推进,同时不可避免地使身处其中的人产生进步的眩晕感。"任何真正的哲学都是自己时代的精神上的精华。"① 马克思的思想进路不可能游离于现代性语境之外,他对社会进步的冀求、对人类解放的渴望、对个体价值的尊重等,无一例外皆承继了现代性的思想遗产。另外,他对资本主义社会历史进步性的肯定,对未来社会所必需的现实前提的强调等,都包含了对现代性成就的正面肯定和合理承认。在此意义上,马克思哲学具有现代性的诸多思想特征,隐含着现代性所内设的思维向度。正如在《共产党宣言》中,马克思以富有激情的语言来展现现代性的成果与创造力量:

> 资产阶级,由于一切生产工具的迅速改进,由于交通的极其便利,把一切民族甚至最野蛮的民族都卷到文明中来了。它的商品的低廉价格,是它用来摧毁一切万里长城、征服野蛮人最顽强的仇外心理的重炮。它迫使一切民族——如果它们不想灭亡的话——采用资产阶级的生产方式;它迫使它们在自己那里推行所谓的文明,即变成资产者。一句话,它按照自己的面貌为自己创造出一个世界。②

---

① 《马克思恩格斯全集》第1卷,人民出版社1995年版,第220页。
② 《马克思恩格斯文集》第2卷,人民出版社2009年版,第35—36页。

在马克思看来，新世界与旧世界的根本差异还在于生产力的不断创造和增长，"生产的不断变革，一切社会状况不停的动荡，永远的不安定和变动，这就是资产阶级时代不同于过去一切时代的地方"①，"资产阶级在它的不到一百年的阶级统治中所创造的生产力，比过去一切世代创造的全部生产力还要多，还要大"②。生产力的变革也使交往关系发生了前所未有的变化，随着交往范围的不断扩大，现代性的发明成果被传播得更远更广，从而也就摆脱了地域、行业的束缚，国家与地区之间的孤立状态被打破了，于是，历史也变成了世界历史：

> 它首次开创了世界历史，因为它使每个文明国家以及这些国家中的每一个人的需要的满足都依赖于整个世界，因为它消灭了各国以往自然形成的闭关自守的状态。③

其次，马克思看到，现代性状况把真实的社会关系展现在人们面前，也使原先被宗教、道德等意识形态面纱所掩盖的等级秩序昭然若揭。

> 大工业通过普遍的竞争迫使所有个人的全部精力处于高度紧张状态。它尽可能地消灭意识形态、宗教、道德等等，而在它无法做到这一点的地方，它就把它们变成赤裸裸的谎言。④

---

① 《马克思恩格斯文集》第 2 卷，人民出版社 2009 年版，第 34 页。
② 《马克思恩格斯文集》第 2 卷，人民出版社 2009 年版，第 36 页。
③ 《马克思恩格斯文集》第 1 卷，人民出版社 2009 年版，第 566 页。
④ 《马克思恩格斯文集》第 1 卷，人民出版社 2009 年版，第 566 页。

一切神圣的东西都被货币这一等价物所消解和亵渎了：

> 没有任何绝对的价值，因为对货币来说，价值本身是相对的。没有任何东西是不可让渡的，因为一切东西都可以为换取货币而让渡。没有任何东西是高尚的、神圣的等等，因为一切东西都可以通过货币而占有。正如在上帝面前人人平等一样，在货币面前不存在"不能估价、不能抵押或转让的"，"处于人类商业之外的"，"谁也不能占有的"，"神圣的"和"宗教的东西"。①

于是，马克思看到了现代性所具有的强大的消解功能和除魅效果。一切等级的、虚幻的、固定的人身依附关系在现代性的伟力面前都烟消云散了，现代性与人的解放也紧密相连。

> 一切固定的僵化的关系以及与之相适应的素被尊崇的观念和见解都被消除了，一切新形成的关系等不到固定下来就陈旧了。一切等级的和固定的东西都烟消云散了，一切神圣的东西都被亵渎了。人们终于不得不用冷静的眼光来看他们的生活地位、他们的相互关系。②

可以说，马克思对资本主义社会关系的真切感受直接来自现代性的除魅成果，这些成果也对马克思基于现实资本主义状况展开社会批判起到了关键作用。

---

① 《马克思恩格斯全集》第31卷，人民出版社1998年版，第252页。
② 《马克思恩格斯文集》第2卷，人民出版社2009年版，第34—35页。

最后，马克思也基于现代社会所创造的生产力成果来展望未来社会联合形态。未来社会不仅要推翻占统治地位的生产关系，而且通过新的社会联合最大限度地推进人类发展。"他们用公共的生产资料进行劳动，并且自觉地把他们许多个人劳动力当做一个社会劳动力来使用。"① 从以上分析可以看出，马克思对现代性的产生、发展和未来走向都坚持一种经验事实基础上的规范性说明，而并不是基于先验的模式来进行肯定或否定叙述。在这一基础上，马克思对现代性的批判也具有了重要的现实根据。

二、马克思的反现代性立场

如果仅仅停留在对现代性状况这一客观事实的描述层面上，我们无法体认到马克思思想的真实内涵，马克思的思想也就无法成为省思现代性困境的重要理论资源。在现代性图景中进行反现代性的批判和冲击，是马克思现代性体验的重要思想特征。

马克思揭示了现代社会中异化的劳动关系。在现代性所还原的真实社会关系表象后面，马克思发现了其中所包含的更深层的依赖关系，也更透彻地揭示了建立在资本主义生产劳动之上的异化、剥削和奴役体制，"一方面随着分工的扩大，另一方面随着资本的积累，工人日益完全依赖于劳动，依赖于一定的、极其片面的、机器般的劳动。这样，随着工人在精神上和肉体上被贬低为机器，随着人变成抽象的活动和胃，工人也越来越依赖于市场价格的一切波动，依赖于资

---

① 《马克思恩格斯文集》第5卷，人民出版社2009年版，第96页。

本的使用和富人的兴致"①。于是,"劳动对工人来说是外在的东西,也就是,不属于他的本质;因此,他在自己的劳动中不是肯定自己,而是否定自己,不是感到幸福,而是感到不幸,不是自由地发挥自己的体力和智力,而是使自己的肉体受折磨、精神遭摧残。因此,工人只有在劳动之外才感到自在,而在劳动中则感到不自在"②。因此,现代资本主义社会对人的生命活动具有剥夺性质。

马克思阐明了现代资本主义所表现出的背反性形象。进步与倒退、解放与奴役、自由与压制在现代社会中紧密交织。

> 资产阶级在它已经取得了统治的地方把一切封建的、宗法的和田园诗般的关系都破坏了。它无情地斩断了把人们束缚于天然尊长的形形色色的封建羁绊,它使人和人之间除了赤裸裸的利害关系,除了冷酷无情的"现金交易",就再也没有任何别的联系了。它把宗教虔诚、骑士热忱、小市民伤感这些情感的神圣发作,淹没在利己主义打算的冰水之中。它把人的尊严变成了交换价值,用一种没有良心的贸易自由代替了无数特许的和自力挣得的自由。总而言之,它用公开的、无耻的、直接的、露骨的剥削代替了由宗教幻想和政治幻想掩盖着的剥削。③

这一切看似进步与文明,其实是另一种野蛮和倒退,所以马克思指出:

---

① 《马克思恩格斯文集》第 1 卷,人民出版社 2009 年版,第 120 页。
② 《马克思恩格斯文集》第 1 卷,人民出版社 2009 年版,第 159 页。
③ 《马克思恩格斯文集》第 2 卷,人民出版社 2009 年版,第 33—34 页。

第一章 反省现代性：马克思社会概念的根本出发点

文明的一切进步，或者换句话说，社会生产力的一切增长，也可以说劳动本身的生产力的一切增长，如科学、发明、劳动的分工和结合、交通工具的改善、世界市场的开辟、机器等等所产生的结果，都不会使工人致富，而只会使资本致富；也就是只会使支配劳动的权力更加增大；只会使资本的生产力增长。因为资本是工人的对立面，所以文明的进步只会增大支配劳动的客体的权力。①

马克思还澄清了等价交换经济规则掩盖下的权力关系。马克思面对的是一个神圣形象消解的时代，同时，各种非神圣形象也披挂着庄严的外衣粉墨登场，马克思看到，一切抽象的、冠冕堂皇的交换原则其实都隐含着权力形态。这种权力试图借助资本的华丽外衣来矫饰自己，而马克思的思想则要充当这个时代的叛逆者，去揭露现代生产所导致的残酷现实。马克思透过现代性进步的表象向我们展现了资本主义社会所宣扬的永恒正义意识形态掩盖下的权力关系。这一权力关系出现在资本主义生产、流通等各个环节，成为凌驾于现实个体存在的一种无意识过程。于是，现代性虽然把个人从旧的等级秩序中解放出来，但是又在无意识的资本主义生产、流通和消费的过程中使个人屈从于资本的至上权威，个体之间的相互联系不过是物掩盖下的社会权力关系，于是，个体自由的神话就被揭穿了。

个人相互间的社会联系作为凌驾于个人之上的独立权力，不论被想象为自然的权力，偶然现象，还是其他任何形式的东西，

---

① 《马克思恩格斯全集》第30卷，人民出版社1995年版，第267页。

都是下述状况的必然结果，这就是：这里的出发点不是自由的社会的个人。①

马克思也看到了在资本的权力压制下，个体成为一种物化的存在，社会被抽象的资本逻辑所统治。于是，只存在物的个性，却不存在作为现实的个人的个性。在现代资本主义社会中，不仅个体存在要服从于资本这一物化关系，而且现代资本主义社会也把人自身当作物来对待，个体存在的价值被置换为物的价值，个体之间的社会关系在深层本质上就是物的关系，而整个社会本身也变成了物化的商品世界。个体无法支配自己的生活，社会本身也没有自觉的意识，只存在物的个性和外在于个体的被物化了的社会关系。

> 每种形式的自然财富，在它被交换价值取代以前，都以个人对于对象的本质关系为前提，因此，个人在自己的某个方面把自身对象化在物品中，他对物品的占有同时就表现为他的个性的一定的发展；拥有羊群这种财富使个人发展为牧人，拥有谷物这种财富使个人发展为农民，等等。与此相反，货币是一般财富的个体，它本身是从流通中来的，它只代表一般，仅仅是社会的结果，它完全不以对自己占有者的任何个性关系为前提；占有货币不是占有者个性的某个本质方面的发展，倒不如说，这是占有没有个性的东西，因为这种社会[关系]同时作为一种可感觉的外在的对象而存在着，它可以机械地被占有，也可以同样丧失掉。②

---

① 《马克思恩格斯全集》第30卷，人民出版社1995年版，第148页。
② 《马克思恩格斯全集》第30卷，人民出版社1995年版，第173—174页。

于是,"在资产阶级社会里,资本具有独立性和个性,而活动着的个人却没有独立性和个性"①。

马克思最终认识到,现代资本主义社会无法解决自身的问题和矛盾。资产阶级无法控制生产力发展的巨大力量,资本主义的私有财产关系成为生产力发展的桎梏。于是,"资产阶级的生产关系和交换关系,资产阶级的所有制关系,这个曾经仿佛用法术创造了如此庞大的生产资料和交换手段的现代资产阶级社会,现在像一个魔法师一样不能再支配自己用法术呼唤出来的魔鬼了"②。无法控制社会生产力,直接导致了社会危机和灾难的发生。从这一思想中我们可以更鲜明地看出,马克思对现实社会的批判是建立在现实物质基础之上的,这也是他与其他思想家的观点根本异质的地方。在资产阶级经济学家为资本主义生产力的发展欢呼的时候,在一些社会主义者试图在现有生产关系状况下进行改良的时候,马克思直接表明只有推翻现存资本主义社会的生产关系,才能够实现真正的人类解放。

因此,在现代资产阶级消解了神圣形象以后,马克思则要更进一步,用源自现实生活的思想武器来消解非神圣形象。正如他指出的:

> 因此,真理的彼岸世界消逝以后,历史的任务就是确立此岸世界的真理。人的自我异化的神圣形象被揭穿以后,揭露具有非神圣形象的自我异化,就成了为历史服务的哲学的迫切任务。于是,对天国的批判变成对尘世的批判,对宗

---

① 《马克思恩格斯文集》第2卷,人民出版社2009年版,第46页。
② 《马克思恩格斯文集》第2卷,人民出版社2009年版,第37页。

教的批判变成对法的批判，对神学的批判变成对政治的批判。①

在这个意义上，马克思的一个重要使命就是揭露世界的抽象化背后的资本主义社会关系，进而在批判旧世界中发现新世界，因此，马克思的思想绝不是类似于主张价值中立的实证科学理论，而具有深刻的规范意蕴和批判指向。他通过对资本主义社会进行解剖，揭示了后者在繁荣进步的经济、政治和文化的虚假表象之下所衍生出的人类生存困境，也揭露了资产阶级试图通过意识形态等观念层面的工具掩盖其真实意图的虚伪面向。现代性的批判在他那里剑锋直指为抽象观念所掩盖的现实奴役。

三、马克思的重建现代性的立场

在批判性地考察并揭露现代资本主义社会的症结之后，马克思同时也在寻求走出资本主义占有关系的道路并试图重建现代社会。

首先，马克思把这一超越和重建的道路与无产阶级运动结合起来。在他看来，随着生产力和工业的发展，工人阶级也形成了越来越广泛的联合，从而也形成了推翻资产阶级的现实力量。无产阶级之所以能够成为资本主义的掘墓人，有三个原因。一是无产阶级对于自己苦难的自觉认识。无产阶级的苦难使其能够成为一个旧世界解体的代表和建设新世界的主要动力源泉，也是社会变迁的重要根源。因此，

---

① 《马克思恩格斯文集》第1卷，人民出版社2009年版，第4页。

第一章　反省现代性：马克思社会概念的根本出发点

"无产阶级宣告迄今为止的世界制度的解体，只不过是揭示自己本身的存在的秘密，因为它就是这个世界制度的实际解体。无产阶级要求否定私有财产，只不过是把社会已经提升为无产阶级的原则的东西，把未经无产阶级的协助就已作为社会的否定结果而体现在它身上的东西提升为社会的原则"①。二是无产阶级自身的先进性。"无产阶级对资产阶级说来是革命的，因为无产阶级本身是在大工业基地上成长起来的，它力求使生产摆脱资产阶级企图永远保存的资本主义性质。"② 三是无产阶级代表着大多数人的利益。"过去的一切运动都是少数人的，或者为少数人谋利益的运动。无产阶级的运动是绝大多数人的，为绝大多数人谋利益的独立的运动。无产阶级，现今社会的最下层，如果不炸毁官方社会的整个上层，就不能抬起头来，挺起胸来。"③ 在此基础上，现代性的反省与重构紧密相连，马克思依据现实的生产状况展现了未来社会的理想图景，"无产阶级将利用自己的政治统治，一步一步地夺取资产阶级的全部资本，把一切生产工具集中在国家即组织成为统治阶级的无产阶级手里，并且尽可能快地增加生产力的总量"④，"代替那存在着阶级和阶级对立的资产阶级旧社会的，将是这样一个联合体，在那里，每个人的自由发展是一切人的自由发展的条件"⑤。

其次，马克思重建现代性的目标指向是实现个人的全面发展。马克思指出，在资本主义社会中，个性的存在和自由选择其实都是假

---

① 《马克思恩格斯全集》第 3 卷，人民出版社 2002 年版，第 213 页。
② 《马克思恩格斯全集》第 25 卷，人民出版社 2001 年版，第 21—22 页。
③ 《马克思恩格斯文集》第 2 卷，人民出版社 2009 年版，第 42 页。
④ 《马克思恩格斯文集》第 2 卷，人民出版社 2009 年版，第 52 页。
⑤ 《马克思恩格斯文集》第 2 卷，人民出版社 2009 年版，第 53 页。

象，都必须服从价值交换的资本主义市场规则，同时，这样的规则真实地包含着资产阶级通过占有财产权来抹杀个体的自由和平等的权利这一隐患。所以，只有在未来的社会联合体中，个性才能得到真正的恢复。在将来，当劳动不再是一种谋生手段，或者说，当劳动本身不再作为个体的负担而是作为需要存在的时候，真正的个性才能得到发挥。马克思也正是在此意义上谈论个体与社会的真正关联。当劳动成为个体的需要和确证自身存在的要素时，个体的全面发展才成为可能；同时，个体全面发展所造就的社会生产的极大丰富，成为实现真正自由和平等的首要前提。所以，马克思一直在谈论个性、自由和平等，一方面，他要批判建立在资产阶级私有财产基础上的虚幻的个性自由，更要推翻导致这一虚幻的自由的历史性社会制度。另一方面，马克思看到未来社会在根本的意义上乃是实现真正的个体自由，这样的自由需要一定的物质基础，更需要社会联合起来消灭资本的统一性权力，同时，这样的自由主要体现为对自己能力的普遍性和全面性占有。归结起来，马克思谈论个性自由的前提有两个：一是消灭建立在私有制基础上的个性，因为这样的个性不外乎资产私有者的个性，而个人是没有个性的；二是真实个性的实现，这不仅需要财富的社会占有，更为重要的一点是，这种社会占有同时也是个人所有。在此意义上，在一定历史阶段，建立在社会生产发展基础上的个人的全面发展才能得以实现。

  全面发展的个人——他们的社会关系作为他们自己的共同的关系，也是服从于他们自己的共同的控制的——不是自然的产物，而是历史的产物。要使这种个性成为可能，能力的发展就要

第一章　反省现代性：马克思社会概念的根本出发点

达到一定的程度和全面性，这正是以建立在交换价值基础上的生产为前提的，这种生产在产生出个人同自己和同别人相异化的普遍性的同时，也产生出个人关系和个人能力的普遍性和全面性。①

最后，马克思重建现代性的根本途径是联合起来的个人掌握社会生产。在马克思看来，由于资本不是单个人的抽象的人格，而是一种社会力量，因此，要想破除资本主义生产关系，进而推翻资本主义社会，必须要有在充分发展的生产力基础上的个体之间的联合并掌握社会生产。也就是说，为什么要以社会的方式占有整个生产力，那是因为，一方面，"资本不是一种个人力量，而是一种社会力量"②，单个的个体占有或部分地占有生产力并不能改变现代社会的根本性质；另一方面，"把资本变为公共的、属于社会全体成员的财产，这并不是把个人财产变为社会财产。这里所改变的只是财产的社会性质。它将失掉它的阶级性质"③。这里可以看出，马克思对未来社会的设想具有两个重要的关键点：一是把资本变为集体财产，改变的是其社会性质，也就是去除其阶级属性，这样，利用财产进行剥削和压迫的社会关系也将被消除；二是，这种对财产的社会属性的改变并没有使个人丧失财产，也就是说，个人的劳动所得应该得到承认，而且，财产的社会性质本身与个人占有财产也是一致的。换句话说，马克思并不是要消灭财产，也不是在一般的意义上消灭个人的财产占有，他所要消

---

① 《马克思恩格斯全集》第30卷，人民出版社1995年版，第112页。
② 《马克思恩格斯文集》第2卷，人民出版社2009年版，第46页。
③ 《马克思恩格斯文集》第2卷，人民出版社2009年版，第46页。

除的是那种建立在私有财产基础之上的社会关系,这一关系正是以占有工人剩余劳动的方式来行使对社会和他人的权力的。同时,马克思也清醒地看到,资产阶级社会的私有财产关系其实让无产阶级最终失去了财产,进而无法占有自己应得的财富。那么,消灭私有财产制度,其实就是把本应属于工人的财产还给个人。于是,消灭私有财产其实应该在这一意义上来理解,其真实含义是消灭资本家所占有的财产,让工人获得自己的财产。

通过上面分析我们可以看出,马克思体验到了现代性状况下看似坚固和进步的社会图景中存在的矛盾和冲突,也致力于寻求产生这些冲突的根源和症候,马克思对未来社会的展望建立在对现存社会的真切感受和辩证觉解上。在这样的立场和方法引导下,马克思哲学才能成为我们分析资本缘起、诊断时代病症和展现人类前景的重要思想理据。

因此,与那种彻底肯定与彻底否定现代性的观念不同,马克思没有预设一个固定不变的思想逻辑来考察现代生活,未来世界更不能通过形而上学的演绎来达成。在马克思那里,现代性乃是一个历史性的存在,特指一种资本以及立基于其上的社会关系占主导地位的社会状态,现代性关涉的是一种在资本主义社会状况下的生存事实和生命体验,而不仅仅是一种思想潮流和哲学话语。于是,在充分考察经验事实的基础上,马克思揭露了在种种幻象后面的、被掩盖的资本主义现实,进而打破了资本主义社会的永恒性神话,最终,以现实的社会运动构建未来社会的理想图景,这也是解决现代性状况下人类生存困境根本出路。

于是,在现代性的视域中,马克思不仅洞察了资本主义社会形态

第一章 反省现代性：马克思社会概念的根本出发点

的进步与局限，而且还对未来社会的理想图景进行了擘画与描述。一方面，马克思对现代性的思想前提进行了批判反思，对这一思想模式中所包含的自由、解放等价值许诺都进行了批判反省，从根源上揭露了现代性所隐含的资本逻辑，在这样的逻辑统摄下，人的现实存在受物的生产体制支配，资本的独立性导致人的依附性，物的生产逻辑使一切社会关系物化，同时，资产阶级试图用虚幻的自由和平等掩盖现实的奴役和不公，马克思也对那种不触动资本主义生产体制的政治解放允诺进行了批判，而主张一种实现真正自由的人类解放。在批判的意义上，马克思揭示了现代性的思想前提并试图超越这一逻辑预设，通过回归社会生活世界来消解资本的神秘主义外衣。在此意义上，他拒斥了一切无须反思批判的永恒性论证模式，理论和生活都必须在历史的视野中加以审视和考察。另一方面，马克思对现代性持有一种非常深刻的辩证立场，这种立场提示我们，在现代性作为一种复杂的历史性叙事和现实社会状况时，既要认清其中所蕴含的形而上学前提，又要找到走出这一形而上学思维的路径和方法，正是在这一意义上，马克思对传统形而上学的思维方式的变革和超越成为其重新建构现代性话语的重要层面。

可以说，在着眼于现实人类生活和资本现代性批判的基础上，马克思转换了传统形而上学的论说方式和关注领域，以深厚的历史性立场、深广的思想视域、深切的人文情怀展现了批判现代性之后的人的生存状况。可以说，马克思所使用的思想话语和概念必须在这样的背景中才会显得意蕴深长；如若不然，执着于概念和单向度地思考马克思所完成的形而上学变革可能依然落入传统形而上学的窠臼。为此，我们必须把马克思的思想革命置于现代性反省这一现实语境中，在这一过程中才能体会到,马克思所使用的包括社会在内的许多概念和话语不仅仅是一种思想与思想的交锋和批判,更为重要的是,马克思借助这些概念思考和完成了与传统形而上学截然不同的使命,因此,必须在现代性的语境中,也必须结合马克思关于现代性的思考才能洞察社会概念的深刻内涵。

当然,不能认为马克思已经一劳永逸地解决了那个时代的所有问题,或者他的思想方法绝对正确。在现代性视域中呈现马克思社会概念的思想内涵,至关重要的是吸收他看待这个世界的视角和方式,特别是其中蕴含的辩证思维,进而增强我们创造新的思想和生活的信心,让我们更加透彻地认清和把握现代社会的神奇和困境,正如伯曼在谈及马克思的现代性思想时所指出的那样:

> 我论述他的思想,与其说是寻求他的答案,不如说是寻求他提出的问题。在我看来,他能够给予我们的宝贵礼物,不是一条摆脱现代生活的矛盾的路,而是一条更加有把握更加深入的进入这些矛盾的道路。他知道,超越矛盾的道路将不得不经过现代性,而不是摆脱现代性。[1]

下面,我们将通过对社会概念的具体分析来进一步体会马克思给予我们的辩证立场。

---

[1] 伯曼:《一切坚固的东西都烟消云散了——现代性体验》,徐大建、张辑译,商务印书馆 2003 年版,第 165 页。

第二节　反现代性语境中的现代性话语

经由以上分析，我们揭示了马克思思想语境中的现代性不是一个单向度的体验，而是包含现代性、反现代性和重建现代性三种立场。据此，我们把马克思的现代性观念界定为一种反现代性的现代性话语。在这样的语境中审视马克思的社会概念，不仅实现了一种视角的更新，而且为我们全面把握其丰富的内涵奠定了基础。概括起来，马克思的现代性立场对于我们深入把握马克思的社会概念具有如下重要意义。

对现代性的多维透视，使我们能够更好地把握马克思关于未来社会的构想。马克思对资本主义创造的现实生产力的承认，是他后来构建未来社会的重要根基。没有对现实状况的洞察，没有对资本主义历史进步性的承认，马克思就无法真正在实践意义上改变世界。于是，在这一意义上，马克思没有否定现代社会生产力，他要批判和改造的是现实资本主义的社会关系，他认为这一建立在私有财产权基础上的社会关系极大地阻碍了现实生产力的发展。"在私有制的统治下，这些生产力只获得了片面的发展，对大多数人来说成了破坏的力量，而许多这样的生产力在私有制下根本得不到利用。"① 所以，在对未来社会的构想中，生产力占据了基础性地位。也因此，马克思对现代性的体验让我们注意到，应该把对社会概念的分析放到具体的现代资本主义状况中，不存在所谓的脱离具体历史和现实的社会概念分析，正

---

① 《马克思恩格斯文集》第 1 卷，人民出版社 2009 年版，第 566 页。

如马克思后来所指出的,"不应当泛泛地谈论'劳动'和'社会',而应当在这里清楚地证明,在现今的资本主义社会中怎样最终创造了物质的和其他的条件,使工人能够并且不得不铲除这个历史祸害"①。而且,马克思还特别批判了蒲鲁东等人对社会概念的抽象使用,在马克思看来,蒲鲁东等人从社会角度来分析问题,恰恰是把那些代表着资产阶级的社会关系忽略掉了。②

通过对马克思的现代性立场的剖析,我们对马克思的社会关系概念有了新的认识。马克思通过对现实资本主义的考察认识到,在生产力获得巨大发展的同时,现代社会也被赤裸裸的金钱关系所笼罩,并且,独立个体之间的联系仅仅是利益关系,"它使自然科学从属于资本,并使分工丧失了自己自然形成的性质的最后一点假象。它把自然形成的性质一概消灭掉(只要在劳动的范围内有可能做到这一点),它把所有自然形成的关系变成货币的关系"③。而这正是马克思后来所极力抨击的。也就是说,真正使个人不堪忍受的,使现实的个人无法得到完善和发展的,是现代资本主义的社会关系。"大工业不仅使工人对资本家的关系,而且使劳动本身都成为工人不堪忍受的东西。"④ 从这一点我们也可以看出,马克思思想中的社会关系概念乃是对现实的批判性指认,也就是说,马克思的社会关系概念不是在描述个人的存在状况,而是要通过这一概念揭示现代性条件下个体被社会关系所压制和剥削的现实状况。这样的社会关系一方面是外在于个体的统治关系,另一方面又采取了一种抽象的形式。马克思后来通过

---

① 《马克思恩格斯文集》第3卷,人民出版社2009年版,第430页。
② 《马克思恩格斯全集》第30卷,人民出版社1995年版,第223页。
③ 《马克思恩格斯文集》第1卷,人民出版社2009年版,第566页。
④ 《马克思恩格斯文集》第1卷,人民出版社2009年版,第567页。

第一章 反省现代性：马克思社会概念的根本出发点

对货币这一媒介物的分析，更深刻地揭示了现代性状况下社会关系的强制性：

> 相互的社会关系转变为一种固定的、压倒一切的、把每个个人都包括在内的社会关系，这一点首先就表现在货币中，而且是表现在最抽象的、因而是最无意义、最难捉摸的形式——扬弃了一切中介的形式中。况且，这种表现既然是以自由的、不受任何约束的、只是由生产中的相互需要联系在一起的、原子般的各个私人为前提而生长起来的，它也就更加严酷。①

国内学界在讨论马克思的社会关系范畴时，在很大程度上忽略了这一范畴所具有的过渡性质。

马克思通过现代性批判所揭示的权力宰制在理解其社会概念中具有重要意义。他让我们明白，现代社会的进步也伴随着资本权力的增长，这种权力通过雇佣劳动关系得到了最大限度的发挥。于是，"工人必然会越来越贫穷，因为他的劳动的创造力作为资本的力量，作为异己的权力而同他相对立。他把劳动作为财富的生产力让渡出去；而资本把劳动作为这种生产力来占有。可见，劳动和劳动产品所有权的分离，劳动和财富的分离，已经包含在这种交换行为本身之中"②。于是，在国民经济学家看到关系的地方，马克思看到的是权力。在资产阶级鼓吹平等交换的时候，马克思却为我们揭示了现代社会所隐含的压制和剥削关系。在我看来，马克思关于现代社会的理解、分析和

---

① 《马克思恩格斯全集》第31卷，人民出版社1998年版，第377页。
② 《马克思恩格斯全集》第32卷，人民出版社1998年版，第183页。

考察，与他揭示资本主义社会中的权力关系密不可分。在马克思那里，只要存在基于私有财产与雇佣劳动的社会关系，就必定存在资本对个人、资产阶级对工人的压迫和奴役。

马克思在《共产党宣言》中关于未来社会的构想，也即建立"每个人的自由发展是一切人的自由发展的条件"① 的联合体需要我们加以细致辨识。除了上面我们提到的生产力基础外，许多人可能更关注的一点是，在这一联合体中，占据中心地位的是个体还是社会？这一问题本身就存在问题，因为这依然是在个体与社会分立的意义上提出的。接下来，我们将要说明，在马克思那里，不存在个体与社会的二元对立式区分，只存在我们的社会生活在何种意义上能够被个体创造并追寻。换句话说，个体的自由发展不可能脱离一定的、历史性的社会生活，而社会生活也只能通过个体自由自觉的创造性劳动才能形成，忽略任何一方面，都无法真正理解个人和社会。

马克思对现代性所造就的理性形而上学、主体以及市民社会等概念的批判性揭示更需要我们认真对待。马克思对资本主义这一现代社会的解剖是把它放在更大的问题图景中进行的，那就是支配西方几千年的社会进化模式，特别是启蒙以来的西方现代性精神气质。也就是说，马克思的现代性批判不仅直接针对资本主义的现实困境，还直指导致这一现实困境的思想理据，并对此进行前提性批判，而这一前提性批判直接表现为对现代性的形而上学原则的揭示。这种形而上学建立在一种理性原则基础之上，一方面以抽象的方式论证现实社会关系的合理性，另一方面又用同样的形而上学模式来解决

---

① 《马克思恩格斯文集》第 2 卷，人民出版社 2009 年版，第 53 页。

第一章 反省现代性：马克思社会概念的根本出发点

矛盾和困境。马克思揭露了这种形而上学原则是资产阶级庸俗经济学家所玩弄的文字游戏，"堕落的最新经济学……为了反对上述社会主义者而提出的平庸论证，是企图证明，经济关系到处都表示同一些简单规定，因而到处都表示交换价值相交换的简单规定中的平等和自由"①。马克思则看到了种种抽象概念的背后所隐藏的物化的现实，"这个对象化过程实际上从劳动方面来说表现为劳动的外化过程，从资本方面来说表现为对他人劳动的占有过程，——就这一点来说，这种扭曲和颠倒是真实的，而不是单纯想象的，不是单纯存在于工人和资本家的观念中的"②。马克思正是要打破这种抽象成为统治的资本主义关系。

从上述分析可以看出，马克思关于现代性的诸多思想观念都是与其对社会概念的深入思考紧密相关的。具体来说，在马克思那里，现代性状况就是资本主义条件下人类的生存状况，现代社会就是资本主义社会，现代性观念就是建立在资本主义私有财产制度上的意识形态。正如他所指出的，"'现代社会'就是存在于一切文明国度中的资本主义社会，它或多或少地摆脱了中世纪的杂质，或多或少地由于每个国度的特殊的历史发展而改变了形态，或多或少地有了发展"③。马克思正是在获得巨大成就的现代资本主义社会中发现了其存在的问题和症结，因而也窥见了解决这些问题的方式和道路。

与此相关联的是，马克思所构想的未来社会形态也在现代性语境

---

① 《马克思恩格斯全集》第 30 卷，人民出版社 1995 年版，第 204 页。
② 《马克思恩格斯全集》第 31 卷，人民出版社 1998 年版，第 244 页。
③ 《马克思恩格斯文集》第 3 卷，人民出版社 2009 年版，第 444 页。

中得到了充分阐释。马克思承认现代社会发展生产力的合理性，承认未来社会的建立应该以社会财富的极大丰富为前提。同时，他依然清醒地看到，必须破除资本主义的社会生产关系，还原人的真实个性和自由的劳动，才能够创造出这样的新社会。因此，在马克思那里，如果未来社会图景乃是一个值得向往和追寻的目标的话，那么实现这个目标的首要前提就是有生命的个体价值的实现，也即释放人的所有潜能的社会形态，也是能够创造出新的社会关系的形态。

第三节　现代性批判与马克思社会概念的多重向度

在初步厘清了马克思的社会概念与现代性的关联之后，我们需要继续追问的是，在现代性语境中，马克思的社会概念究竟呈现出哪些具体而丰富的内涵？更进一步来说，社会概念在何种意义上成为马克思反省现代性的思想基石？在我们看来，借由现代性视域来理解马克思的社会概念，能够让我们体认到其中所具有的现实性、历史性和理想性的三个维度，而这三个维度也分别对应着马克思反思现代性的三种立场。

一、马克思社会概念的现实性维度

我们在前面已经指出，马克思对现代性状况的考察乃是结合对现实社会的批判和超越而展开的。与此相对应，在现代性语境中，马克思的社会概念具有非常鲜明的现实性特征。

第一章　反省现代性：马克思社会概念的根本出发点

首先，这一现实性表现在马克思从现代社会生活出发来颠覆传统形而上学，并且指认近代以来的形而上学观念与资本主义生产关系相互关联。在马克思看来，对现实社会生活的强调，正是破除资产阶级意识形态的关键环节。

马克思对传统形而上学的批判，集中体现在对以黑格尔为代表的德国古典哲学的批判上。在黑格尔看来，由于现代性的扩展和理念的进化，原先基督教的神圣观念已经无法实现对尘世的引导，个体与天国之间的关联也已经不复存在，外在的超越已经无法维系世俗世界的统一性。于是，黑格尔的社会思想亟须解决的问题是，如何既能保持观念的普遍性和统一性，又不扼杀世俗个体的独立性和自主性。这是黑格尔的现代性问题。正如泰勒曾指出的，黑格尔所关注的核心问题是，"它就是关于人的主体性性质及其与世界的关系问题，就是如何把两个看似互相分离的人的形象统一起来的问题"[①]。黑格尔清醒地意识到，以往那种建立在神圣道德意志上的哲学观念已经无法承载这一使命，同时，法国革命已经证明启蒙理性的普遍主义所造成的绝对恐怖。于是，黑格尔所孜孜以求的事业乃是三位一体的重建，也即挖掘古希腊城邦中的公共生活内涵，同时借鉴基督教超越尘世的神圣力量，以及实现对启蒙理性的重建。这三者的结合最鲜明地体现在黑格尔的现代国家中，"现代国家的原则具有这样一种惊人的力量和深度，即它使主观性的原则完美起来，成为独立的个人特殊性的极端，而同时又使它回复到实体性的统一，于是在主观性的原则本身中保持着这个统一"[②]。从黑格尔的这一表述可以看出，他对尘世生活的超

[①] 泰勒：《黑格尔》，张国清、朱进东译，译林出版社2012年版，第4页。
[②] 黑格尔：《法哲学原理》，范扬、张企泰译，商务印书馆1961年版，第296页。

越乃是通过观念的方式完成的。也就是说,他最终以一种大全式的伦理实体来包容市民社会所产生的个体主观性,同时又能够防止这种主观性去破坏公共生活规范。在一定意义上,黑格尔的设想具有重大的理论价值,他对抽象理性的批判和超越、对主观主义所造成的社会分裂现实的洞察,以及对绝对统一性的扬弃等,都成为重建现代性思想的关键环节。但是,黑格尔的重建方式也有致命的缺陷,原因在于,在黑格尔的观念运作中,真实生活依然没有改变也不需要改变,那些残酷的、罪恶的现实只不过是理念实现自身的一个环节而已,对它们的超越在逻辑中就可以毕其功于一役,黑格尔也坦承自己对于理念的推崇:

> 凡生活中真实的伟大的神圣的事物,其所以真实、伟大、神圣,均由于理念。哲学的目的就在于掌握理念的普遍性和真形相。自然界是注定了只有用必然性去完成理性。但精神的世界就是自由的世界。举凡一切维系人类生活的,有价值的,行得通的,都是精神性的。而精神世界只有通过对真理和正义的意识,通过对理念的掌握,才能取得实际存在。①

黑格尔洞察到了现代性的问题,但是他的解决方式却是非现实的。

在黑格尔基于理念扬弃市民社会的地方,马克思却主张回到市民社会;在黑格尔用观念保存市民社会中的个体性存在的时候,马克思却果断地批判市民社会中分裂的个体性存在方式;在黑格尔用伦理实

---

① 黑格尔:《小逻辑》,贺麟译,商务印书馆1980年版,第34页。

体实现对社会生活的重建的时候,马克思却从社会生活本身出发来勾画理想世界。究其根本原因,是在马克思看来,黑格尔对现代资本社会问题的解决实质上是对现实的一种消极承认。

> 在黑格尔的法哲学中,扬弃了的私法=道德,扬弃了的道德=家庭,扬弃了的家庭=市民社会,扬弃了的市民社会等于国家,扬弃了的国家=世界历史。在现实中,私法、道德、家庭、市民社会、国家等等依然存在着,它们只是变成环节,变成人的存在和存在方式,这些存在方式不能孤立地发挥作用,而是互相消融,互相产生等等。①

于是,通过批判以黑格尔哲学为代表的传统形而上学,马克思形成了一种对理论的现实化理解方式,也使他能够看穿资本主义意识形态的实质。

> 不是意识决定生活,而是生活决定意识。前一种考察方法从意识出发,把意识看做是有生命的个人。后一种符合现实生活的考察方法则从现实的、有生命的个人本身出发,把意识仅仅看做是他们的意识。②

而他对诸多观念形态的批判都是通过揭露这些观念得以产生的社会根源来进行的。最终,他对未来社会的构想,也是以个体生命存在的现

---

① 《马克思恩格斯文集》第1卷,人民出版社2009年版,第214—215页。
② 《马克思恩格斯文集》第1卷,人民出版社2009年版,第525页。

实的生成为标志的。

> 无神论、共产主义决不是人所创造的对象世界的消逝、舍弃和丧失，决不是人的采取对象形式的本质力量的消逝、舍弃和丧失，决不是返回到非自然的、不发达的简单状态去的贫困。恰恰相反，无神论、共产主义才是人的本质的现实的生成，是人的本质对人来说的真正的实现，或者说，是人的本质作为某种现实的东西的实现。①

其次，马克思社会概念的现实性还表现在对现代社会前提条件的批判性阐发上。这些前提中最主要的是现实的个人，不过与黑格尔思想中个人只是理念实现自身的一个环节不同，也与费尔巴哈把个人淹没在无声的类中不同，更与古典经济学家把个人看作自利的竞争性个体不同，马克思所说的现实的个人包含着更为丰富的内涵。一是，这种现实的个人与他们所从事的物质生产活动相关联，也与他们所创造的物质生存条件密不可分。正如马克思指出的，"我们的出发点是从事实际活动的人，而且从他们的现实生活过程中还可以描绘出这一生活过程在意识形态上的反射和反响的发展"②，从事实际物质生产活动的人正是马克思所关注的现实的个人，"这是一些现实的个人，是他们的活动和他们的物质生活条件，包括他们已有的和由他们自己的活动创造出来的物质生活条件"③。

---

① 《马克思恩格斯文集》第1卷，人民出版社2009年版，第217页。
② 《马克思恩格斯文集》第1卷，人民出版社2009年版，第525页。
③ 《马克思恩格斯文集》第1卷，人民出版社2009年版，第519页。

二是，这些现实的个人处于一定的社会关系中而不是孤立的存在。

> 以一定的方式进行生产活动的一定的个人，发生一定的社会关系和政治关系。经验的观察在任何情况下都应当根据经验来揭示社会结构和政治结构同生产的联系，而不应当带有任何神秘和思辨的色彩。社会结构和国家总是从一定的个人的生活过程中产生的。但是，这里所说的个人不是他们自己或别人想象中的那种个人，而是现实中的个人，也就是说，这些个人是从事活动的，进行物质生产的，因而是在一定的物质的、不受他们任意支配的界限、前提和条件下活动着的。①

三是，现实的个人是揭露资本主义社会压迫和统治秘密的重要体现。因为创造历史并推动历史进步的个人，却被现实资本主义生产关系所奴役和剥削，因此，经由现实的个人打破一个旧社会并创造一个新社会才得以可能，正如马克思所言：

> 逃亡农奴只是想自由地发展他们已有的生存条件并让它们发挥作用，因而归根结底只达到了自由劳动；而无产者，为了实现自己的个性，就应当消灭他们迄今面临的生存条件，消灭这个同时也是整个迄今为止的社会的生存条件，即消灭劳动。因此，他们也就同社会的各个人迄今借以表现为一个整体的那种形式即同

---

① 《马克思恩格斯文集》第 1 卷，人民出版社 2009 年版，第 523—524 页。

国家处于直接的对立中,他们应当推翻国家,使自己的个性得以实现。①

最后,马克思社会概念的现实性还表现在对现实社会生活的实践改造上。马克思对现实社会前提条件的指认,以及对现实社会条件下个体生存方式的说明,不是为了描述一个事实存在,也不是为了简单地说明这些条件和存在方式的不合理性。在他看来,指出这些前提是为了批判这些前提,并且在批判的基础上超越现实的社会存在,这是马克思社会概念现实性的首要理论旨趣。这也与以往我们所理解的那种前提性说明不同。在以往的研究中,我们主要关注马克思对黑格尔哲学的颠倒以及唯物史观的确立,认为马克思的革命性变革是发现了被观念形态掩盖的物质生活基础,于是,我们更多地把对马克思社会概念乃至整个思想的解读放在对这一唯物史观的说明上,我们更多地借用马克思的社会生活决定社会意识、经济基础决定上层建筑以及现实的个人反对抽象的个人等思想主张。但是,一个不容忽视的重要疏漏是,当我们不断去揭示并说明马克思所实现的哲学观念变革的时候,其实恰恰忽略了其中最重要的理论旨趣,那就是批判并改变现存社会,这其中包括批判改造现实社会的物质生活条件、现实个人的存在方式以及虚无缥缈的观念形态。

具体来说,当马克思实现了从市民社会来理解国家及其上层建筑要素时,他一方面实现了从现实的社会关系出发来理解现实生活,而不是从被抽象化了的观念形态来考察社会;另一方面,也是更主要

---

① 《马克思恩格斯文集》第1卷,人民出版社2009年版,第573页。

第一章 反省现代性：马克思社会概念的根本出发点

的，马克思对现实社会生活的分析和考察，使他更深刻地认识到现代社会隐含的权力，也使他更清醒地意识到推翻这一权力统治的必要性和可能性。于是，在资产阶级经济学家对货币等现实媒介进行客观描述和颂扬的背后，马克思发现了资本逻辑带来的对现实个人的抽象统治和对真实个性的虚幻颠倒。

> 货币是一种外在的、并非从作为人的人和作为社会的人类社会产生的、能够把观念变成现实而把现实变成纯观念的普遍手段和能力，它把人的和自然界的现实的本质力量变成纯抽象的观念，并因而变成不完善性和充满痛苦的幻象；另一方面，同样地把现实的不完善性和幻象，个人的实际上无力的、只在个人想象中存在的本质力量，变成现实的本质力量和能力。因此，仅仅按照这个规定，货币就已经是个性的普遍颠倒：它把个性变成它们的对立物，赋予个性以与它们的特性相矛盾的特性。[①]

于是，在现代社会中，现实的个人恰恰是无个性的、只能维持自己肉体需要的存在物，现实的物质条件恰恰证明了对工人剥削的资本权力，而现实的社会关系正是被物化和抽象化的资本关系，归根结底，资本主义社会的现实就是对个体生命存在的剥夺和消解。在此意义上，马克思社会概念的现实性维度还体现在，他要通过对现实社会关系的考察来变革这一现实。因此，当资产阶级宣扬现实社会生活是人类的福音的时候，马克思却一针见血地指出，所谓的福音恰恰是要

---

① 《马克思恩格斯文集》第1卷，人民出版社2009年版，第246—247页。

维护资本主义私有制的神圣而不可侵犯性："这种福音的本质无非是这样状况的一种社会，在那里神是上层，而人民，或者以后所说的人类是基础。也就是说，这些人相信的是现存社会，因为，大家知道，在这个社会里神是顶峰，而平民是基础。"① 马克思对社会概念现实性的揭示，恰恰是要推翻这一神圣秩序。

二、马克思社会概念的历史性维度

社会是一种历史性存在，一般人都不会反对这一常识性观念。但是在马克思主义哲学教科书体系建构中，社会往往被作为一种解释性范畴来使用，突出表现为：我们可以用社会结构、社会生产和社会上层建筑等关系原理来解释社会现实。在我们看来，导致教科书体系缺乏对马克思社会概念的深入思考的主要原因在于，我们忽视了这一概念的现代性语境以及这一语境所包含的历史性维度。

在现代性的意义上，马克思认为包括资本主义在内的一切社会形态都是历史地产生的，都是具备一定历史条件后才得以存在的。在反现代性的意义上，马克思的社会概念重点解析了资本主义这一现代社会形态的最终归宿，即必然灭亡的命运。在重建现代性的意义上，马克思的社会概念则把对未来社会的构想建立在历史形成的物质生产基础之上。

于是，在反现代性的现代性语境中，马克思认为，资本主义社会只能是现代性的一个阶段性存在，资本主义的生存状态只是一个暂时

---

① 《马克思恩格斯全集》第7卷，人民出版社1959年版，第539页。

第一章　反省现代性：马克思社会概念的根本出发点

的社会生活样式。在反省现代性的过程中，马克思看到了现代社会本身所具有的自反性效果，资产阶级一方面创造了巨大的生产力，另一方面却无法控制这一造物。马克思认为其根源在于，资本主义生产关系并非永恒有效，其仅仅是生产力发展的一定阶段，这一关系将成为生产力继续发展的桎梏。可以说，正是对资本主义社会普遍合理性的质疑，以及对其所宣扬的永恒正义的批判，使得马克思社会概念的历史性维度得到了充分延展。

马克思社会概念的历史性维度在反思资本主义体制时得到了鲜明的阐发。这一概念表明，资本主义并非自古有之，也不是永续不变的。在对资本主义社会进行经验考察的基础上，马克思看到了资本主义社会的历史性发展历程，看到了其历史进步性。马克思也在此意义上认为，资本主义社会条件下的个人相比于从前具有了较为充分的发展空间和自由选择的权利。当一些人主张回到前资本主义状态下的公共生活时，马克思却反对原始的丰富，他认为在那种社会形态下，个体的独立根本没有得到应有的尊重，因此，回归只是一种镜花水月式的侈谈。

> 在发展的早期阶段，单个人显得比较全面，那正是因为他还没有造成自己丰富的关系，并且还没有使这种关系作为独立于他自身之外的社会权力和社会关系同他自己相对立。留恋那种原始的丰富，是可笑的，相信必须停留在那种完全的空虚化之中，也是可笑的。①

---

① 《马克思恩格斯全集》第 30 卷，人民出版社 1995 年版，第 112 页。

可以看出，在资本主义社会关系中，虽然个体依然受到外在的物化的社会权力的支配，但不可否认的是，比起之前直接的人身依附关系和奴役关系来说，这依然是巨大的跃升，因为个体的独立自由空间得到了极大的拓展。马克思看到了资本主义社会在打破人身依附、血缘差别和宗教压迫社会关系上体现出的历史进步性。

与此同时，马克思也强调，资本主义社会的统治关系依然存在，个体的独立和自主依然受制于物化了的社会关系。因此，对物化的资本主义社会关系的揭示成为马克思批判并超越现代性资本主义社会的主要环节，也彰显了其社会概念的另一种历史性向度。

> 这些外部关系并未排除"依赖关系"，它们只是使这些关系变成普遍的形式；不如说它们为人的依赖关系造成普遍的基础。个人在这里也只是作为一定的个人互相发生关系。这种与人的依赖关系相对立的物的依赖关系也表现出这样的情形（物的依赖关系无非是与外表上独立的个人相对立的独立的社会关系，也就是与这些个人本身相对立而独立化的、他们互相间的生产关系）：个人现在受抽象统治，而他们以前是互相依赖的。但是，抽象或观念，无非是那些统治个人的物质关系的理论表现。①

进步与统治、消解与建立，马克思关于现代性的辩证立场鲜明体现在他对社会概念的理解上。也因此，马克思把推翻资本主义抽象的物化社会关系作为自己毕生的思想使命。

---

① 《马克思恩格斯全集》第30卷，人民出版社1995年版，第114页。

第一章 反省现代性：马克思社会概念的根本出发点

在此意义上，马克思着重批判了资产阶级代言人种种非历史的思想观念：

> 只要政治经济学是资产阶级的政治经济学，就是说，只要它把资本主义制度不是看做历史上过渡的发展阶段，而是看做社会生产的绝对的最后的形式，那就只有在阶级斗争处于潜伏状态或只是在个别的现象上表现出来的时候，它还能够是科学。①

正是在资产阶级理论家对现实社会作观念的永恒性辩护时，马克思看到了他们的历史局限性。那些理论家被资本主义社会进步的假象所迷惑，也被资产阶级理论家的身份所限制，他们没有看到物质繁荣的资本主义社会背后工人的流离失所，也没有看到这样的不合理乃是资本的本性所演绎的悲剧，但却假仁假义地披挂着喜剧的外衣。正如马克思在批判蒲鲁东等人试图在资本主义框架内改良社会关系时所指出的：

> 社会主义的资产者愿意要现代社会的生存条件，但是不要由这些条件必然产生的斗争和危险。他们愿意要现存的社会，但是不要那些使这个社会革命化和瓦解的因素。他们愿意要资产阶级，但是不要无产阶级。在资产阶级看来，它所统治的世界自然是最美好的世界。资产阶级的社会主义把这种安慰人心的观念制成半套或整套的体系。它要求无产阶级实现它的体系，走进新的

---

① 《马克思恩格斯文集》第5卷，人民出版社2009年版，第16页。

耶路撒冷，其实它不过是要求无产阶级停留在现今的社会里，但是要抛弃他们关于这个社会的可恶的观念。①

马克思社会概念的历史性维度还体现在其关于未来社会的构想上。在历史性的意义上，不存在一成不变的社会，也不存在一劳永逸的社会理想图景。也就是说，马克思的历史性观念同样可以运用于对其自身思想性质的界定，而这恰恰在我们的历史唯物主义讨论中被忽视了。我们总在无形中把马克思的历史唯物主义思想看作绝对有效的分析工具，看作可以随便套用的解释原则，但是却没有对这一分析方法和解释原则本身进行历史性理解。具体到对马克思社会概念的理解上，我们经常把马克思关于未来社会生活的判定作为实体性的理想图景，还认为那样的图景是我们最终可以达到的固定的社会存在。在我们看来，马克思从没有非历史地设定一个未来社会的标准模式，也没有先验地描绘一个只此一家的理想图式。马克思对社会概念的分析让我们知道，未来社会是个体在一定历史条件下的自觉创造，在此情形下，好生活以及个体的生活方式是流动的而不是固定的。正如马克思指出的：

  而在共产主义社会里，任何人都没有特殊的活动范围，而是都可以在任何部门内发展，社会调节着整个生产，因而使我有可能随自己的兴趣今天干这事，明天干那事，上午打猎，下午捕鱼，傍晚从事畜牧，晚饭后从事批判，这样就不会使我老是一个猎人、渔夫、牧人或批判者。②

---

① 《马克思恩格斯文集》第2卷，人民出版社2009年版，第61页。
② 《马克思恩格斯文集》第1卷，人民出版社2009年版，第537页。

第一章　反省现代性：马克思社会概念的根本出发点

不难看出，马克思实现的历史唯物主义的思想变革，不仅是一种简单的世界观和解释原则的更新或研究对象上的变化，也不仅仅是一种单纯的方法论意义上的变革，而是具有强烈社会关怀、批判意蕴的历史性思想革命。这种历史性思想体现在对任何社会形态的有限性的判定上，也体现在对一切历史决定论和历史神正论的摒弃上。在马克思看来，一切把唯物主义历史观当作永恒有效的解释原则，或者把唯物史观作为不变的历史法则来裁决现实生活的做法，都是超历史的旧形而上学的残余。在此意义上，当波普尔（Karl Popper）、哈耶克等人极力抨击马克思思想中的历史决定论的时候，当福山（Francis Fukuyama）等人辛辣讽刺马克思鼓吹历史的终结的时候，他们无疑是误解了马克思富有变革性的社会历史观，他们一股脑儿强加于马克思头上的恰恰是其本人已经扔掉的东西。我们将在第五章详尽分析马克思的历史性思想并回应与之相关的批评。

三、马克思社会概念的理想性维度

考察现代社会的发展历程，揭示其存在的基础和条件，从而批判资本主义生产关系必然灭亡的历史趋势，对于马克思而言，都是实现未来社会理想的必要环节和关键步骤。在我们看来，马克思一生的奋斗目标便是超越现代资本主义社会，重建人类的社会生活，而这正体现了马克思社会概念的理想性维度。

这一理想性维度最鲜明地体现在马克思对社会概念存在论价值旨趣的揭示上。社会是人生存于其中的社会，社会构成了一种人生在世的存在论前提，也在这个意义上，社会生活为人创造幸福和价值提供了可能。有赖于此，马克思的社会存在论也为解决现代性所导致的存在之遗忘提供了现实根据和价值诉求。当然，社会理想图景的建构必须以人的生活意义为价值指向，社会的意义与人的生存意义在这一进程中是并行不悖的。马克思在许多论述中都以人的社会存在方式的回归作为人类理想图景的重要标志，因而可以说，马克思思想语境中的社会概念不仅标志其新世界观的转向，也为他批判现代性状况并描绘未来社会蓝图夯实了根基。在针对社会概念的具体论述中，马克思明确指认自己新哲学的出发点是人类社会或社会的人类，以这样的思想基点纵观马克思对现代性问题的省思，我们就会有一个重要的参照，正是基于人的社会存在这一视角，马克思批判了现代性的现实根基，并形成了关于未来社会的基本判断：

> 共产主义是对私有财产即人的自我异化的积极的扬弃，因而是通过人并且为了人而对人的本质的真正占有；因此，它是人向自身、也就是向社会的即合乎人性的人的复归，这种复归是完全的复归，是自觉实现并在以往发展的全部财富的范围内实现的复归。这种共产主义，作为完成了的自然主义，等于人道主义，而作为完成了的人道主义，等于自然主义，它是人和自然界之间、人和人之间的矛盾的真正解决，是存在和本质、对象化和自我确证、自由和必然、个体和类之间的斗争的真正解决。①

而在这个意义上，共产主义和马克思思想中新的社会生活是重合

---

① 《马克思恩格斯文集》第 1 卷，人民出版社 2009 年版，第 185 页。

的，马克思关于人类解放的理想图景的勾画是以其对社会概念的先行阐发为基点的，社会概念成为马克思实现思想变革的重要参照系和构建未来社会的基底图。我们也可以认为，马克思提供给我们的是关于新的社会生活是何以可能的这样一个价值目标，而不是一个固定的社会图式，他提供给我们的是可以去奋斗、去创造的美好生活理想，而且提供给我们实现这一理想所需要确立的诸多可能的观念，而不是一个必然的、亘古不变的社会发展模式。我们生命的存在，我们的个体选择以及我们自身的观念都应该得到尊重，而未来的社会生活也正是因为充分涵纳了这些维度才是值得追寻的。

马克思社会概念的理想性维度还体现在自由人的联合体这一可能的社会形态之中。马克思对现代性的批判以及对未来社会的展望正是以实现人类解放的社会生活世界为基础的。这一社会生活在马克思那里被表述为不同状态，对这一状态的描述也不尽相同，但在根本理论旨趣上，我认为，"自由人的联合体"这一论断最符合马克思关于未来社会图景的界定，也可以说，在"自由人的联合体"的表述中，蕴含着马克思扬弃人与自然、人与人、人与类以及人与劳动种种对立形态从而导向理想社会的根本思考，也彰显了马克思超越资本主义政治国家和市民社会等现代性问题的思想基点，更表征了人类从群体本位、个体本位到类本位发展形态转换的重要标识。可以说，正确理解马克思的社会概念，是理解其"自由人的联合体"论断的思想前提。所以，在1894年1月3日，当卡内帕请求恩格斯为《新纪元》周刊找一段题辞，以言简意赅的方式来阐述未来社会的理想图景时，恩格斯回答说：

除了《共产主义宣言》中的下面这句话(《社会评论》杂志社出版的意大利文版第35页),我再也找不出合适的了:"代替那存在着阶级和阶级对立的资产阶级旧社会的,将是这样一个联合体,在那里,每个人的自由发展是一切人的自由发展的条件。"要用几句话来概括未来新时代的精神,而又不堕入空想主义或者不流于空泛辞藻,几乎是不可能的。①

可以说,社会与"自由人联合体"这两个概念在马克思那里是互为映照、相辅相成的,也就是说,马克思社会概念乃是把握其"自由人的联合体"思想的重要视角,同时,领悟马克思的社会概念又必须以反思"自由人的联合体"形态为开端。

马克思社会概念的理想性维度还表现在对未来图景的历史性说明上。马克思从来没有在无时间性地勾画人类解放的理想途径,而是在不断批判资本主义社会中阐发自己对于未来社会的构想,在批判旧世界中发现新世界。我们看到,即使在进行资本主义批判的同时,他依然不忘对前资本主义社会形态进行研究,也就是说,马克思并没有详尽描画后资本主义时期的社会蓝图,而是在其晚年时光中投入了大量精力研究古代社会史。究其实质,我们认为是因为马克思始终不愿看到他的理论被僵化或被机械地加以套用。在给《祖国纪事》杂志编辑部的信中,马克思严厉批评了那些把他的理论作为公式和教条的做法:

---

① 《马克思恩格斯文集》第10卷,人民出版社2009年版,第666页。

第一章　反省现代性：马克思社会概念的根本出发点

他一定要把我关于西欧资本主义起源的历史概述彻底变成一般发展道路的历史哲学理论，一切民族，不管它们所处的历史环境如何，都注定要走这条道路，——以便最后都达到在保证社会劳动生产力极高度发展的同时又保证每个生产者个人最全面的发展的这样一种经济形态。但是我要请他原谅。（他这样做，会给我过多的荣誉，同时也会给我过多的侮辱。）①

在马克思看来，那种试图揭示永恒历史规律的一般历史哲学的方法无法达到对社会形态的真正把握。在1881年3月给查苏里奇的信中，马克思对自己发现的历史运动的规律作了限定性的说明，"明确地把这一运动的'历史必然性'限制在西欧各国的范围内"②，从众多的论述中我们都能够发现，马克思不想充当那种天启式的先知和预言家。

马克思社会概念中所蕴含的现实性、历史性和理想性维度并不是互不相干的而是紧密相连的，三者的辩证统一彰显了马克思反现代性的现代性思想特质。因此，马克思的社会概念只有在现代性语境中才能得到切实的解读，也才能为建构未来社会生活提供可能的思想观念。在对马克思社会概念这三个思想维度进行剖析的过程中，我们也能真切感受到马克思的理论建构中所包含的经验视角、评价视角以及规范视角。这三个视角也是当前我们分析和把握现实问题最为重要的观念基础。

在这一章中，我们通过现代性的问题语境来对马克思的社会概念

---

① 《马克思恩格斯选集》第3卷，人民出版社2012年版，第730页。
② 《马克思恩格斯选集》第3卷，人民出版社2012年版，第820页。

进行了思想定位。归结起来,我们的初步结论如下。

马克思是现代性状况的批判者和重建者。也因此,对马克思社会概念的理解必须放在现代性这一大背景中。而在马克思那里,现代社会就是资本主义社会,现代性状况就是资本主义状况,现代性问题就是资本主义问题,对现代性的重构就是对后资本主义社会生活的重构。更明确地说,在马克思那里,只有颠覆资本主义生产关系才能最终解决现代性问题。于是这里的重建乃是批判性地建构。

马克思的现代性体验在他的批判和重建的思想历程中至关重要。他的社会概念直面现代资本主义的分裂、奴役、压制、异化、物化等现实情境,他正是通过揭露这些现实社会状况来展开自己的社会批判理论的。同时,这一批判也指向资本运作的形而上学逻辑预设。于是,他没有停留在现代性表面呈现给我们的富饶与繁荣上,更没有被现代社会的成就和历史所迷惑,他的社会概念着眼于现代性的残酷事实,承认它的成就但是更要认清它的罪恶,研究它的历史更要揭露它的非历史性。[①]

更值得关注的是,马克思对现代社会进行批判性建构所采取的方式和道路具有重要的思想价值。在马克思之前,许多理论家已经提出了诸多解决现代性困境的方案,在马克思之后,依然源源不断地涌现出诸多重建现代性的思想规划。那么,马克思思想的特别之处表现在何处呢?经由社会概念的现代性定位,我们试图指出,马克思对现代性社会生活的重建具有以下几个鲜明品格。

---

① 吉登斯也在此意义上指认马克思的著作不是对社会进行理论说明而是实践改造,由此马克思也区别于其他现代性思想家,相关论证参见 Anthony Giddens, *Capitalism and Modern Social Theory: An Analysis of the Writings of Marx, Durkheim and Marx Weber*, Cambridge: Cambridge University Press, 1971, p. 185。

首先,他通过对现实社会及其思想前提的批判为未来思想规划奠定实践哲学的基础,这主要是通过批判各种唯心史观来完成的,特别是通过对黑格尔的社会和国家观的批判,由此马克思确立了建构社会生活的新的思想根基。

其次,马克思对现代性状况下社会生活的构想是建立在现实社会生产力高度发展、社会财富极大丰富的基础之上的,没有这样的基础,公共生活只能停留在理论说明的层面。在此意义上,马克思不可能漠视现代性的成就,更不可能抛弃现代性的情境。

最后,马克思重构社会生活的一个关键环节是对现代性状况下的个体价值进行了全新阐释。马克思通过把个人置于一定的社会关系中来说明:一方面,现代性状况下个体之间的虚假关联和功利特质;另一方面,个体的自由价值只有在真实集体状况下才能得以彰显。

于是,在现代性视域中理解并定位马克思社会概念的意义就在于:通过现代性视域能够让我们更加清楚马克思社会概念所具有的实践规范内涵;现代性状况和马克思社会概念的关联性能够为我们提供走出现代性困境的全新方案。我们接下来将会详尽阐释这一概念所具有的重建现代社会生活的公共性思想指向。

第二章

重建公共生活：马克思社会概念的思想指向

基于上述分析，我们对马克思所处的问题语境已然有了初步了解，领悟到其社会概念在应对现代性问题的过程中具有深刻的思想指向。在现实性维度上，马克思深刻洞察到现代性所造成的个体主体与公共生活相分离的这一现实情境；在历史性的维度上，他一再批判此番历史事实，指出其必然被超越的历史命运；在面向未来的理想性维度上，马克思对可能的社会形态的指认正是为了重建现代公共生活。因而，重构公共生活乃是马克思社会概念所应对的重大现实课题和根本思想指向。① 在这一章中，我们会对这一思想内涵进行具体阐释和深入挖掘。

---

① 之所以用公共生活来界定马克思社会概念的价值旨趣，是因为一方面我们试图在现代性所造成的私人领域和公共领域的分裂的语境下探寻马克思给出的思想方案；另一方面我们认为通过这一界定能够更好地开展与当代思潮的批判性对话。在这里，应该防止对公共生活概念进行简单化、抽象化的理解，马克思通过社会概念所经验的、批判的以及期望的乃是一种切合个体存在的社会生活，其中的公共性价值旨趣寓居于这一现实的社会生活之中。

第二章 重建公共生活：马克思社会概念的思想指向

第一节 现代性课题与黑格尔的解决路径

在当代政治哲学论争中，探寻如何克服现代性状况下个体与公共生活①的分裂，寻求并构建适应多元化社会格局的身份认同和共同体价值已成为重大的理论课题。② 在此语境下，比较探讨黑格尔与马克思关于这一问题的思想路径和解决方案，将对当前的学术讨论提供更深入的理论资源和更宽广的理论视界。

随着现代社会的高歌猛进，个体与共同体之间关系的疏远、私人生活与公共生活的分离呈现出了前所未有的深度和广度。正如贡斯当（Benjamin Constant）所言：

> 在古代的组织中，人们越将更多的时间与精力贡献于行使政治权利，他们便越感到自由；与此相反，就我们可以享有的那类自由而言，政治权利的行使为我们私人利益留下的时间越多，自由对我们就越珍贵。③

---

① 我们所指的社会生活或共同体是在一个比较宽泛的意义上加以使用的，大体相当于哈贝马斯所界定的植根于一定政治文化和特定伦理-文化生活形式的民族国家或超民族国家形态。当然，这一术语的现代内涵在黑格尔和马克思那里都有不同程度的体现，这也是我们探寻他们思想创见的意义所在。参见哈贝马斯：《在事实与规范之间——关于法律和民主法治国的商谈理论》，童世骏译，生活·读书·新知三联书店2003年版，第679页。

② 公民身份、公共理性、慎议民主、承认的政治以及文化多元主义等术语是20世纪90年代以来的时髦词汇，在这一思想语境下，持不同立场的学者展开了激烈的论辩，但其基本理论旨趣可以概括为：在保有个体业已获得的基本权利的基础上，重塑公民美德和重构民族认同，从而在不危及公民普遍的基本权利的基础上，挽救日益衰败的共同体和濒临分裂的社会生活。关于这一趋势的概要性说明，参见 Will Kymlicka, *Contemporary Political Philosophy: An Introduction*, Oxford: Oxford University Press, 2002, pp. 284–376。

③ 贡斯当：《古代人的自由和现代人的自由》，阎克文、刘满贵译，上海人民出版社2005年版，第47页。

进一步而言，现代社会生活的分裂所导致的问题和困境的具体表现如下。

首先，个体主体生存方式的主要特点是私人性和自主性，这就有可能导致个人只能局限于狭窄的私人空间而无法获得公共生活，从而主体性哲学话语也无法对人类生活进行规范和引导。随着现代性力量的不断扩展，主体、价值、自由等概念成为推进现代性事业的重要思想根基，哈贝马斯据此认为现代性的一个重要哲学基础乃是主体性哲学的兴起。"现代性面向未来，追新逐异，可谓前所未有，但它只能在自身内部寻求规范。主体性原则是规范的唯一来源。主体性原则也是现代时代意识的源头。"[①] 个体主体的道德自主性和自我实现虽然得到认可，但是这一过程中，"个人作为资产者、公民以及人处于不同的生活领域，它们相互之间不断分离，最终各自独立"[②]。作为确证主体存在的个体主义思潮无法为现代生活建立规范基础，从而使得公共生活危机四伏。

其次，由于带有追逐私利性质的个体主体的兴起，公共领域被市场交换原则所侵蚀，无法开展有效的交流对话并形成良性秩序，人类的生存也失去了家园之感。在现代资本主义市场经济条件下，私人领域的个体活动已经成为社会生活的重要组成部分甚至是核心要素，并且也促使公共领域遵循一种利益均衡的原则，公共领域的开放性和对话特征越来越形同虚设。资产阶级所掌控的经济地位和财产权力不可避免地深入公共生活腹地并肆意横行，政治共同体也随之被利益集团把控。这导致现代性社会状况中的人类生活很难有公共性皈依和寄

---

① 哈贝马斯：《现代性的哲学话语》，曹卫东译，译林出版社2004年版，第49页。
② 哈贝马斯：《现代性的哲学话语》，曹卫东译，译林出版社2004年版，第96页。

第二章 重建公共生活：马克思社会概念的思想指向

托，社会也就无法摆脱借由大众资本（实质是私有财产）的全面铺展而造就的惨淡局面，在公共领域的"结构转换"中所体现出来的乃是一种被资本主义经济利益覆盖的社会一体化趋势。

最后，伴随着公共性的丧失，人类生活不可避免地出现本真性的丧失和认同危机。人们无法寻找到一个可以寄托自身理想和生存目标的整体社会价值；人与人的相互关联也不断弱化，追逐个体价值的思想诉求直接导致个体认同和社会承认的危机；对良好社会秩序的建构由于缺乏根本的善（价值）的支撑而失去了坚实的道德根基。泰勒借由现代社会被工具理性化地阐释这一事实状况，来表明现代性状况下意义的缺乏和个体之间的认同危机，"一方面，过去服务于我们的坚固的、持久的、常常是富有意味的对象，因现在包围着我们的急速流动的、质量差的、可替代的商品而被置于一旁"，"被置于丰富多彩的社会生活之外的个体，现在转而进入一系列易动的、变化的、可取消的联系中，这些联系常常只为高度特殊的目的而设计。我们通过一系列不完全的角色结束了相互间的联系"。① 公共生活的理性化趋势以及各种善观念之间的激烈冲突，使得现代思潮都在不同程度地关注"承认政治"（politics of recognition）、"差异政治"（politics of difference）等重大理论课题。②

在这一现代性状况中，如何重建公共生活已经成为重中之重，现代诸多思想家都在不遗余力地寻求重建现代公共生活的规范基础。在

---

① 泰勒：《自我的根源：现代认同的形成》，韩震等译，译林出版社2001年版，第788—789、790页。
② 参见 Charles Taylor, "The Politics of Recognition", in Amy Gutmann(ed.), *Multiculturalism and the Politics of Recognition*, New Jersey: Princeton University Press, 1992, pp.25-73。

这一思想语境下，对马克思社会概念与现代哲学关于社会合理性和公共生活思想的比较性探讨也就具有了重要的现实意义。① 在这样的思想与现实语境之中，马克思该以何种角色出场呢？

哈贝马斯说，黑格尔"是使现代脱离外在于它的历史的规范影响这个过程并升格为哲学问题的第一人"②，这样的判断是合理的也是深刻的。在马克思之前，恐怕没有哪一个思想家能够对于现代性的社会状况有如此深切的体认，也没有哪位思想家能够给出如此系统全面的解决方案。黑格尔对时代问题的把握，以及对解决这些问题所表现出的激情和宏大气魄，至今依然令人惊叹。也正是对黑格尔社会观和国家观的批判③，才使得马克思不仅对现代性的思想脉络有了真实的体会，也使他找寻出另一条超越现代性的道路成为可能。可以毫不夸张地说，没有对黑格尔的批判，也就不会有马克思关于未来社会的种种构想。站在巨人的肩膀上，马克思得以看得更深远、更真确。那么，对黑格尔而言，现代社会生活给了他怎样的触动，他又是如何提出自己的解决方案的呢？我们从两个方面对此进行说明。

其一，黑格尔感受到现代性的首要问题是人与世界的分裂，同时，他试图以理念的方式来重新确立现代生活的规范基础。

---

① 公共性问题在不同的历史时期有着不同的思想内涵，在当代哲学视域中，对公共性的寻求主要表现在对差异的承认、对共同体价值的寻求以及对良善社会秩序的建构，在这样的目标指引下，公共性也就摆脱了以前那种以逻格斯中心主义为标识的强制性统一，而是在一种对话、交往中实现差异性的联合。在这样的思想语境中，马克思的社会概念也就具有了与当代哲学进行对话的可能，并且能够为现代社会的合理性建构提供特有的思想资源。
② 哈贝马斯：《现代性的哲学话语》，曹卫东译，译林出版社2004年版，第19页。
③ 在我们看来，黑格尔并没有独立的国家观，更进一步说，黑格尔所指认的现代国家理论更像是对社会生活的建构性说明，因此，黑格尔更多的是试图解决社会生活建构的规范基础问题。

第二章 重建公共生活：马克思社会概念的思想指向

18世纪以来，科技进步带来的认识论变革，使人们把自然科学成果拓展到对人和社会的理解上，在笛卡儿的"我思"以及培根的"知识就是力量"这些主体性原则的论证中，人类自身的自主性突破了外在的世界秩序以及神秘之物的束缚。特别是在黑格尔的时代，现代世界发生了更加深刻的转型：一方面，法国大革命所激发的热情与随之而来的恐惧都使他感受到个体自身的分裂；另一方面，世俗生活领域(市民社会)中的原子化追逐私利的个人成为时代的象征。这就是黑格尔所面临的现代性问题。解决这些问题的需求成为黑格尔理论建构的源动力。

泰勒认为，在解决现代性问题的方案选择上，黑格尔深受"表现主义"创始人的影响。面对四分五裂的现代世界，表现主义思想家力图恢复人类精神的一体化力量，从而实现主体与世界的相互交流，这是一种对古希腊城邦制度下人的生存状态的期望，"要求统一，要求自由，要求与人相融合，要求与自然相融合，这四个要求反映了表现主义意识的渴望"[①]。浪漫派的代表人物荷尔德林(Friedrich Hölderlin)、谢林(Friedrich Schelling)以及席勒(Friedrich Schiller)等人都充满着对自由新世界的向往，而黑格尔也受到了这些寻求一体化哲学精神的鼓舞，"在青年黑格尔的头脑里，德意志迫切地需要来一次再生，那次再生同时将是启蒙的自主理性的胜利，是古希腊精神之精华的再生，是耶稣纯粹教导的回复"[②]。正是这种对统一性的寻求构

[①] 泰勒：《黑格尔》，张国清、朱进东译，译林出版社2012年版，第38页。
[②] 泰勒：《黑格尔》，张国清、朱进东译，译林出版社2012年版，第71页。卢卡奇也指出，在青年黑格尔那里存在着运用古典乌托邦政制对抗当代社会的思想脉络，参见 Goerg Lukács, *The Young Hegel: Studies in the Relations Between Dialectics and Economics*, London: Merlin Press, 1975, p. 43。

成了黑格尔诉诸绝对哲学的理性一体化力量的原初动机,这也是黑格尔自己生命历程的理论反映。在青年时期,黑格尔就期望以宗教神学的普遍性来超越启蒙理性的片面结果,具体说来,他以和解概念来克服单一片面的主体性原则,"黑格尔把这样一种社会状况称为'伦理的',以区别于'道德的'(社会状况):在伦理的社会状况下,所有的社会成员都享有权利,其要求也得到满足,而且不会危及他人的利益"①。为了达致这样的伦理共同体,黑格尔引入了主体间关系来克服主体哲学的对象化逻辑,黑格尔以此远离了以主体性原则来确证现代性的路径,取而代之的是用爱和生命中表现出来的主体间性的一体化力量来反抗以主体为中心的理性权威。生动的精神是建立共同性的媒介,在这样的共同体中,主体既与他者取得一致,又能够保持自身,这种交往的目的是重建伦理关系。② 但是,黑格尔后来却摒弃了这样的浪漫主义态度,转向了更为现实的思想建构,特别是通过对古典政治经济学的研究,黑格尔发觉,必须结合劳动概念来阐释社会关系。

在《精神现象学》中,黑格尔一方面继续阐发他的创造性的斗争哲学,同时还特别小心地论证了一种人的相互承认的社会学说。他对主奴关系的分析让我们认识到,一个极端张扬的自我意识对于形成人丰富的实在性是远远不够的,必须有人类行为的共同参与和相互作用。黑格尔通过劳动概念所表达的正是历史进程的相互斗争和不断争取自身身份的政治哲学内涵。因此,主观确定性或单一的主人姿态是

---

① 哈贝马斯:《现代性的哲学话语》,曹卫东译,译林出版社2004年版,第34页。
② 霍耐特(Axel Honneth)对青年黑格尔所期望的在主体间关系基础上建立的理想共同体的特征作了比较简明的归纳,参见霍耐特:《为承认而斗争》,胡继华译,上海人民出版社2005年版,第18—19页。

无法成就一个具体丰富的人性的,而要实现主体的实在性,必须有敢冒生命危险寻求社会角色的勇气和信心。因此,历史的辩证法是主人和奴隶的辩证法,人的实在性只有在得到承认的相互关系中才能产生并得到维持。

可以说,黑格尔对现代性问题有着深切的感知,而且其解决问题的方式也具有一定的合理性。社会关系和社会统一性不是通过简单的直观来实现的,"社会生活"也不是经由个体之间分散的联结来建构的。在黑格尔那里,上述的统一和联结只能停留在表象的层面,根本无法达到他所期望的内在必然性。黑格尔提出的方法是,通过理念的总体性运动来实现这样的统一。

> 真正的思想和科学的洞见,只有通过概念所作的劳动才能获得。只有概念才能产生知识的普遍性,而所产生出来的这种知识的普遍性,一方面,既不带有普通常识所有的那种常见的不确定性和贫乏性,而是形成了的和完满的知识,另方面,又不是因为天才的懒惰和自负而趋于败坏的理性天赋所具有的那种不常见的普遍性,而是已经发展到本来形式的真理,这种真理能够成为一切自觉的理性的财产。①

不言而喻,黑格尔认为只有理念或绝对理念才能包容分裂的主体并实现普遍性。种种现实方案令黑格尔大失所望,特别是法国大革命所导致的绝对恐怖让黑格尔意识到进行概念清理的必要性,也让他知

---

① 黑格尔:《精神现象学》上卷,贺麟、王玖兴译,商务印书馆1979年版,第48页。

道,现存世界如果不能转化到理念层次,依然只能处于分裂的境地。

于是,黑格尔的理念所要达到的目标也是明晰的,他要为这个已经濒临绝境的现代社会找到最根本的绝对理念。这一理念不仅能够让社会生活实现统一,还能保持其生机和活力,也就是说,他要寻求一种不丧失特殊性的普遍性原则。这一方面是因为"特殊性本身是没有节制的,没有尺度的,而这种无节制所采取的诸形式本身也是没有尺度的"①;另一方面还在于"特殊性的原则,正是随着它自为地发展为整体而推移到普遍性,并且只有在普遍性中才达到它的真理以及它的肯定现实性所应有的权利"②。可以看出,黑格尔对社会生活普遍性的寻求是与他对必然真理性知识的探索相呼应的。问题本身只是被理论地解决了。

其二,黑格尔试图用伦理实体来弥合现代以来的市民社会与国家的分裂。

当黑格尔带着这样经过反思的理念对社会生活问题进行具体重构时,他的成就与问题也就同时显现出来了。在我看来,黑格尔对社会生活规范基础的重构主要想达到两个目的:一是消解那种主观任意的个体自由状态,这样的自由虽然引发了社会生活的重大变革或进步,但必须过渡到一种普遍必然的现实性状态;二是反对那种强制性的和空泛的政治国家建构模式。黑格尔深刻感受到古代的共同体已经无法满足现代经济的发展要求,柏拉图式的理想国家在当下只能产生一种无自由个性的强制性逻辑,他要寻求的政治国家乃是一种自由个性的统一体,这样的统一体能够排斥并弥合因主观私见而产生的困境。

---

① 黑格尔:《法哲学原理》,范扬、张企泰译,商务印书馆1961年版,第228页。
② 黑格尔:《法哲学原理》,范扬、张企泰译,商务印书馆1961年版,第228页。

第二章　重建公共生活：马克思社会概念的思想指向

黑格尔承接了近代以来市民社会独立于国家的思想理路，但是他把讨论推进了一步。先前的思想进路主要围绕着市民社会外在于国家或者着眼于其如何在最大限度上脱离国家而存在这一视角，而黑格尔则提出了一种市民社会必然发展到国家的新的思想进路。前者的思想理路在洛克(John Locke)的论述中尤为典型。① 洛克最先提出了市民社会外在于国家而存在的论断，把社会状态作为一种自然状态来反对国家干预和控制，从而为资本主义经济的发展扫清了障碍。

> 那是一种完备无缺的自由状态，他们在自然法的范围内，按照他们认为合适的办法，决定他们的行动和处理他们的财产和人身，而毋需得到任何人的许可或听命于任何人的意志。②
> 自然状态有一种为人人所应遵守的自然法对它起着支配作用；而理性，也就是自然法，教导着有意遵从理性的全人类：人们既然都是平等和独立的，任何人就不得侵害他人的生命、健康、自由或财产。③

洛克的自然法理论实质上是为自由主义的经济体系做思想铺垫，这样的社会理论后来被自由主义的政治哲学思想所推崇和发扬。

黑格尔在洛克的基础上又把市民社会与国家关系的理论推进了一

---

① 参见邓正来："市民社会与国家——学理上的分野与两种架构"，载邓正来、亚历山大编：《国家与市民社会——一种社会理论的研究路径》，中央编译出版社2005年版，第77—101页。在此，邓先生区分了洛克的"市民社会先于或外在于国家"的架构和黑格尔的"国家高于市民社会的架构"。
② 洛克：《政府论》下卷，叶启芳、瞿菊农译，商务印书馆1996年版，第5页。
③ 洛克：《政府论》下卷，叶启芳、瞿菊农译，商务印书馆1996年版，第6页。

步,他重新建构了市民社会与国家的纽带。在黑格尔看来,一个分裂的、追逐私利并停留于激情与主观需要基础上的市民社会很难成为人类最终的生活状态。这样的社会彰扬了人的特殊性欲望和权利,同时也落入一种利己主义的无教养状态之中。所以,在黑格尔看来,政治经济学所阐明的无序状态必须由他的法哲学来解决。

黑格尔在论述自然状态的缺陷时指出:

> 有这样一种观念,仿佛人在所谓自然状态中,就需要说,其生活是自由的;在自然状态中,他只有所谓简单的自然需要,为了满足需要,他仅仅使用自然的偶然性直接提供给他的手段。这种观念没有考虑到劳动所包含的解放的环节——这点以后再谈,——因此是一种不真确的意见,因为自然需要本身及其直接满足只是潜伏在自然中的精神性的状态,从而是粗野的和不自由的状态,至于自由则仅存在于精神在自己内部的反思中,存在于精神同自然的差别中,以及存在于精神对自然的反射中。①

正是通过对自然法理论的批判,黑格尔洞察到现代生产过程中劳动促使人与人相互依赖,也使他看到只有在劳动中才能满足彼此不同需要的现实状况。也正是劳动产生的辩证运动促使自然状态解体,这必然会过渡到一种普遍的生活状态中,政治国家也应运而生,也只有政治国家才能弥补市民社会的不完善状态。因此黑格尔指出:

---

① 黑格尔:《法哲学原理》,范扬、张企泰译,商务印书馆1961年版,第236页。

第二章 重建公共生活：马克思社会概念的思想指向

> 在劳动和满足需要的上述依赖性和相互关系中，主观的利己心转化为对其他一切人的需要得到满足是有帮助的东西，即通过普遍物而转化为特殊物的中介。这是一种辩证运动。其结果，每个人在为自己取得、生产和享受的同时，也正为了其他一切人的享受而生产和取得。①

在政治国家中，普遍性带着特殊性的需要和动机重新安排着社会生活，这样的现实的政治国家不是柏拉图思想中那种高度理念化的国家模式，而是包含着个体性目的的普遍性的伦理实体。于是，黑格尔依据普遍性原理构造的伦理国家消解了市民社会中的主观偏好，并在一种特殊性原则的基础上勾画出完美的社会理想。

显而易见的是，黑格尔的方案并没有真正地解决现代性的分裂和矛盾，因为他试图通过伦理总体性的国家范畴来统摄并扬弃现实的市民社会，这依然只是在理念的运动中解决了现代性的难题，而没有真正透视现实的矛盾和症结。黑格尔没有认识到，对现代性问题的理论式解决无法保证实践上的成功。

但是，黑格尔却在以下几个方面作出了重大理论贡献：

一是，通过深入的政治经济学研究，他得以深刻地感受到现代社会的人类生存状态。资本主义经济的扩展造就了追逐私利的个人组成的市民社会这一独特领域，因而，普遍性和特殊性的矛盾愈发凸显。特殊的个人追求私利，而这种追求必须通过他人的中介，也就是需要

---

① 黑格尔：《法哲学原理》，范扬、张企泰译，商务印书馆1961年版，第239—240页。

通过普遍性的形式的中介才能实现①,这也导致对现代性的自我确证要求更加难以被把握,但黑格尔已经迈出了坚实的一步。

二是,黑格尔堪称提出重构现代社会概念系统的第一人,并且为后来者指明了基本方向。他把国家(政治领域)与市民社会区别开来,这样,黑格尔也就告别了复辟的政治哲学,同时也告别了理性自然法,只有在现代国家中才能真正消除市民社会的分裂状态而达到伦理总体性。现代国家依据的是黑格尔的普遍性和神圣性而不是依据主观性偏好的现实化,因此,在黑格尔最终用君主立宪制来扬弃市民社会之际,他其实很深刻地指明了超越现代性的方向和道路。

三是,当黑格尔从思辨的辩证法与概念的逻辑学的缠绕中彰显人的存在的复杂性,并以此寻求新的思想方案的时候,其思想深刻地触及了现代社会的基本矛盾和问题,即分裂的社会现实如何趋向于整合与统一的问题。这样的社会理论分析通过黑格尔的现代性反思凸显出来,而黑格尔的现代性观念又与其政治哲学的基本理路紧密相连。简要地说,黑格尔通过市民社会与国家关系的分析深化了政治哲学的一条重要思想进路,也成为后来包括马克思在内的诸多思想家所倚赖的思想活水。

第二节　马克思对黑格尔国家与社会理论的批判

在 1859 年出版的《政治经济学批判》第一分册的序言中,马克思

---

① 参见黑格尔:《法哲学原理》,范扬、张企泰译,商务印书馆 1961 年版,第 224—225 页。

回顾了对黑格尔法哲学的批判对其实现思想变革的重要性：

> 为了解决使我苦恼的疑问，我写的第一部著作是对黑格尔法哲学的批判性的分析，这部著作的导言曾发表在1844年巴黎出版的《德法年鉴》上。我的研究得出这样一个结果：法的关系正像国家的形式一样，既不能从它们本身来理解，也不能从所谓人类精神的一般发展来理解，相反，它们根源于物质的生活关系，这种物质的生活关系的总和，黑格尔按照18世纪的英国人和法国人的先例，概括为"市民社会"，而对市民社会的解剖应该到政治经济学中去寻求。①

马克思的这一陈述至少包含有三个值得我们注意的观点。一是，对黑格尔法哲学的批判在马克思思想变革中起到了极为重要的作用，而且从马克思自己的表述来看，他是认可自己在这一阶段即《德法年鉴》时期实现的世界观转向的。二是，马克思通过对黑格尔法哲学的批判，确立了从物质生活关系来理解法的关系和国家形式的研究进路，我觉得在这里应该特别注意马克思对生活关系的指认，因为"物质生活关系的总和"即黑格尔意义上的市民社会。② 三是，马克思在对黑格尔完成颠倒后的进一步工作是借由政治经济学研究的理路来解剖市民社会，因此，马克思思想变革的最终目标是实现对资本主义社会关系的批判和超越。

---

① 《马克思恩格斯全集》第31卷，人民出版社1998年版，第412页。
② 之所以要注意这一点，是因为单纯地从回归生活世界来理解马克思的思想变革还是不充分的。还应该继续追问的重要问题是，马克思是如何通过对现实生活关系的批判与重构来展现其理想社会图景。

因此，通过对黑格尔思想进行批判，马克思实现了立场、观念和方法的重要转换，并且使自己的经济学研究有了更加鲜明的指向性，他对现实社会关系的认识和批判也更加有力。接下来，我们将基于以下四个方面来具体阐释马克思对黑格尔法哲学思想的批判。

首先，马克思批判了黑格尔法哲学思想中的"逻辑的泛神秘主义"。

在马克思看来，黑格尔哲学思想的主要特征是概念的自我运动，而自我意识的外化、异化仅仅在抽象思维中才能够完成。因此，从现代国民经济学出发的黑格尔哲学最终只承认"抽象的精神的劳动"，于是，在黑格尔那里，在毫不触动现实对象的情况下就可以在思想上将其加以扬弃。因此，"黑格尔在哲学中扬弃的存在，并不是现实的宗教、国家、自然界，而是已经成为知识的对象的宗教本身，即教义学；法学、国家学、自然科学也是如此"[①]。最终，黑格尔看似解决了现代社会矛盾的思想建构仅仅只是一种思想上的漫游，他完成的也仅仅是对现实社会关系的一种理论性的说明，马克思也正是在这一意义上认为黑格尔的思想是"虚假的实证主义"和"虚有其表的批判主义"[②]。

在黑格尔那里，作为伦理性实体的国家超越了有限性并成为"绝对精神"，而家庭和市民社会只不过是精神分有出的两个理想性领域，并且这两个领域是以国家作为将要达至的最终目标的，"现实的理念，即精神，把自己分为自己概念的两个理想性的领域，分为家庭和市民社会，即分为自己的有限性的两个领域，目的是要超出这两

---

① 《马克思恩格斯文集》第 1 卷，人民出版社 2009 年版，第 216 页。
② 《马克思恩格斯文集》第 1 卷，人民出版社 2009 年版，第 213 页。

个领域的理想性而成为自为的无限的现实精神"①。马克思很严厉地把黑格尔的思想称为"逻辑的泛神论的神秘主义","作为出发点的事实并不是被当作事实本身来看待,而是被当作神秘主义的结果。现实性变成了现象,但是除了这种现象,理念便没有任何其他的内容。除了'成为自为的无限的现实精神'这一逻辑的目的,理念也没有任何其他的目的"。② 因为在黑格尔那里,理念是独立的,而现实的家庭和市民社会却变成了理念运动的结果。于是,黑格尔的出发点是不断实现自身的精神而不是现实的社会存在。马克思批判了这种主谓颠倒的做法,"既然黑格尔的出发点是被他当做主体、当做现实本质的'理念'或'实体',现实的主体就只能是抽象的谓语的最后谓语"③,"重要的是黑格尔在任何地方都把理念当做主体,而把真正的现实的主体,例如'政治情绪'变成了谓语。而事实上发展却总是在谓语方面完成的"④。而马克思认为,现实的家庭和市民社会是国家的前提,现实的个人作为主体而存在,而其思辨的活动和它产生的观念才是谓语,黑格尔把这一切都头足倒置了。所以在黑格尔那里:

> 具体的内容即现实的规定成了形式上的东西,而完全抽象的形式的规定则成了具体的内容。国家的各种规定的实质并不在于这些规定是国家的规定,而在于这些规定在其最抽象的形式中可以被看作逻辑的形而上学的规定。在这里,注意的中心不是法哲

---

① 黑格尔:《法哲学原理》,范扬、张企泰译,商务印书馆1961年版,第300页。
② 《马克思恩格斯全集》第1卷,人民出版社1956年版,第253页。
③ 《马克思恩格斯全集》第1卷,人民出版社1956年版,第263页。
④ 《马克思恩格斯全集》第1卷,人民出版社1956年版,第255页。

学，而是逻辑学。在这里，哲学的工作不是使思维体现在政治规定中，而是使现存的政治规定化为乌有，变成抽象的思想。在这里具有哲学意义的不是事物本身的逻辑，而是逻辑本身的事物。不是用逻辑来论证国家，而是用国家来论证逻辑。①

其次，马克思批判了黑格尔对个体主观性存在的抽象化理解。

由于其出发点的错置，黑格尔在考察国家和个体存在的关系时，也就不可避免地出现了抽象化的理解方式。由于作为普遍理性代表的国家已经包含了主体性要素，或者用黑格尔自己的话说，"实体即主体"，黑格尔也就不可避免地把现实的主体存在神秘化了。

> 假如黑格尔从作为国家基础的现实的主体出发，那么他就没有必要神秘地把国家变成主体。黑格尔说："可是主观性只是作为主体才真正存在，人格只是作为人才存在。"这也是神秘化。主观性是主体的规定，人格是人的规定。而黑格尔不把主观性和人格看做主体的谓语，反而把这些谓语弄成某种独立的东西，然后神秘地把这些谓语变成这些谓语的主体。②

> 神秘的实体成了现实的主体，而实在的主体则成了某种其他的东西，成了神秘的实体的一个环节。③

在黑格尔那里，由于现实的个人被淹没在抽象的国家实体之中，也就

---

① 《马克思恩格斯全集》第1卷，人民出版社1956年版，第263页。
② 《马克思恩格斯全集》第1卷，人民出版社1956年版，第272页。
③ 《马克思恩格斯全集》第1卷，人民出版社1956年版，第273页。

第二章 重建公共生活：马克思社会概念的思想指向

无法实现真正的自由。更为严重的是，市民社会中真实存在的个体却借由概念的运动而被消解了，因此，在黑格尔那里，最终达到的国家状态只不过是一种理念的定在，个体根本无法改变自身的命运：

> 黑格尔不承认人的这种实现是最具体的，反而说国家有这样的优点：国家中的"概念环节"、"单一性"达到某种神秘的"定在"。所谓合乎理性，并不是指现实的人的理性达到了现实性，而是指抽象概念的各个环节达到了现实性。①

在现实的人和国家的关系上，马克思批判黑格尔神化了国家对人的天然统治权力，从而主张个体在国家、法律和社会生活中的主导地位。

> 黑格尔从国家出发，把人变成主体化的国家。民主制从人出发，把国家变成客体化的人。正如同不是宗教创造人而是人创造宗教一样，不是国家制度创造人民，而是人民创造国家制度。②

因此，与黑格尔相反，马克思把经验的个人作为分析和看待问题的出发点，人的主观性存在才是现实的。"主观性是主体，而主体又必然是经验的个人，是单一的东西。"③

再次，马克思对黑格尔关于国家根本性质的观点进行了深入解剖。

---

① 《马克思恩格斯全集》第1卷，人民出版社1956年版，第278页。
② 《马克思恩格斯全集》第1卷，人民出版社1956年版，第281页。
③ 《马克思恩格斯全集》第1卷，人民出版社1956年版，第285页。

在黑格尔看来，不同的国家制度不是发展了的现实生活和现实的人造成的，而只是国家的理念在不同发展阶段上的特殊体现。

> 正因为这样，在黑格尔那里才不是从现实的人引伸出国家，反倒是必须从国家引伸出现实的人。因此，黑格尔不去表明国家是人格的最高现实，是人的最高的社会现实，反而把单一的经验的人、经验的人格推崇为国家的最高现实。①

马克思直接批判这种以抽象的国家形式来消解现实的做法。在他看来，"国家本身的抽象只是近代的特点，因为私人生活的抽象只是近代的特点。政治国家的抽象是现代的产物"②。马克思从一定的社会发展阶段来考察国家形式的演变后认为，在古希腊时代，国家和公民之间的关系是相互融合的，公民生活就是政治生活、国家生活，私人在那个时候则是奴隶。而到了中世纪，政治制度就是私有财产的制度，一切私人领域都有政治性质，或者都是政治领域。只有到了现代资本主义社会阶段，随着生产的进一步发展，才出现了真正的市民社会以及独立于国家制度意义上的现实的个人。因此，市民社会与国家的分离以及现代国家制度的形成，并不是概念运动的特殊性环节造就的，而是现实社会生产发展的结果，正如他后来指出的：

> 只有到18世纪，在"市民社会"中，社会联系的各种形式，对个人说来，才表现为只是达到他私人目的的手段，才表现

---

① 《马克思恩格斯全集》第1卷，人民出版社1956年版，第292页。
② 《马克思恩格斯全集》第1卷，人民出版社1956年版，第284页。

第二章　重建公共生活：马克思社会概念的思想指向

为外在的必然性。但是，产生这种孤立个人的观点的时代，正是具有迄今为止最发达的社会关系（从这种观点看来是一般关系）的时代。①

正是在人们交互活动的过程中，才产生出一定历史阶段中的社会和国家。在这里，不存在理念的抽象运动，人们的观念和政治体制在现实的社会关系运动中产生，正是在此意义上马克思才说：

> 社会——不管其形式如何——是什么呢？是人们交互活动的产物。人们能否自由选择某一社会形式呢？决不能。在人们的生产力发展的一定状况下，就会有一定的交换和消费形式。在生产、交换和消费发展的一定阶段上，就会有相应的社会制度，相应的家庭、等级或阶级组织。一句话，就会有相应的市民社会。有一定的市民社会，就会有不过是市民社会的正式表现的相应的政治国家。②

因此，政治国家没有家庭的天然基础和市民社会的人为基础就不可能存在，它们是国家的必要条件。

> 国家是从作为家庭和市民社会的成员而存在的这种群体中产生出来的，思辨的思维却把这一事实说成理念活动的结果，不说成这一群体的理念，而说成不同于事实本身的主观的理念活动的结果。③

---

① 《马克思恩格斯全集》第30卷，人民出版社1995年版，第25页。
② 《马克思恩格斯全集》第47卷，人民出版社2004年版，第440页。
③ 《马克思恩格斯全集》第1卷，人民出版社1956年版，第252页。

而且，马克思还揭示了现代国家的本质是为了保护私有财产：

> 由于私有制摆脱了共同体，国家获得了和市民社会并列并且在市民社会之外的独立存在；实际上国家不外是资产者为了在国内外相互保障各自的财产和利益所必然要采取的一种组织形式。①

最后，马克思指出黑格尔无法真正解决市民社会与国家之间的矛盾。

在马克思看来，当黑格尔感受到市民社会和国家分离的现实时，他是正确的，但是当他把两者的分裂想象成理念实现自身的必然环节时，他却误判了问题的实质。特别是，当黑格尔在现代官僚体制中找到绝对真理的原型时，他便更加无法真正解决现实的矛盾和问题。

> 他用官僚机构来做真正的现存国家的形体，并把官僚机构当做有知识的精神捧到市民社会的唯物主义之上。他把国家的自在自为的普遍性同市民社会的特殊的利益和要求对立起来。总而言之，他到处都在描写市民社会和国家的冲突。②

最终，黑格尔依然只是发现了冲突却根本没有解决这些冲突。他通过代表伦理实体的国家来统摄市民社会的分裂时，依然只是在观念中扬弃了这些矛盾，最终还是停留在一种"非批判的神秘主义"的法哲

---

① 《马克思恩格斯文集》第1卷，人民出版社2009年版，第584页。
② 《马克思恩格斯全集》第1卷，人民出版社1956年版，第336页。

学语境中。

归结起来,马克思对黑格尔的批判可以概括为三个层面的颠倒:一是颠倒黑格尔的"逻辑的泛神秘主义",把"从事物本身的逻辑"出发作为分析问题和解决问题的出发点;二是颠倒黑格尔关于国家与现实主体的关系论断,把个体的主观性存在作为国家的主语;三是颠倒黑格尔市民社会和国家的关系理论,认为是现代社会的现实发展而不是理念运动造就了两者的分裂。最终,马克思主张要用一种把握特殊对象的逻辑和真正的批判来解决现实的矛盾和冲突。

> 真正的批判就要揭露神圣三位一体在人们头脑中的内在根源,描述这种教条产生的情形。同样,对现代国家制度的真正哲学的批判,不仅要揭露这种制度中实际存在的矛盾,而且要解释这些矛盾;真正哲学的批判要理解这些矛盾的根源和必然性,从它们的特殊意义上来把握它们。但是,这种理解不在于像黑格尔所想象的那样到处去寻找逻辑概念的规定,而在于把握特殊对象的特殊逻辑。①

可以看出,马克思对黑格尔法哲学的批判的重要意义在于,他认识到了黑格尔对现实的理念式超越的虚幻性,认识到黑格尔依然在解释世界的层面上承认现实的矛盾和分裂。而马克思通过批判黑格尔实现的思想变革在于:一方面,他把黑格尔当作谓语的社会、主观性以及个体存在转化为分析问题、解决问题的主语;另一方面,也是最重

---

① 《马克思恩格斯全集》第 1 卷,人民出版社 1956 年版,第 359 页。

要的方面,是马克思开始严肃地批判现实资本主义社会,并从改造现实社会中实现对时代问题的解决。正如他在《〈黑格尔法哲学批判〉导言》中说的:"对思辨的法哲学的批判既然是对德国迄今为止政治意识形式的坚决反抗,它就不会专注于自身,而会专注于课题,这种课题只有一个解决办法:实践。"① 正是通过对市民社会和国家关系的实践性批判和超越,马克思才实现了对现代公共生活的重新建构。

第三节　马克思与现代公共生活的重构

如上所述,马克思对未来社会生活的勾画主要是通过批判资本主义社会关系的方式来进行的。正是在揭露资本主义对人类的生命存在和社会关系造成的种种后果的剖析中,马克思对未来社会的种种构想才得以发展和成熟。金里卡(Will Kymlicka)在《自由主义、社群与文化》一书中认为,马克思主要从三个方面揭示了资本主义对人的社会性的否定,一是,它的社会关系使人反对人;二是,它产生了社会异化的各种形式,个人的社会创造物在其中呈现出一种异己的独立性;三是,资本主义把公域的与私域的人、市民社会的资产阶级与国家的公民分离开来,相互脱离。② 这一概括大体上是正确的,尽管关于现代公共生活的失落的观点众多,但马克思无论在揭示其根源还是在给出重建的道路方面都提供了非常有价值的视角。我们接下来将从三个方面来探询这一视角的具体内涵。

---

① 《马克思恩格斯文集》第1卷,人民出版社2009年版,第11页。
② 金里卡:《自由主义、社群与文化》,应奇、葛水林译,上海人民出版社2005年版,第110—111页。

第二章　重建公共生活：马克思社会概念的思想指向

其一，马克思揭示了现代性条件下公共领域与私人领域分离的根源。

对公共生活的追寻可以上溯至古希腊的城邦体制。古希腊时代的社会秩序大体源于对神圣秩序的信仰和模仿，社会秩序带有相当浓烈的神学意味。同时，社会共同体也带有很强烈的伦理道德意蕴，人的行为实践和城邦的使命和目的是共属一体的。于是，德性的践行必须在城邦中才能实现，做一个好人和做一个好公民也是并行不悖的，"作为人的好（善）生活的目的是和德性联系在一起的。德性的践行本身是好生活的一个重要部分"①。城邦生活甚至是居于其中的公民的唯一生存方式。

> 我们确认自然生成的城邦先于个人，就因为个人只是城邦的组成部分，每一个隔离的个人都不足以自给其生活，必须共同集合于城邦这个整体大家才能满足其需要。凡隔离而自外于城邦的人——或是为世俗所鄙弃而无法获得人类社会组织的便利或因高傲自满而鄙弃世俗的组合的人——他如果不是一只野兽，那就是一位神祇。②

城邦生活由一些基本善做支撑，这也是古代社会秩序的型构原则，这是与人的共同体生活相互联结的，同时也与某种神启式的社会秩序互不反对。神圣和世俗的界限、国家和社会的界限在古代并不重

---

① 麦金太尔：《德性之后》，龚群等译，中国社会科学出版社1995年版，第233页。
② 亚里士多德：《政治学》，吴寿彭译，商务印书馆1965年版，第9页。

要也不明显,在这样的状况下,个体作为共同体的公民享有充分的尊严和认同。

与当代的很多思想家主张从古代的共同体生活中汲取精神资源不同,马克思并没有过多留恋这种朴素的社会关系。相反,他毫不留情地指出,这样的原始状态是与一定的社会生产方式相适应的,同时,这样的状态本身也包含着扼杀个性和血腥掠夺的一面。随着生产力的发展,这一共同体逐步瓦解,特别是随着近代意义上的市民社会的形成,人类逐渐摆脱了这种强制和束缚,自由和平等才在一定意义上得到实现。[1] 马克思以丰富的经验材料证明了古代共同体随着生产力的不断发展而失去了其天然的统一性,从而也为现代资本主义社会的形成奠定了物质基础。

> 共同体以主体与其生产条件有着一定的客观统一为前提的,或者说,主体的一定的存在以作为生产条件的共同体本身为前提的所有一切形式(它们或多或少是自然形成的,但同时也都是历史过程的结果),必然地只和有限的而且是原则上有限的生产力的发展相适应。生产力的发展使这些形式解体,而它们的解体本身又是人类生产力的发展。人们先是在一定的基础上——起先是自然形成的基础,然后是历史的前提——从事劳动的。可是到后来,这个基础或前提本身就被扬弃,或者说成为对于不断前进的人群的发展来说过于狭隘的、正在消灭的前提。[2]

---

[1] 《马克思恩格斯全集》第30卷,人民出版社1995年版,第465—490页。
[2] 《马克思恩格斯全集》第30卷,人民出版社1995年版,第490页。

第二章 重建公共生活：马克思社会概念的思想指向

有人可能用文本证据来证明，马克思在很大程度上是推崇古代的共同体生活的，而且在一定程度上赞美古代人的生存方式。甚至有些人还认为，马克思的思想中也借鉴了古代城邦中的生活方式来勾画未来社会。我不同意这样的看法，在我看来，马克思关于未来公共生活的构建根本异质于古代的共同体生活。他不会把古代社会生活作为一种样板并以否定之否定的理路来构想未来社会。同时，在现代性语境下，他也不可能向往那种原始状态。他对古代社会的研究乃至一定程度上的赞美，我觉得应该从两个方面来加以理解。

一方面，他是在比较意义即批判资本主义社会生活的意义上推崇古代生活的。古代共同体在马克思那里和现代资本主义社会的雇佣劳动制度相互映衬，构成其批判现代社会的主要切入点，马克思在此意义上赞美古代世界，从而揭露资本主义社会的人类生存困境。在他看来，与不断追逐财富并把人物化的现代社会相比，古代人的存在方式就显得崇高得多，"根据古代的观点，人，不管是处在怎样狭隘的民族的、宗教的、政治的规定上，总是表现为生产的目的，在现代世界，生产表现为人的目的，而财富则表现为生产的目的"①。同时，"在资产阶级经济以及与之相适应的生产时代中，人的内在本质的这种充分发挥，表现为完全的空虚化，这种普遍的对象化过程，表现为全面的异化，而一切既定的片面目的的废弃，则表现为为了某种纯粹外在的目的而牺牲自己的目的本身。因此，一方面，稚气的古代世界显得较为崇高。另一方面，古代世界在人们力图寻求闭锁的形态、形式以及寻求既定的限制的一切方面，确实较为崇高。古代世界是从狭

---

① 《马克思恩格斯全集》第 30 卷，人民出版社 1995 年版，第 479 页。

隘的观点来看的满足，而现代世界则不给予满足；换句话说，凡是现代表现为自我满足的地方，它就是鄙俗的。"①

另一方面，他是在发生学的意义上来探索古代社会的，在此基础上揭露现代资本主义社会的历史性并重建公共生活。马克思晚年花费了很大的精力研究古代社会，研究其中的人类生活和生产状况，一个重要的目标指向依然是探索摆脱现实资本主义社会的方法和道路。在此意义上，马克思的共同体概念就更加具有批判意味，同时也被他结合实际生产条件运用到关于未来社会的思想诉求之中，未来社会作为共同体包含了普遍发展的、充分的物质生活条件，同时也建立在现实资本主义生产关系及其必然解体的前提之上。在《1857—1858年政治经济学手稿》中，马克思花了很大篇幅来说明资本主义生产以前的各种形式，其主要目的在于，通过研究社会历史的发展历程，来表明资本主义社会存在的现实前提，同时也表明随着社会生产的进一步发展，资本主义社会关系也面临着解体的命运。在马克思看来，资本主义状况下的共同体实质上是个人存在和发展的锁链。

> 在这种共同体里，单个的人作为所有者（比如说作为土地所有者）的客观存在就是前提，而且这又是发生在一定的条件之下，这些条件把单个的人锁在这个共同体上，或者更确切些说，使之成为共同体锁链上的一环。例如在资产阶级社会里，工人完全丧失了客体条件，他只是主观上存在着；而和他对立的东西，现在却变成真正的共同体，工人力图吞食它，但它却吞食着工人。②

---

① 《马克思恩格斯全集》第30卷，人民出版社1995年版，第480页。
② 《马克思恩格斯全集》第30卷，人民出版社1995年版，第489—490页。

在马克思看来，私人领域和公共生活相分离的原因还在于现代社会分工和生产力的发展。分工发展的各个不同阶段，同时也对应着所有制的不同形式。随着分工的发展，也产生了个人利益或单个家庭的利益与所有相互交往的人们的共同利益之间的矛盾；同时，这种共同的利益不仅仅作为一种普遍的东西存在于观念之中，而首先作为彼此分工的个人之间的相互依存关系存在于现实之中。此外，分工也表明："只要人们还处在自然形成的社会中，就是说，只要特殊利益和共同利益之间还有分裂，也就是说，只要分工还不是出于自愿，而是自然形成的，那么人本身的活动对人来说就成为一种异己的、同他对立的力量，这种力量压迫着人，而不是人驾驭着这种力量。原来，当分工一出现之后，任何人都有自己一定的特殊的活动范围，这个范围是强加于他的，他不能超出这个范围。"①

在现代社会，公共利益与私人利益的分裂产生了国家这一虚幻的共同体的形式。"正是由于特殊利益和共同利益之间的这种矛盾，共同利益才采取国家这种与实际的单个利益和全体利益相脱离的独立形式，同时采取虚幻的共同体的形式。"② 然而这始终是在一定的物质生产关系的基础上才发生的。因此，国家内部的一切斗争，不过是一种虚幻的形式，在这些形式下进行着各个不同阶级间的真正斗争。于是，每一个统治阶级要想消灭旧的社会形态和统治，就必须要夺取政权并把自己的阶级利益说成是普遍的利益。

其二，马克思揭示了资本主义状况下的共同体的虚幻性。

在马克思看来，建立在资本和劳动普遍力量上的共同体其实是一

---

① 《马克思恩格斯文集》第1卷，人民出版社2009年版，第537页。
② 《马克思恩格斯文集》第1卷，人民出版社2009年版，第536页。

种虚幻的共同体,在其中,个人的存在受到资本普遍性力量的统治,个体之间的联系是通过异化的劳动来维系的。

> 共同性只是劳动的共同性以及由共同的资本——作为普遍的资本家的共同体——所支付的工资的平等的共同性。相互关系的两个方面被提高到想象的普遍性:劳动是为每个人设定的天职,而资本是共同体的公认的普遍性和力量。①

而在这种虚幻的共同体中,个人只能是一定阶级中的个人,现实的社会关系以及由这一关系所建构的集体只能凌驾于个体之上,成为高高在上的权力王国。因此,在这一状况下,个体只有形式的自由,也只享有片面的独立性,真正自由、独立的是资本及其代言人。

> 在过去的种种冒充的共同体中,如在国家等等中,个人自由只是对那些在统治阶级范围内发展的个人来说是存在的,他们之所以有个人自由,只是因为他们是这一阶级的个人。从前各个人联合而成的虚假的共同体,总是相对于各个人而独立的;由于这种共同体是一个阶级反对另一个阶级的联合,因此对于被统治的阶级来说,它不仅是完全虚幻的共同体,而且是新的桎梏。②

> 某一阶级的各个人所结成的、受他们的与另一阶级相对立的那种共同利益所制约的共同关系,总是这样一种共同体,这些个

---

① 《马克思恩格斯文集》第1卷,人民出版社2009年版,第184页。
② 《马克思恩格斯文集》第1卷,人民出版社2009年版,第571页。

第二章 重建公共生活：马克思社会概念的思想指向

人只是作为一般化的个人隶属于这种共同体，只是由于他们还处在本阶级的生存条件下才隶属于这种共同体；他们不是作为个人而是作为阶级的成员处于这种共同关系中的。①

看似相互关联的个体，却被深层次的利益所左右，他们的个体欲求只能从属于阶级的需要。

于是，在现代资本主义状况下，个体利益与普遍利益只能是分裂的，而且普遍利益也成为对个体生命存在的压制。这是由于："各个人所追求的仅仅是自己的特殊的、对他们来说是同他们的共同利益不相符合的利益，所以他们认为，这种共同利益是'异己的'和'不依赖'于他们的，即仍旧是一种特殊的独特的'普遍'利益，或者说，他们本身必须在这种不一致的状况下活动，就像在民主制中一样。另一方面，这些始终真正地同共同利益和虚幻的共同利益相对抗的特殊利益所进行的实际斗争，使得通过国家这种虚幻的'普遍'利益来进行实际的干涉和约束成为必要。"② 因此，资本主义社会的共同体其实是资本家为了达到自己的普遍利益并实行对工人的权力控制而虚构出来的普遍形式。

> 每一个企图取代旧统治阶级的新阶级，为了达到自己的目的而不得不把自己的利益说成是社会全体成员的共同利益，就是说，这在观念上的表达就是：赋予自己的思想以普遍性的形式，

---

① 《马克思恩格斯文集》第1卷，人民出版社2009年版，第573页。
② 《马克思恩格斯文集》第1卷，人民出版社2009年版，第537页。

把他们描绘成唯一合乎理性的、有普遍意义的思想。①

而资本主义状况下的由分工造成的自发的联合依然是一种外在于个体活动之外的权力形态。

> 受分工制约的不同个人的共同活动产生了一种社会力量,即成倍增长的生产力。因为共同活动本身不是自愿地而是自然形成的,所以这种社会力量在这些个人看来就不是他们自身的联合力量,而是某种异己的、在他们之外的强制力量。②

在这一外在强制下,个体自由与社会状态也只能处于一种偶然关联中。因为他们所生存的条件是受偶然性支配的,并且成为独立于个体存在的权力,马克思称这种联合只是一种协定。

> 过去的联合决不像《社会契约论》中所描绘的那样是任意的,而只是关于这样一些条件的必然的联合(可以对照例如北美合众国和南美诸共和国形成的情况),在这些条件下,各个人有可能利用偶然性。这种在一定条件下不受阻碍地利用偶然性的权利,迄今一直称为个人自由。——这些生存条件当然只是各个时代的生产力和交往形式。③

---

① 《马克思恩格斯文集》第1卷,人民出版社2009年版,第552页。
② 《马克思恩格斯文集》第1卷,人民出版社2009年版,第537—538页。
③ 《马克思恩格斯文集》第1卷,人民出版社2009年版,第573—574页。

正是因为对资产阶级社会中共同体的真实面目进行了揭露,马克思看到了其必然解体和灭亡的命运。

> 生产力发展使这些形式解体,而它们的解体本身又是人类生产力的发展。人们先是在一定的基础上——起先是自然形成的基础,然后是历史的前提——从事劳动的。可是到后来,这个基础或前提本身就被扬弃,或者说成为对于不断前进的人群的发展来说过于狭隘的、正在消灭的前提。①

这也是他在新的社会发展基础上重构公共生活的重要出发点。

其三,马克思阐述了建构未来社会生活图景的前提条件。

马克思对未来社会生活作了如下界定:

> 在控制了自己的生存条件和社会全体成员的生存条件的革命无产者的共同体中,情况就完全不同了。在这个共同体中各个人都是作为个人参加的。它是各个人的这样一种联合(自然是以当时发达的生产力为前提的),这种联合把个人的自由发展和运动的条件置于他们的控制之下。②

我们可以从以下四个方面来理解这一表述的思想内涵。

一是,未来公共生活是建立在一定物质生产条件基础上的。一定历史条件下的物质生产条件,既能够使原始的共同体生活解体并产生

---

① 《马克思恩格斯全集》第 30 卷,人民出版社 1995 年版,第 490 页。
② 《马克思恩格斯文集》第 1 卷,人民出版社 2009 年版,第 573 页。

公共领域与私人领域的分离,同时也能够重建新的联合体。从社会生产的视角来看马克思的这一构想,能够更真切地感受到其中的现实基础,也能够对于实现这一构想抱有更多的信心。思想的超越和重建,与生活条件的改善和变革密切相关。所以,马克思很明确地指出,这种社会生活是建立在一定的物质基础之上的。

> 无论哪一个社会形态,在它们所能容纳的全部生产力发挥出来以前,是决不会灭亡的;而新的更高的生产关系,在它的物质存在条件在旧社会的胎胞里成熟以前,是决不会出现的。所以人类始终只提出自己能够解决的任务,因为只要仔细考察就可以发现,任务本身,只有在解决它的物质条件已经存在或者至少是在生成过程中的时候,才会产生。①

也只有在具备一定物质基础的前提下,资本主义条件下的异化与物化的社会关系才能得到有效去除,并且真实的普遍的交往才能形成。

> 只有随着生产力的这种普遍发展,人们的普遍交往才能建立起来;普遍交往,一方面,可以产生一切民族中同时都存在着"没有财产的"群众这一现象(普遍竞争),使每一民族都依赖于其他民族的变革;最后,地域性的个人为世界历史性的、经验上普遍的个人所代替。②

---

① 《马克思恩格斯全集》第31卷,人民出版社1998年版,第413页。
② 《马克思恩格斯文集》第1卷,人民出版社2009年版,第538页。

第二章　重建公共生活：马克思社会概念的思想指向

在此意义上，才能理解马克思关于共产主义只有同时发生才是可能的这一说法，其根本原因在于，未来的公共生活应该具有普遍性的特征。"共产主义只有作为占统治地位的各民族'一下子'同时发生的行动，在经验上才是可能的，而这是以生产力的普遍发展和与此相联系的世界交往为前提的。"①

二是，联合起来的个人能够实现对生产条件的控制。也就是说，在变革资本主义生产关系的前提下，个体一方面不再受外在的生活条件、生产关系的制约，另一方面也能够自由地支配生产条件，能够使得社会生产服务于自身发展的需要。因此，"随着基础即随着私有制的消灭，随着对生产实行共产主义的调节以及这种调节所带来的人们对于自己产品的异己关系的消灭，供求关系的威力也将消失，人们将使交换、生产及他们发生相互关系的方式重新受自己的支配"②。个体受到外在物质力量的控制，只是以往历史发展的一个特点，未来社会将消除这样的统治力量。

三是，对于马克思而言，重建公共生活乃是为了实现个体的自由和发展，而不是使人重新依附于共同体。马克思考察了古代共同体中的人身依附关系，也揭露了资本主义社会状况下虚幻的共同体对个体的压制和统治，因此也更加强烈地感受到，未来社会生活中，不管是真实的集体、联合体还是共产主义社会生活，都应该以个体的自由发展为依归。当然，这样的个体自由与公共生活并不矛盾也不冲突，因为在马克思那里，个体只有在真实的集体中才能真正实现自己的自由，而公共生活也只有在追寻个体独立自由的意义上才具有正当性。

---

① 《马克思恩格斯文集》第1卷，人民出版社2009年版，第538—539页。
② 《马克思恩格斯文集》第1卷，人民出版社2009年版，第539页。

因此，未来的公共生活中个人不再有活动范围的限制，外在的统治力量消失了，我们能够展现我们的生命活动，也能够实现自身的价值。正如马克思所说，"在真正的共同体上的条件下，各个人在自己的联合中并通过这种联合获得自己的自由"①。

四是，未来的公共生活就是马克思早期所向往的"类生活"。一如我们先前所指出的，马克思对未来社会的勾画和重建历程中的价值向度乃是一以贯之的，而且正是在此意义上，我们才能更清晰地窥见马克思的思想历程。此后，当马克思试图借用政治经济学的研究方式来勾勒未来公共生活的状态时，也是在最根本的观念中延续着自己早期的梦想。②也可以说，马克思后来对公共生活的描绘并没有完全超越其早期的价值指向，只不过更强调实现这一社会理想的前提和基础，或许这也是他试图解决自身的苦恼与疑问的重要体现。因此在我们看来，马克思早期思想中关于"类生活"的观念可以而且应当成为其公共生活思想的本质内涵。这一"类生活"就是在现实社会存在条件下个体价值的实现，也是作为社会存在物的个体本质的确证。

> 个体生活的存在方式是——必然是——类生活的较为特殊的或者较为普遍的方式，而类生活是较为特殊的或者较为普遍的个体生活。作为类意识，人确证自己的现实的社会生活，并且只是在思维中复现自己的现实存在；反之，类存在则在类意识中确证自己，并且在自己的普遍性中作为思维着的存在物自为地存在着。因此，人是特殊的个体，并且正是人的特殊性使人成为个

---

① 《马克思恩格斯文集》第1卷，人民出版社2009年版，第571页。
② 《马克思恩格斯全集》第1卷，人民出版社1995年版，第455—460页。

第二章　重建公共生活：马克思社会概念的思想指向

体，成为现实的、单个的社会存在物，同样，人也是总体，是观念的总体，是被思考和被感知的社会的自为的主体存在，正如人在现实中既作为对社会存在的直观和现实享受而存在，又作为人的生命表现的总体而存在一样。①

也正是在这样的生活状态中，个体才能以全面的方式占有自己的本质存在，而前提是，我们能够扬弃私有财产，这也是后来马克思着力阐发的思想。

> 对私有财产的积极的扬弃，就是说，为了人并且通过人对人的本质和人的生命、对象性的人和人的产品的感性的占有，不应当仅仅被理解为直接的、片面的享受，不应当仅仅被理解为占有、拥有。人以一种全面的方式，就是说，作为一个完整的人，占有自己的全面的本质。②

于是，在马克思看来，人的解放就包含着对人的感性生活的解放。我们认为，这里的感性生活就是一种富有生机和活力的人的生命活动的实现，也是在公共生活情境下个体价值的实现。

> 对私有财产的扬弃，是人的一切感觉和特性的彻底解放；但这种扬弃之所以是这种解放，正是因为这些感觉和特性无论在主

---

① 《马克思恩格斯文集》第1卷，人民出版社2009年版，第188页。
② 《马克思恩格斯文集》第1卷，人民出版社2009年版，第189页。

体上还是客体上都成为人的。①

在公共生活中，个体之间的矛盾依然存在，但是私有财产意义上的物质利益的争夺将会消逝不见，因而阶级对抗也将不复存在。

> 资产阶级的生产关系是社会生产过程的最后一个对抗形式，这里所说的对抗，不是指个人的对抗，而是指从个人的社会生活条件中生长出来的对抗；但是，在资产阶级社会的胎胞里发展的生产力，同时又创造着解决这种对抗的物质条件。因此，人类社会的史前时期就以这种社会形态而告终。②

也因此，我们不认为在马克思关于公共生活的思想中存在着绝对的和谐与统一性。未来生活也不再有内含于社会关系中的矛盾和冲突，特别是把他人当作手段的功利主义的生活方式，但是个体之间的选择性冲突仍将存在。而这样的公共生活的实现，只能靠现实的运动并使世界革命化。

> 共产主义对我们来说不是应当确立的状况，不是现实应当与之相适应的理想。我们所称为共产主义的是那种消灭现存状况的现实的运动。这个运动的条件是由现有的前提产生的。③
> 实际上，而且对实践的唯物主义者即共产主义者来说，全部问题都在于使现存世界革命化，实际地反对并改变现存的事物。④

---

① 《马克思恩格斯文集》第1卷，人民出版社2009年版，第190页。
② 《马克思恩格斯全集》第31卷，人民出版社1998年版，第413页。
③ 《马克思恩格斯文集》第1卷，人民出版社2009年版，第539页。
④ 《马克思恩格斯文集》第1卷，人民出版社2009年版，第527页。

第二章　重建公共生活：马克思社会概念的思想指向

第四节　马克思社会概念公共性内涵的当代意义

马克思之后，现代思想家从来没有停止过对公共生活以及人类团结的探寻和期望。不同的思想家也提出了应对公共性问题的多种方案。在此，我们有必要把马克思重建公共生活的基本观念与现代西方学界的思想成果做一简要比较，从而更好地展现马克思社会概念在当代语境中的理论价值。我们先对几位有代表性的思想家的观点进行简要归纳，进而比较探讨马克思的社会概念的思想特质。

以阿伦特和海德格尔（Martin Heidegger）为代表的一些思想家认为，现代人私人生活的无根性源于公共世界的失落，而重建公共生活的首要任务就是恢复自古希腊以来就存在的卓越境界。

在对现代社会生活的分裂现状有着深刻洞察以及期望走出这一分裂局面的思想家中，海德格尔应该是重要的代表人物。诚如海德格尔所言，现代性乃是一种"无家可归状态"[1]。以我们的理解，海德格尔所揭示的这一现代性状态，最切实地展现了个体自主后所蕃衍出来的公共生活荒野，这同时也使得个体的独立在根本上又失去了依托。海德格尔的学术努力正是寻找人类生存的生活世界的尝试。只有奠基在时间性视域中的"在世之在"，只有在这个世界中不断操劳与烦心，也只有通过与大地的亲密接触，我们的此在才得以澄明。但是，在现代世界中，此在又经常会在闲谈与两可中湮入沉沦，沉沦使此在

---

[1] 海德格尔：《海德格尔选集》上卷，孙周兴选编，生活·读书·新知上海三联书店1996年版，第382页。

混迹于常人世界因而丧失了"不是他自己的存在"。

> 常人自身我呀我呀说得最响最频,因为它其实不本真地是它自身并闪避其本真的能在。自身的存在论状态既不可引回到某种"我"之实体也不可能引回某种"主体",而须倒过来从本真的能在来领会日常逃遁的我呀我呀地说;……从生存论上说,只有在本真的能自身存在那里,亦即只有在作为操心的此在存在的本真性那里,才得掇取出自身性来。①

在我们看来,由于海德格尔的思想深处隐藏着对日常生活的不信任,故而依然未能清晰地指明达致"共在"的方向和道路。对个体存在的超越和澄明表明他依然耽溺于形而上学之中。阿伦特似乎窥见了海德格尔对日常世界的漠不关心,与海德格尔向古希腊觅求天地神人的圆舞之境不同,阿伦特把个体的存在方式置于更为世俗的领域:行动与对话,由此展开了一场连接远古与现代公共生活的重构。在阿伦特看来,公共这一术语意指两个紧密相关而又并不完全相同的现象,它是指,"任何在公共场合出现的东西能被所有人看到和听到,有最大程度的公开性";此外它还意指,"世界对我们所有人来说是共同的,并且不同于我们在它里面拥有的一个私人处所而言"。② 从而,阿伦特更注重于把个体存在导向一种由德性伦理所构建的公共世界,与海德格尔相比,她的世界更世俗也更多元,但对于远古的追忆

---

① 海德格尔:《存在与时间》,陈嘉映、王庆节译,商务印书馆2015年版,第392页。
② 阿伦特:《人的境况》,王寅丽译,上海人民出版社2009年版,第32—34页。

第二章　重建公共生活：马克思社会概念的思想指向

依然是两者共通的地方。因此，超越性的维度对于阿伦特而言也是根本性的存在，"每一个公开展示的活动都能获得它在私人场合下无法企及的一种卓越；因为按照定义，一个人的卓越总是需要他人的在场，而他人的在场又需要形成一个由他的同侪所组成的公共领域，而不能是一些他的同等者或地位低下者的偶然或随便到场"①。也因此，虽然阿伦特对于私人生活给予了很多关注，但是她和海德格尔一样，依然试图超越私人生活的单一性，"过一种完全私人的生活，首先意味着被剥夺了对一种真正人的生活来说本质重要的东西：被剥夺了从被他人看到和听到中产生的实在性；被剥夺了一种在一个共同事物世界的媒介下形成的，使人们彼此既联系又分离的'客观'关系；被剥夺了赢得某种比生命本身更长久的事物的机会"②。我们认为，海德格尔和阿伦特是古代共和主义思想的忠实继承者，他们的诸多思想成果也被现代社群主义者所吸收和发扬。

与此相反的另一条路径是，既然现代性已经成为不可挽回的经验和事件，而且种种复归的梦想在应对现实问题时大多贫乏无力，那么就应正视私人生活和公共生活的分离，保留个体独立自由的思想成果，在此基础上，方能更切实地重建公共生活。哈贝马斯、罗尔斯和罗蒂是这一路径的重要代表人物。

哈贝马斯深切地感受到现代性的进步所导致的规范性的缺失，主要表现为在传统形而上学的框架内无法实现共同生活的理想，于是，他以交往行为理论来开辟新的场域。"穷竭的是意识哲学范式。果真如此，我们就必须从意识哲学范式转向交往范式，因为只有这样才能

---

① 阿伦特：《人的境况》，王寅丽译，上海人民出版社2009年版，第31页。
② 阿伦特：《人的境况》，王寅丽译，上海人民出版社2009年版，第39页。

消除穷竭的症候。"① 交往范式以互动参与者的沟通协调行为达致特定的共识，在这一互动关系中，参与者的立场不同于意识哲学范式中的主体与客观世界的行为立场，后者实行的是一种改造征服自然的工具理性方法，主体由此把自身看作是世界的主宰。而在交往范式中，一种通过言语行为建立起来的主体间性消除了原先主体自我的实体性立场，"自我就处于一种人际关系当中，从而使得他能够从他者的视角出发与作为互动参与者的自我建立联系。而且，从参与者视角所做出的反思避免了客观化，而观察者视角即便已经具有反思性，也会导致客观化"②。交往理性在批判主体形而上学中建立了主体间性观念，并在一种相互关联中寻求一种相对共识。

罗尔斯秉承着和哈贝马斯相似的宪制主义的思想理路，同样主张一种基于理性交往主体所达成的重叠共识。但是与哈贝马斯不同之处在于，罗尔斯对自己的论域作了更为具体的限制，这样也就更好地避免了哈贝马斯学说中的形而上学成分。这突出表现在他对自己所倡导的政治自由任务的界定上：

> 一个因各种尽管互不相容但却合乎理性的宗教学说、哲学学说和道德学说而产生深刻分化的自由平等公民之稳定而公正的社会如何可能长期存在？易言之，尽管合乎理性但却相互对峙的诸完备性学说，怎样才可能共同生存并一致认肯一立宪政体的政治

---

① 哈贝马斯：《现代性的哲学话语》，曹卫东译，译林出版社2004年版，第347页。
② 哈贝马斯：《现代性的哲学话语》，曹卫东译，译林出版社2004年版，第348页。

第二章 重建公共生活：马克思社会概念的思想指向

观念？一种能够获得这种重叠共识支持的政治观念的结构和内容是什么？①

不难看出，罗尔斯重建公共生活的关键在于确立一种政治的正义观念，而他的思想目标则是达到一种自由和平等的良性秩序。罗尔斯曾经表明他的公共生活理念既不同于联合体也不同于共同体，因为他是严格地在自由主义的理论框架内进行思想建构的。

实用主义者罗蒂把传统形而上学寻求公共生活的理论旨趣转换为一种人类向往团结的信念。

> 人类团结乃是大家努力达到的目标，而且达到这个目标的方式，不是透过研究探讨，而是透过想象力，把陌生人想象为和我们处境类似、休戚与共的人。团结不是反省所发现到的，而是创造出来的。②

人类团结建立在人类对于危机的共同感受之上，而不是基于共通的人性和道德意识，"人类的团结根本不在于人人都认识一个普遍的真理或追求一个普遍的目标，而是大家普遍都有一个自私的希望，即希望自己的世界——个人放入自己终极语汇中的芝麻小事——不会被毁灭"③。在这样的思想诉求中，哲学已经不再把寻求崇高的客观真理作为自己的首要目标，而是更多地聚焦于共同体的价值，因此在罗

---

① 罗尔斯：《政治自由主义》，万俊人译，译林出版社2011年版，第5页。
② 罗蒂：《偶然、反讽与团结》，徐文瑞译，商务印书馆2003年版，第7页。
③ 罗蒂：《偶然、反讽与团结》，徐文瑞译，商务印书馆2003年版，第131页。

蒂看来，我们道德进步的标志是我们处于一个更加包容性的共同体中，从而重塑我们的社会希望，在这方面他和罗尔斯持有大体相近的主张，都在各自的思想建构中坚持着"自由主义"的基本理念，又防止这一理念被形而上学的绝对统一性渗透，这也就保证了他们关于公共生活的理想不至于成为个体生活的裁判和主宰。①

与上述思想家的立场相比，伯林的思想可能介于激进与保守之间。其激进的一面表现为，他猛烈地批判公共生活的人为建构，认为这一做法将会剥夺私人生活的自由创造；而其保守的一面是指，他对私人生活的单向度坚守使得真正的个体自由更难实现。也就是说，没有一个良好的社会秩序和公共生活，个体的自由也无法得到切实的保障，而且缺少公共性的私人生活也会丧失价值和意义。所以在我们看来，伯林对特殊历史时期社会生活的专制主义的批判导致其本人从根本意义上否弃了重建公共生活的一切可能。他关于消极自由的观念也令其偏执于个体自由的维度，"人权，以及私人领域（在其中我不受审查）的观念，对于人人需要的最低限度的自主——如果他要按自己的路线发展的话——是不可缺少的；因为多样性是人类的类本质，而不是行将逝去的状态"，因而，"毁灭这种权利以建立一种普遍的、自我导向的人类社会——一个所有人向着同一目的进军的社会——将摧毁个人选择的领域；而这种领域，不管多么狭窄，一旦失去，生命亦不再有价值"。② 与哈贝马斯、罗尔斯以及罗蒂等人相比，我觉得伯林的自由主义在本质上是不宽容的，他对私人社会的维护也将因为

---

① 参见罗蒂：《偶然、反讽与团结》，徐文瑞译，商务印书馆2003年版，第131页。
② 伯林：《自由论》，胡传胜译，译林出版社2003年版，第324页。

公共生活维度的缺失而沦为无根之木。

简要考察以上关于重建公共生活的思想观点，是想说明，无论是在问题的触及深度上，还是在给出的问题解决路径上，马克思的社会概念所具有的公共生活意涵都可以与当代思想家进行对话。在这一过程中，马克思基于现代性语境所提出的现实性、评价性和规范性维度也能够显现出更多的价值。

首先，我们认为马克思关于公共生活重建的诸多观念更有针对性、也更深入。大多数的当代思想家都把现代性状况下的公共生活的失落和分裂归结为形而上学问题，也试图在重建形而上学的意义上规划公共生活。马克思则认为这样的思想建构依然只是理论地解决了问题，而没有实践地审视并改造我们所面临的根本困境。

> 这种考察方法不是没有前提的。它从现实的前提出发，它一刻也离不开这种前提。它的前提是人，但不是处在某种虚幻的离群索居和固定不变状态中的人，而是处在现实的、可以通过经验观察到的、在一定条件下进行的发展过程中的人。[①]

从现实的个人的观点出发，历史就不是简单经验事实的堆积和思辨观念活动的结果。

其次，当代的思想家在重建公共生活的过程中，大多是在承认现实资本主义政治观念的基础上进行的，他们所批判的对象也是种种政治的或形而上学的观念，而对资本主义社会的私有财产制度却鲜少诘

---

① 《马克思恩格斯文集》第1卷，人民出版社2009年版，第525页。

难，因而他们所寄希望于实现其观念的途径也和马克思大相径庭。正如马克思在《神圣家族》中批判鲍威尔等人的观点时指出的：

> 他们非常痛苦地感觉到存在和思维之间、意识和生活之间的差别。他们知道，财产、资本、金钱、雇佣劳动以及诸如此类的东西决不是想象中的幻影，而是工人自我异化的十分实际、十分具体的产物，因此，也必须用实际的和具体的方式消灭他们，以便使人不仅能在思维中、在意识中，而且也能在群众的存在中、在生活中真正成其为人。而批判的批判却相反，它教导工人说，只要他们在想象中消除了雇佣劳动的想法，只要他们在思想上不再认为自己是雇佣工人，并且按照这种极其丰富的想象，不再为他们个人而索取报酬，那么他们在现实中就不再是雇佣工人了。从这以后，作为绝对的唯心主义者，作为以太般的生物，他们自然就可以靠纯粹思维的以太来生活了。批判的批判教导工人们说，只要他们在思想上征服了资本这个范畴，他们也就消除了现实的资本；只要他们在意识中改变自己的"抽象的我"，并把现实地改变自己的现实存在、改变自己存在的现实条件、即改变自己的现实的"我"的任何行动当做非批判的行为轻蔑地加以拒绝，他们就会现实地发生变化并使自己成为现实的人。这种"精神"既然把现实只看做一些范畴，它自然也就把人的一切活动和实践统统归结为批判的批判的辩证思维过程。批判的批判所主张的社会主义同群众的社会主义和共产主义的区别也就在这里。[①]

[①] 《马克思恩格斯文集》第1卷，人民出版社2009年版，第273—274页。

第二章　重建公共生活：马克思社会概念的思想指向

马克思正是试图通过变革社会生活来取消抽象的资产阶级观念的合理性，并通过立基于现实社会生活条件的方式来建构公共生活。

最后，当代思想家对个体、自由以及市民社会等概念的使用依然停留在现代资本主义视域内，而马克思则更多地批判了这些词语背后所隐含的物化的社会关系。也因此，马克思所勾画的公共生活中的个人、自由等概念也具有了全新的内涵。比如针对资产阶级学者所主张的私人利益的独立，马克思指出：

> 私人利益本身已经是社会所决定的利益，而且只有在社会所设定的条件下并使用社会所提供的手段，才能达到；也就是说，私人利益是与这些条件和手段的再生产相联系的。这是私人利益；但它的内容以及实现的形式和手段则是由不以任何人为转移的社会条件决定的。①

因此，在马克思那里，对私人利益的维护其实是和资本主义生产关系紧密结合在一起的，同时服务于这一生产关系。再比如，针对资本主义社会中独立存在的个人，马克思曾指出：

> 毫不相干的个人之间的互相的和全面的依赖，构成他们的社会联系。这种社会联系表现在交换价值上，因为对于每个个人来说，只有通过交换价值，他自己的活动或产品才成为他的活动或产品，他必须生产一般产品——交换价值，或本身孤立化的，个

---

① 《马克思恩格斯全集》第30卷，人民出版社1995年版，第106页。

体化的交换价值,即货币。另一方面,每个个人行使支配别人的活动或支配社会财富的权力,就在于他是交换价值的或货币的所有者。他在衣袋里装着自己的社会权力和自己同社会的联系。①

独立的个人实质上并不独立,因为他们被资本主义的交换价值规律所深深支配,他们之间的联系成为制约他们个体存在的外在权力机制。

因此,对于在资本主义社会条件下重建公共生活的努力,马克思不遗余力地揭示其建基于私有财产之上的权力关系。

> 活动的社会性质,正如产品的社会形式和个人对生产的参与,在这里表现为对于个人是异己的东西,物的东西;不是表现为个人的相互关系,而是表现为他们从属于这样一些关系,这些关系是不以个人为转移而存在的,并且是由毫不相干的个人互相的利害冲突而产生的。活动和产品的普遍交换已成为每一单个人的生存条件,这种普遍交换,他们的互相联系,表现为他们本身来说是异己的、独立的东西,表现为一种物。在交换价值上,人的社会关系转化为物的社会关系。②

从这一论述可以看出,马克思虽然感受到了现代社会中公共生活的瓦解所带来的困境,但是他却没有在现实资本主义的社会基础上进行重建工作,而是在看到现有社会体制在带来巨大变革的同时,指明其构建的社会关系在根本上乃是一种资本的幻象。在其中,人们之间的相

---

① 《马克思恩格斯全集》第30卷,人民出版社1995年版,第106页。
② 《马克思恩格斯全集》第30卷,人民出版社1995年版,第107页。

互关联服从于或服务于市场交换，个体的自由和独立只是自由交换的结果，而公共领域和私人领域的分离在根本上是资产阶级分工和私有制发展的产物，所以，资本主义状况下的公共生活依然是敌视人的。

> 随着分工的发展也产生了单个人的利益或单个家庭的利益与所有互相交往的个人的共同利益之间的矛盾；而且这种共同的利益不是仅仅作为一种"普遍的东西"存在于观念之中，而首先是作为彼此有了分工的个人之间的相互依存关系存在于现实之中。①

究其实质，资本主义条件下的公共生活在很大程度上受制于外在的权力关系，并且处于这样的公共生活中的个体不得不屈从于这些关系。所以，这一公共生活的最终目的是资本的运动和增殖，个体在其中只能得到片面的发展，俨然脱离了真实的生命存在，"社会活动的这种固定化，我们本身的产物聚合为一种统治我们、不受我们控制、使我们的愿望不能实现并使我们的打算落空的物质力量，这是迄今为止历史发展中的主要因素之一"②。因此，现代公共生活的重建必须在超越资本主义社会制度的前提下进行。

在理解马克思思想中所包含的公共性价值旨趣的时候，一个重大理论问题是不能回避的，那就是在马克思关于社会生活的规范性阐释中，到底是个体的自由选择优先还是社会的总体善优先。在海德格尔

---

① 《马克思恩格斯文集》第 1 卷，人民出版社 2009 年版，第 536 页。
② 《马克思恩格斯文集》第 1 卷，人民出版社 2009 年版，第 537 页。

看来，这样的抉择从根本意义上来说就是人所切身感受到的现代性困境：

> 唯因为人根本上和本质上成了主体，并且只是就此而言，对人来说就必然会出现这样一个明确的问题：人是作为局限于他的任性和放纵于他的专横的"自我"，还是作为社会的"我们"；是作为个人还是作为社会；是作为社会中的个体，还是作为社团中的单纯成员；是作为国家、民族和人民，还是作为现代人的普遍人性——人才意愿并且必须成为他作为现代人的本质已经存在的主体？唯当人本质上已经是主体，人才有可能滑落入个人主义意义上的主观主义的畸形本质之中。但也只有在人保持为主体之际，反对个人主义和主张社会是一切劳作和利益之目标领域的明确斗争才有了某种意义。①

也是在这一重大的问题上，马克思与当代政治哲学的相关讨论不期而遇。在解决这个问题之前，我们先简要回顾一下当代政治哲学中社群主义和自由主义两大思潮考察这一问题的不同路径，然后再给出我们对于这一问题的思考。

社群主义认为，我们的历史传统、社会环境以及文化氛围等等因素不断塑造我之为我的内涵和特质，也都先在地决定着我的选择界限，我们的行动也无法超越这些社会环境，而只能在这样的情景中形成特定的认同。"正因为自由的个人只有在某种社会/文化才能维持

---

① 海德格尔：《海德格尔选集》下卷，孙周兴选编，生活·读书·新知上海三联书店1996年版，第902页。

第二章 重建公共生活：马克思社会概念的思想指向

他的身份认同，他就得关心这个社会/文化作为一个整体的形态"，换言之，"自由和个人的多样性只有在一个普遍承认其价值的社会中才能蓬勃发展"。① 社群主义者提醒我们，我们的权利的实现，我们的个性的发挥，都无法逃离对于特定社会生活的依赖，我们也无法在创造或革新的时候免受诸多滞后观念的束缚，因此，改良我们的公共生活，在相互承认中谋求一个共同生活的良善社会无疑是重要的也是不可或缺的。因此，确定无疑的是，在我们为未来社会生活寻求正义的规范基础的时候，必然应当是善优先，我们不能脱离这种总体的善。当然这种总体善的前提和目标并不排斥个体的自由和选择，而是给他们的行动规定了相应的范围。社群主义看到了现代社会经济的发展所导致的价值的失落，也窥见了远古的遗产呈现出的日薄西山的惨状，挽救、复归并开拓新路无疑是他们共同的夙愿。

自由主义者向来是主张个体优先的。但是自罗尔斯以来，传统自由主义逐渐被关注平等的自由主义所代替。也就是说，作为平等主义的自由主义者如罗尔斯、德沃金等人，根本不排斥个体社会关系的存在，也不否认个体自由的实现依赖于特定的社会情景。我觉得在这方面自由主义与社群主义并不存在根本冲突，问题的根本在于，当社群主义认为我们的存在本身已经被植入了一定的社会情景，而且强调所有的选择和自由行动也必须尊重这一环境要素时，自由主义者明确主张自由创造的优先性。在罗尔斯等人看来，普遍性的、先在的公共善才是非历史的，自由主义不否认一定的社群在个体选择和创造性活动中的重要作用，但是反对把这样的社群及公

---

① Charles Taylor, *Philosophy and the Human Sciences*, Cambridge: Cambridge University Press, 1985, p.207.

共善作为固定不变的先验性存在。在他们看来，好生活的观念会变更，试图把一种固定的善的生活观念强加到人们头上，很有可能导致暴政的出现。而且，尤为重要的是，我们的良善观念也只能在个体的活动和选择中才能达致相对共识，这并不是由虚幻的主体提供给我们的。期待一个至善社会观念的存在依然是古典道德传统的主题，而在当代多元文化的语境中，完备性的道德观念、宗教与哲学学说的分化已然是一个确凿无疑的客观事实，因而它们都不能成为建构社会秩序的规范基础。而且关键的问题是，社群主义对善观念的维护很可能会牺牲或排除个体自身所享有的权利。于是，面对多样性的社会景象，平等主义的自由主义给出的方案似乎更具有合理性，它从个体社会体制的关系出发，在承认个体平等自由的基本正义要求的基础上，通过重叠共识来建构一个"良序社会"①。于是许多人认为，社群主义对自由主义的反驳是无力的，在我们看来，平等主义的自由主义更注重从社会体系入手并通过制度安排来解决我们的实际问题，相比之下，社群主义则显得华而不实。实际上，自从密尔以来，自由主义与社会主义在基本思想上的联结是越多而不是越少，正如霍布豪斯(Leonard Hobhouse)所言：

> 自由学说中没有任何东西会阻碍普遍意志在其真正有效的领域内活动，一个关于普遍意志的目的和方法的公正概念中没有任何东西会妨害自由来履行其价值所在的社会功能和个人功能。自由和强迫具有相辅相成的功能，而自主的国家既是自主的个人产

---

① 罗尔斯：《正义论》，何怀宏、何包钢、廖申白译，中国社会科学出版社2009年版，第30—31页。

物，又是自主的个人的条件。①

同时，我们也同意金里卡的论断，在他看来，尽管社群主义对自由主义有着诸多批评，但是在弱的意义上，这些批评意见已经被当代自由主义承认，也并不与其前提相冲突；而强意义上的社群主义观念将会因为有为压迫性政治辩护的可能而被抛弃。所以，在他看来，那些夸大社群主义与自由主义观点之间差异的做法很可能是一种骗局，"因为社群主义者把我们看作是植入在社群的角色之中的观点吸收了自由主义者把我们看作独立于它们（指角色）的观点，而社群主义者把实践推理当作一个自我发现的过程的观点也吸收了自由主义者把实践推理当作一个判断和选择过程的观点"②。因此，金里卡认为，自由主义和社群主义在追寻社会正义的过程中应该携手并进。③

在初步厘清了社群主义和自由主义思潮的基本观点之后，我们再来对比考察一下马克思思想中关于个体和社会关系的一些观点。

金里卡认为，在马克思思想中存在两个分支，一是康德式的关注，二是完善论式的关注④，其中的康德式分支强调，"私有财产如何使一些人（工人）成为了另一些人（资本家）获利的工具"；完善论式

---

① 霍布豪斯：《自由主义》，朱曾汶译，商务印书馆1996年版，第78页。
② 金里卡：《自由主义、社群与文化》，应奇、葛水林译，上海人民出版社2005年版，第57页。
③ 参见 Will Kymlicka, *Politics in the Vernacular: Nationalism, Multiculturalism and Citizenship*, Oxford: Oxford University, 2001, p. 346。
④ 俞吾金先生也明确阐述过马克思思想中的康德因素和黑格尔因素，参见俞吾金：《从康德到马克思——千年之交的哲学沉思》，广西师范大学出版社2004年版。

分支则强调,"私有财产如何阻碍着我们去发展自己最重要的能力"①。完善论者还主张,"某些生活方式构成了人的'完善'(或'卓越'),因此这类生活方式就应该得到促进,而不太有价值的生活方式就应该受到抑制"②。而马克思主义的康德式分支更加强调,"个体在拥有平等资源份额的前提下,自由地决定什么是自己愿意从事的有价值的事情"③。在金里卡看来,对康德式分支的支持将更加关注现实社会生活中的公平分配问题,并且这样的分配并不以特别提倡某一种生活方式来进行,而是把个体带入市场中并尊重其选择。在此意义上,马克思主义的社会观和自由平等主义关于良序社会的诸多主张呈现出相互接近的趋势。

上述界划是有意义的,但在我们看来,简单地认定马克思思想中的康德式的分支更有意义显得有些武断,因而也并不科学。我们认为,在马克思那里,对社会共同体的寻求同时包含着两个主要的目标指向:一是为我们所能够欲求的更高阶段的社会生活提供价值指向,二是为实现个体自由准备现实前提。前者的意义在于说明,我们只有对现实资本主义进行彻底改造才有可能获得好生活;后者则表明,任何一种好生活都不是脱离现实个人的生存活动,同时个体自由发展也是创造好生活的重要条件。因此,在我们看来,马克思思想中的康德因素和黑格尔因素就有机结合在了一起,在康德(Immanuel Kant)那里,个体自由是目的,理性规范则是个体获得自由的前提;而在黑格尔那里,个体独立并不能确保自身的价值实现,只有在现代国家这一

---

① 金里卡:《当代政治哲学》,刘莘译,上海译文出版社2015年版,第245—246页。
② 金里卡:《当代政治哲学》,刘莘译,上海译文出版社2015年版,第246页。
③ 金里卡:《当代政治哲学》,刘莘译,上海译文出版社2015年版,第252页。

伦理实体中才能真正实现个体和社会生活的统一。马克思同时吸收了康德和黑格尔思想中的合理成分。

一方面，马克思吸收了康德人是目的这一思想要素，但同时又看到，个体自由仅用抽象的理性律令来规范是远远不够的，如果没有对现实社会生活的批判建构，个体自由本身既无法实现也无所依凭。更进一步说，不是个体的自由越多越好，也不是选择的范围越广越好，自由个性、自由选择本身不是目的，目的是在秩序良好的社会生活中、在与他者的关联中，彰显我们作为生命存在的价值。正如马克思所批判的那样，康德意义上的个人依然停留在一种利己主义的狭隘视界中：

> 任何一种所谓的人权都没有超出利己的人，没有超出作为市民社会成员的人，即没有超出封闭于自身、封闭于自己的私人利益和自己的私人任意行为、脱离共同体的个体。在这些权利中，人绝对不是类存在物，相反，类生活本身，即社会，显现为诸个体的外部框架，显现为他们原有的独立性的限制。把他们连接起来的唯一纽带是自然的必然性，是需要和私人利益，是对他们的财产和他们的利己的人身的保护。①

另一方面，马克思对黑格尔思想的汲取也有相应体现，任何自由个性的实现和好生活的获得都必须经过艰苦的劳作才能达致，这是一个历史性的过程。仅仅简单地制定一些抽象的规范是没有意义的。但

---

① 《马克思恩格斯文集》第1卷，人民出版社2009年版，第42页。

是马克思也不满意黑格尔思想中的完善论理路，因为在其中个体的创造性活动只为着一个既定的神圣目标，这种先在的至善取向恰恰是以抹杀个体自由为代价的。马克思所构想的未来社会不是一个固定的理想图景，更不是抽象的伦理规范，而是在现实个人的现实生活基础上成长起来的共同体生活。而黑格尔在设定其理想王国的过程中，恰恰失去了现实个人的关联和真实的共同体价值，于是伦理实体意义上的社会生活实质上是一种与个体生活相对立的并压迫人的抽象力量，"人的本质是人的真正的社会联系，所以人在积极实现自己本质的过程中创造、生产人的社会联系、社会本质，而社会本质不是一种同单个人相对立的抽象的一般力量，而是每一个单个人的本质，是他自己的活动，他自己的生活，他自己的享受，他自己的财富"[1]。马克思摒弃了黑格尔借由伦理国家来超越分裂的市民社会并消除自利式个体的理路，而代之以真正的人类共同体。[2]

因此，在马克思的思想进程中，正如我们通过社会概念所传达的，并不存在个体、社会的二元分立的问题，也不存在两者谁是目的、谁是手段的问题。马克思始终把社会生活和现实个人的发展作为同等价值要素来予以看待，个体价值的实现需要对社会生活进行全面的改造，而改造现实社会生活则需要个体的自由创造性活动，两者相互依存、缺一不可。同时，未来的好生活不是预先设定好了的神圣图景，不是客观的、不可更改的目标取向，而是随着我们自己需要的改

---

[1] 《马克思恩格斯全集》第42卷，人民出版社1979年版，第24页。
[2] 在当前关于市民社会与国家问题的讨论中，许多论者依然停留在对两者之间的既定关系进行探询上。在我看来，马克思已经超越了这种二元对立的理论论争，而通过对人类社会这一真实共同体的界定完成了对市民社会的批判和扬弃。关于马克思社会概念的前提性澄明，乃是解决问题的关键。

第二章 重建公共生活：马克思社会概念的思想指向

变而改变的可能世界。① 也在这一意义上，马克思关于社会与个人关系的论断对于我们辨析当代自由主义和社群主义的习惯问题具有重要借鉴意义。

首先，当社群主义不断强调个体存在的共同体价值前提和德性要素时，马克思则揭露了现代社会条件下存在着的共同体对个人的压制这一现状，因此，通过社会革命推翻资本主义体制并改造现有的共同体才是实现个体自由的真正的出路。

> 可是工人离开的那个共同体，无论就其现实性而言，无论就其规模而言，完全不同于政治的共同体。工人自己的劳动迫使他离开的那个共同体就是生活本身，也就是物质生活和精神生活、人的道德、人的活动、人的快乐、人的实质。人的实质也就是人的真正的共同体。离开这种实质而不幸孤立，远比离开政治的共同体而孤立更加广泛、更加难忍、更加可怕、更加充满矛盾；由

---

① 于是，当赵汀阳先生说伦理学的根本目的是"服务于生活意义"时，他其实依然是在个体与社会二分的前提下进行论证的。或者说，社会在他那里仅仅表现为一种外在的机制和规范，乃是政治、法律、经济学和社会学所关注的主题，目的是提高社会机制运行的效率，但高效率并不导致好生活，好生活的基准必须由伦理学给出。根本上，他把社会理解为无法为人的生存幸福、价值提供支点与基准的外在事实，也把社会单纯地等同于实证科学才能把握和探究的对象，其结果必然是社会与伦理、社会与人的生活世界二元对立。正如他所指出的，"以社会观点看问题的伦理学与其说它关心人类的生活还不如说它是希望以社会的观点限制生活，希望把生活规定为仅仅是某种社会所同意的生活。如果这样，生活就萎缩成某种特定社会的特定生活。虽然一个好的社会与好的生活往往是一致的，但好的社会只是好生活的必要条件，却不是好生活的目的。相反，好生活必定是好社会的目的"（赵汀阳：《论可能生活——一种关于幸福和公正的理论》，中国人民大学出版社2004年版，第10页）。我与赵先生的分歧主要源于对社会概念的不同理解，在我看来，赵先生无形中把社会概念实体化了，把它界定为类似于国家的外在强制性规定并与人的现实生活世界脱离开来，但在我看来两者是一回事，好的社会必然具有好生活的样式，好的生活也必须由好社会提供。

163

此可见，正像人比公民以及人的生活比政治生活意义更加深邃一样，消灭这种孤立状态，或者哪怕是对它进行局部的反抗，发动起义，其意义也是更加深邃的。因此不论产业工人的起义带有怎样的局部性，它都包含着普遍的精神，而声势最浩大的最普遍的政治起义却包藏着某些利己主义的狭隘性质。①

在马克思那里，个体存在需要共同体生活，但是这样的共同体必须是与人的生命活动紧密相连的。设想一个抽象的道德生活恰恰掩盖了现实的不道德。马克思的思想中与社群主义相通的地方在于，两者都强调人的共同体生活；但是其不同之处在于，在马克思那里，这样的生活不是先定的、高于人自身的理想情景，真正的共同体就是人的丰富的社会生活，正是在这个意义上，马克思明确宣布："代替那存在着阶级和阶级对立的资产阶级旧社会的，将是这样一个联合体，在那里，每个人的自由发展是一切人的自由发展的条件。"②

其次，当自由主义强调个体的自由和独立并排斥外在的社会规范的时候，马克思则指出，脱离社会生活的个体自由和独立根本上是抽象的、虚幻的。从来就没有脱离现实社会生活的个体，也只有通过改造现实社会生活，个体才能实现真正的自由和独立。在自由主义注重个体独立价值的地方，马克思看到了这些个体依然受制于阶级压迫，根本没有真正的自由可言，在他看来，新社会的建立才是摆脱压迫的现实前提，也是个体自由独立的前提。

---

① 《马克思恩格斯全集》第1卷，人民出版社1956年版，第487页。
② 《马克思恩格斯文集》第2卷，人民出版社2009年版，第53页。

第二章 重建公共生活：马克思社会概念的思想指向

> 被压迫阶级的解放必然意味着新社会的建立。要使被压迫阶级能够解放自己，就必须使既得的生产力和现存的社会关系不再能够继续并存。在一切生产工具中，最强大的一种生产力是革命阶级本身。革命因素之组成为阶级，是以旧社会的怀抱中所能产生的全部生产力的存在为前提的。①

以这样的视角来看，当代自由主义的诸多观点依然是在一个较为狭窄的空间内运行的，不会也不可能触动现有的资本主义体制。

最后，对于马克思而言，社会不是抽象的存在物，而是个体之间交往互动的产物，因此，也不存在脱离个体的社会生活，在此意义上，马克思指出，"社会——不管其形式如何——是什么呢？是人们交互活动的产物"②。"正像社会本身生产作为人的人一样，社会也是由人生产的。活动和享受，无论就其内容或就其存在方式来说，都是社会的活动和社会的享受。"③ 而与此相联的是，个人也只有作为社会存在才能真正展现自己的价值，才能实现自身的解放。

> 只有当现实的个人把抽象的公民复归于自身，并且作为个人，在自己的经验生活、自己的个体劳动、自己的个体关系中间，成为类存在物的时候，只有当人认识到自身"固有的力量"是社会力量，并把这种力量组织起来因而不再把社会力量以政治

---

① 《马克思恩格斯文集》第1卷，人民出版社2009年版，第655页。
② 《马克思恩格斯文集》第10卷，人民出版社2009年版，第42页。
③ 《马克思恩格斯文集》第1卷，人民出版社2009年版，第187页。

力量的形式同自身分离的时候，只有到了那个时候，人的解放才能完成。①

也只有在这一意义上，我们才能真正理解马克思所说的自由人的联合体思想。

基于上述分析不难看出，马克思社会概念中所蕴含的公共生活指向正是其超越性思想的体现。这种超越一方面针对现代资本主义社会的非人状况，另一方面也针对种种虚无缥缈的乌托邦梦想。因此，虽然马克思极力批判资本主义条件下的自由、平等、权利等范畴，但是在根本意义上，他对这个世界、对这个世界中的人，保有丰富的价值关切，也因此，他的思想中不会缺少对理想世界的向往，尽管在他那个时代，公共生活的实现难于上青天。在我们看来，马克思思想中的公共性观念具有以下三个鲜明特征：

其一，它不是一种形而上学原则，而是从批判现实资本主义出发而产生的理想性取向。这一理想的最终目标是社会解放以及随之而来的真正的个体自由。其二，它不是一种永恒有效的至善图景，而是与人类的创造性活动密切相关的具体的社会生活规范。其三，它不是一种具体的制度安排，而是具有范导作用的思想观念，这种观念本身也接受现实社会生活的检验和修正。

总之，马克思可能并不支持现有的种种公共性原则或学说，但是他依然会坚守重建公共生活的观念，这一观念的根本价值旨趣是告诉我们，什么样的社会生活才是值得追寻的？由此衍生出来的另一个问

---

① 《马克思恩格斯文集》第1卷，人民出版社2009年版，第46页。

第二章 重建公共生活：马克思社会概念的思想指向

题是，我们如何才能创造这样的社会生活？在我看来，马克思的公共性观念应对的主要是这两个根本课题。①

因此，在马克思的思想中，对社会共同体的寻求不仅是其根本的规范观念，也是其最终的思想指向。正是植根于这一规范价值，马克思才能揭露并批判现实资本主义的权利机制和自由平等原则的虚幻性、历史性；也正是由于具有这样的价值指向，马克思才能够更好地构想未来图景、构建未来生活。我想，马克思社会概念中所包含的公共性思想指向（德里达称其为不可解构的东西）也是一种区别于资产阶级宪制下民主权利的另一种正义观念。

> 对于所有解构理论而言仍然保持其不可化简性的东西，像解构理论之可能性本身一样具有不可解构性的东西，或许就是关于解放之诺言的某种体验；它或许也是一种结构性弥赛亚理论的繁琐形式，一种没有宗教的弥赛亚理论，甚至是一种没有弥赛亚理论的弥赛亚观念，一种正义的观念——我们将其与法律或权利甚至与人权区别开来的正义——和民主的观念——我们将之与它的流行的概念和它被限定的宾词区别开来。②

这也许是推进马克思思想走向当代的最为重要的价值指向。

---

① 这一观点受到柯亨（Gerald Cohen）的启发，柯亨在《历史、劳动与自由》一书中，认为在马克思主义传统内工作的人应该着重注意三个问题：一是"我们寻求的社会主义社会具有何种形式"，二是"为什么我们要追求这样的社会"，三是"我们如何达到它"。参见 G. A. Cohen, *History, Labour, and Freedom: Themes from Marx*, Oxford: Oxford University Press, 1988, p.12.

② 德里达：《马克思的幽灵》，何一译，中国人民大学出版社1999年版，第85—86页。

马克思的社会概念

在很大程度上，西方马克思主义理论家继承了马克思关于现代性所造成的公私分立困境的批判理路，并且在解决现代社会生活新出现的矛盾和问题过程中发展了马克思的相关思想观念。其中马尔库塞（Herbert Marcuse）、卢卡奇等人的观点尤为值得关注。

马尔库塞看到了一个技术高度扩张时期的社会图景，在其中，不仅公共生活难以为继，就连个体自身也深陷窘境。于是，现代资本主义社会造就了新的控制形式，其实质乃是依据经济、技术上的合理性规则来统治社会生活的各个领域，于是看似分立的各个领域都被这一规则同化了，马尔库塞称之为极权主义的世界体系。

> 在富裕和自由掩盖下的统治就扩展到私人生活和公共生活的一切领域，从而使一切真正的对立一体化，使一切不同的抉择同化。技术的合理性展示出它的政治特性，因为它变成更有效统治的得力工具，并创造出一个真正的极权主义领域，在这个领域中，社会和自然、精神和肉体为保卫这一领域而保持着持久动员的状态。①

很明显，在马尔库塞那里，社会生活在看似同一的状态背后其实深藏着更为严重的权力压制，这种权力以技术合理性为载体，实质依然可以归咎于马克思曾经指出的资本逻辑在当代的扩张。于是，公共生活在技术理性的统治下丧失了否定性的思维取向，个体的真实生命存在依然无法得到实现。更为严重的是，资本主义在实证科学的不断

---

① 马尔库塞：《单向度的人》，刘继译，上海译文出版社2006年版，第18页。

第二章 重建公共生活：马克思社会概念的思想指向

发展的外衣下不断展示其进步的魔力，进而为其意识形态的扩展找到了借口，个体的内在心理世界也同样被渗透和控制，于是，单向度的社会也造就了单向度的思想和单向度的人。这样的人及其思想没有任何价值判断，更缺少批判意识，只是在不停地追求客观性真理，个体的生活也被抽象成干瘪的数字和形式逻辑。

> 在这种形式逻辑中，思想对它的对象漠不关心。无论对象是精神的还是物质的，也无论它们是属于社会的还是自然的，反正它们已成为同一组织、计算和推论的普遍规则的附属物——不过，在从其独特的"实质"中进行抽象时，它们是作为可以替换的记号或符号而成为普遍规则附属物的。这一普遍性质(量的性质)是逻辑和社会中的法则和秩序的先决条件，是普遍控制的代价。①

从马尔库塞的分析中可以很明显地感受到，现代社会看似分立的公共与个体空间其实承受着更深入、更普遍的压制，而且从日常生活到内在心理意识都遭受到了前所未有的控制。

卢卡奇从物化的视角来透视现代资本主义社会所导致的全面合理性控制以及公共性的丧失。卢卡奇看到了资本主义社会所造就的原子化个体，并且把造成这一困境的原因归结为工具理性在当代社会生活中的全面渗透。从而，卢卡奇也从这一现象出发揭示了二律背反的社会现实，并且也和马克思一样，把这样的结果与交换价值规律的扩展

---

① 马尔库塞：《单向度的人》，刘继译，上海译文出版社2006年版，第125页。

联系起来。

  这样产生的孤立化和原子化只是一种表面现象。在市场上的商品运动,它的价值的形成,一句话,每一个合理计算的现实回旋余地不仅服从于严格的规律,而且要假定所有发生的事情都有一种严格的规律性作为计算的基础。因此,个人的原子化只是以下事实在意识上的反映:资本主义生产的"自然规律"遍及社会生活的所有表现,在人类历史上第一次使整个社会(至少按照趋势)隶属于一个统一的经济过程;社会所有成员的命运都由一些统一的规律来决定。①

卢卡奇看到了在一个资本全面扩张时代的真实社会生活的统一化趋势,并且试图寻找粉碎这一资本帝国的长矛。不难看出,卢卡奇在诸多方面发展了马克思的思想,特别是他强调了资本主义物化现象对社会生活的全面渗透,以及资产阶级思想出现的二律背反;卢卡奇还看到了商品世界中人的意识所产生的异化,并期望通过改造无产阶级意识来对抗这一趋势,所有这些都是当代批判现实资本主义技术理性扩张的重要思想资源。

  总之,西方马克思主义以及当代马克思主义的种种思潮,都在不同程度上汲取了马克思对现代社会生活批判的理论资源,也都分享了马克思关于重建公共生活的种种构想。在当代,面对资本主义社会生活发生的巨大分化和变革,看到诸多学者在多元文化语境中种种重建

---

① 卢卡奇:《历史与阶级意识》,杜章智、任立、燕宏远译,商务印书馆1999年版,第159页。

第二章 重建公共生活：马克思社会概念的思想指向

公共领域的努力，我们不仅应该认清其中与马克思思想的差异，更应当直面新的现实境况来拓展马克思重建公共生活的理论指向。在这一过程中，马克思主义的思想方法、理论视角以及价值观念都应该相应地作出调整，以期能够针对新的矛盾和具体问题寻找到切实可行的路径，同时也在这一过程中不断推进马克思主义的相关研究。

归结起来，在这一章中我们主要探讨了以下几个问题：其一，通过对黑格尔国家和社会观的解读来呈现马克思所面临的公共生活何以可能的问题语境。因为在我们看来，黑格尔及其继承者的思想规划都在试图解决公共生活何以可能这一现代性问题。其二，在此基础上，我们考察了马克思对黑格尔社会观的批判的具体历程。聚焦于马克思对黑格尔社会观的批判是因为，这一批判不仅对于马克思的思想发展具有重大意义，而且还能够更集中地展现马克思沿着黑格尔的问题语境重构公共生活的思想指向。在其中，我们通过解读马克思对黑格尔思想的三重颠倒来展现这一批判过程的复杂性和丰富性。① 其三，我们重点阐释了马克思重构公共生活的具体内涵，并把马克思的思想努力与当代思想家的理论进行比较，揭示马克思公共性思想的精神实质。需要再次加以强调的是，在马克思那里，公共生活不是一种实体性的固定模式，而是包含了经验、评价以及规范等诸多层次的思想观念。毋宁说，马克思给予我们的是一种好生活的期望，并且说明了达至这一生活所需要的前提条件，以及我们如何通过自己的创造来实现这样的理想。

---

① 在以往的理解中，学界一般认为马克思是以市民社会决定国家的理路来颠倒黑格尔的唯心主义观念进而实现唯物史观变革的。我们认为这一理解方式会忽略马克思的一些有价值的思想内涵，即他不仅批判了黑格尔的思想前提，而且试图实现对整个市民社会的批判，更为主要的是，马克思还要超越市民社会和国家来实现公共生活的重建。

对马克思社会概念的公共性价值的揭示，也为我们继续探讨这一概念的存在论旨趣、实践性特质和历史性维度奠定了理论基础。在后面的章节中，我们将详细论述基于这一根本思想指向而衍生出的具体内涵。

第三章

寻求社会解放的存在论价值旨趣

公共生活的失落直接导致了现代人无家可归的生存状态，这也是现代性所造成的最根本的存在论问题。因此，对现代性状况下个体主体与公共生活相分裂这一重大课题的回应，不仅构成了马克思社会概念的根本思想指向，也深刻体现了这一概念的存在论价值旨趣。在这一章中，我们通过对马克思社会解放思想进行剖析来展现其本人解答现代存在论问题的具体路径：首先，我们声明只有从寻求解放的意义上才能更真切地领会马克思社会概念的存在论意蕴；其次，我们将进一步阐明马克思在理解解放这一问题上所实现的视角转换，即从政治解放过渡到社会解放；再次，我们将揭示马克思为实现社会解放思想所探寻的现实道路；最后，我们会指出马克思思想中关于社会解放的理想图景应该是奠基在生活世界基础上的人类社会，这对走出现代性状况所造成的存在论困境具有重大思想价值。

第一节　现代性问题的存在论追问

海德格尔曾形象地指出，"现在人已经被连根拔起"[①]。这句话使人强烈感受到，现代人的生存在根基上已经出现了问题。从而，在这个世界图像时代，在这个被技术所座架的时代，我们变得无所依凭，也无家可归。米兰·昆德拉（Milan Kundera）在同样的境遇中感叹生命中不能承受之轻。其实，当从存在论视角审视马克思社会概念的时候，我们发现，马克思在年轻的时候就已表达过类似的焦虑，也在这个意义上，他才提出，"任何解放都是使人的世界即各种关系回归于人自身"[②]。这一期望其实包含着很多值得细细体会的思想内涵：一是，为什么我们当下生存的世界却不属于我们？二是，人的世界究竟又是怎样的世界？三是，我们如何去追寻这样的世界？

在我们看来，对以上问题的回答直接构成了马克思思想中最切近我们生命感悟的本体论问题。一方面，马克思批判的是现代社会世界与我们的疏离，变成了外在于我们的非人世界；另一方面，马克思让我们明白，我们要找寻的是一个与我们的生命活动息息相关并能够给予我们多样色彩的生活世界。而所有这些，都凝结在马克思关于社会解放的目标指向中。因此，超越政治解放、走向社会解放，是马克思解决现代世界中人的存在问题的根本立场。但是，对马克思存在论思

[①] 海德格尔：《海德格尔选集》下卷，孙周兴选编，生活·读书·新知上海三联书店1996年版，第1305页。
[②] 《马克思恩格斯文集》第1卷，人民出版社2009版，第46页。

想的理解并不自明,在此我们需要对其内涵进行前提性追问和具体界定。

一、存在论的源初语境及其真实内涵

康德在《未来形而上学导论》中指出了一个很有意思的现象:"人类理性如此爱好建设,它不止一次已经建造起一座塔,然后又拆掉,以便查看其地基是什么样的。"① 对本体论问题的探讨似乎验证了他的描述,尽管本体论与形而上学一样古老,并被描述为西方人的根本存在样态,但对本体论问题的讨论至今没有停止。这就昭示了一个真实的问题:本体论探讨已经预示着矛盾和纠葛,这种纠葛渗透于本体论的各种历史形态之中。

从本体论的发端来看,其基本内涵是对存在者的存在根据的追问,这在西方传统哲学的发展史中几乎没有变化,在这个意义上,许多学者把本体论当作从柏拉图到黑格尔的哲学旧有形态加以拒斥。一些学者认为,本体论是研究存在者的哲学形态,它已经让位于存在论这一新的哲学形态,因为存在论是一个学科概念,从而是一个问题领域;本体论则是西方传统哲学对待存在论问题的一种特殊处理方式,以及这种处理方式历史地造成的一种特定的哲学形态,而马克思哲学对本体论是批判的;另有学者认为,"本体论是一个旧哲学的概念,把这样一个旧哲学的概念加给马克思主义哲学不仅掩盖、抹杀了马克思主义实质上对本体论的批判,而且会模糊马克思主义哲学与旧哲学

---

① 康德:《未来形而上学导论》,李秋零译,中国人民大学出版社2013年版,第2页。

的本质区别，从而导致取消马克思主义在哲学领域所实现的革命性变革的意义"①。

上述对本体论哲学的批判以及对马克思哲学存在论革命的界定都有其合理的地方，但问题是，作为上述观点批判对象的本体论是否是合法的。换个角度说，如果仅简单地从语义学、词源学甚至是抽象的物质、精神本体论的角度来界定本体论以及阐发马克思哲学的革命性变革，那么上述批判并没有能够充分理解本体论的丰富内涵。更进一步讲，作为批判靶子的本体论被简化为脱离人的存在方式的先验逻辑构造，同时，如果仅从柏拉图－黑格尔的意义上来界定本体论而不考虑本体论的时代性特征和当代形态，这本身就不符合辩证法的规定。因此，如果这些前提性问题没有得到真正澄清，那么简单地拒斥本体论和谈论马克思哲学的本体论批判就显得有些苍白无力。

在我们看来，哲学的本体论追求正如哲学自身一样既根源于人类思维的本性，又是人类的矛盾性存在方式的哲学形态，更是人类对生活于其中的时代的问题的特殊回应。因此，哲学本体论以概念与逻辑的方式表征了人类自身存在方式，而这种存在方式又融含了时代性的内容，所以只要人在、哲学在，本体论也将在。人类的进步和时代的发展就在于不断寻求解放何以可能的现实诉求、价值何以可能的人文指向以及意义何以可能的终极关怀，而这正是当代本体论与马克思哲学发展的全新维度。

在此意义上，哲学史上任何形态的本体论都不是简单的概念或者逻辑问题，而是深深打上了时代与人之存在的烙印，以这种追问可能

---

① 俞宣孟：《本体论研究》，上海人民出版社1999年版，第178—179页。

性的维度来审视本体论,就会有新的发现。古希腊哲学以本体论的方式追问万物何以可能并反映人之存在方式;中世纪以追问世界何以可能的方式去回答了人类存在的根据并昭示了一种人之依附状态与受奴役的命运;而近代通过人类理性对本体论问题的自觉反省,重新确立了对人性何以可能、自由何以可能、价值何以可能的追问,并反映了资产阶级要求自由、民主的意识觉醒;当代的存在论则以反思本体论的方式确证了人之生存的始源性,以此对抗工业社会的工具理性和技术统治;后现代的消解本体论则以相反的视角宣布了逻各斯中心主义的无效,以此彰显现代人的无根性。

传统本体论的覆灭在一定程度上也反映了现代性所造成的危机这一思想面向,这种本体论(无论是柏拉图的理念论本体论、亚里士多德的实体本体论、黑格尔的绝对本体论还是海德格尔的基础本体论)都有共同的特征,即以同一性、总体性限制他者与个体,这是意识形态上的奴役和压制的哲学表征。在此意义上,传统本体论已经丧失了存在的时代根基与人性根据而应该具有新的形态,对本体论当代形态的探讨离不开对马克思哲学本体论意蕴的揭示。

二、国内学界对马克思存在论的不同理解

国内学界对马克思哲学存在论的探讨是伴随着马克思哲学当代性的讨论的深化而逐步展开的,这是一个问题的两个方面。而对本体论的讨论直接规定着对马克思哲学特质的探寻,这是学界在马克思哲学研究中顺次展开的逻辑过程。学界对马克思哲学本体论的讨论大体经历了物质本体论、实践本体论和存在论三个阶段,这三个阶段代表了

不同时期对马克思哲学研究的深化，但在我看来，这三种思路都存在一些问题和不足，这也导致马克思思想中的存在论意蕴并未全部显现出来。

物质本体论是学界对马克思哲学本体论的最初界定。这一界定直接源于苏联的教科书体系，并导致了我国马克思主义哲学研究的体系化、简单化倾向。《联共（布）党史简明教程》对物质本体论的性质作了系统表述：

> 辩证唯物主义是马克思列宁主义党的世界观，它所以叫作辩证唯物主义，是因为它对自然界现象的看法、它研究自然界现象的方法、它认识这些现象的方法是辩证的，而它对自然界现象的解释、它对自然界现象的了解、它的理论是唯物主义的。历史唯物主义就是把辩证唯物主义的原理推广去研究社会生活，把辩证唯物主义的原理应用于社会生活现象，应用于研究社会，应用于研究社会历史。①

在这一表述中，物质本体论成为辩证唯物主义与历史唯物主义的基石，成为一种抽象的始基性的东西，由于意识形态等方面的原因，苏联教科书体系长期以来对我国的哲学研究产生了深远的影响，其物质本体论的理解方式成为马克思主义的正统并长期占据着主导地位。

随着社会的不断发展，国内学界逐步接受了马克思哲学研究中的

---

① 联共（布）中央特设委员会编：《联共（布）党史简明教程》，中共中央马克思恩格斯列宁斯大林著作编译局译，人民出版社1975年版，第115—116页。

一个重要的异质性视角，即肇始于卢卡奇和柯尔施（Karl Korsch）的西方马克思主义（简称"西马"）思潮，这一思潮以冲击苏联僵化的意识形态强制为突破口，重新反思马克思主义的精神实质。以《历史与阶级意识》一书对马克思辩证法的重新解读为伊始，西方学界逐步打破了苏联的传统教科书体系，相应地，对马克思哲学的理解也脱离了庸俗化、简单化的倾向，而对物质本体论的批判则成为许多"西马"学者的火力聚焦点。

其中，卢卡奇激烈地批判自然辩证法和物质本体论，主张历史地理解马克思的思想，尤其强调马克思历史唯物主义的方法，并主张"唯物主义辩证法是一种革命的辩证法"，"对辩证方法说来，中心问题乃是改变现实"①。柯尔施则充分意识到物质本体论的形而上学本性，他指出："这种唯物主义来源于一种绝对的和既定的形而上学的存在观；尽管它的全部声明都宣称自己不是形而上学，但它不再是完整意义的辩证法，更不用说辩证唯物主义了。"② 而施密特（Alfred Schmidt）更是直接通过对马克思的自然概念的分析，得出马克思唯物主义的非物质本体论性质。在批判反思的基础上，"西马"的创始人都以实践范畴重新建立马克思主义哲学体系，卢卡奇历史概念的本质就在于其社会生活实践活动，柯尔施把马克思哲学理解为一种实践批判活动，葛兰西（Antonio Gramsci）则直接指认马克思哲学是实践哲学。这种以实践观点重解马克思哲学的努力在新马克思主义那里得到了进一步发扬，其中最有影响力的是南斯拉夫的实践派。实践派直接

---

① 卢卡奇：《历史与阶级意识》，杜章智、任立、燕宏远译，商务印书馆1999年版，第49、51页。
② 柯尔施：《马克思主义和哲学》，王南湜、荣新海译，重庆出版社1989年版，第82页。

把实践提高到马克思哲学的中心地位,并借助早期马克思的人本学思想来建构其理论体系,这与"西马"有相似之处。

国内关于实践唯物主义的讨论是对"西马"和新马克思主义思潮的直接回应,借助80年代初的人道主义和异化问题的讨论,张扬主体性的实践唯物主义盛行一时。实践唯物主义讨论对冲破传统教科书体系并重新理解马克思哲学的本质内涵起到了非常重要的作用,这也切合现今市场经济对人的主体性的确证,但是一个不容忽视的问题是:实践唯物主义一旦把实践抬高到核心或至上的地位并成为马克思哲学的新的建构基点时,其本身也将随之陷入抽象和非历史的境地,而实践本体论则是其极端表现,实践本体论者把实践范畴简单化和体系化的同时,又陷入了与传统教科书的物质本体论相同的窠臼,而与马克思批判革命的社会历史实践辩证法相去甚远,这也是后来许多学者不断反省实践范畴继而提出马克思的存在论转向的思想背景。

存在论的直接批判对象是马克思哲学研究中的知识论和实体主义立场,同时以生存论建构和回归生活世界为主要内容,试图深入挖掘马克思哲学面向当代的现实生长点,以便更好地与西方思潮对话。存在论思路同时也蕴含着市场经济与信息社会发展进程对人的存在方式的新的确证。

通过对学界在马克思哲学本体论讨论中出现的三种范式的清理可以发现,物质本体论以一种宇宙论的方式曲解了马克思哲学。马克思把从本体论角度提出的关于最初的人和自然的创造者问题作为一种抽象的事物加以拒绝。"既然你提出自然界和人的创造问题,你也就把人和自然界抽象掉了。你设定它们是不存在的,你却希望我向你证明它们是存在的。"① 而由实践唯物主义衍生出的实践本体论观点也由于把实践抽象化而堕入理性形而上学的境地，并没有触达马克思历史辩证法的深刻内涵，这是晚年卢卡奇反省其思想时已经深刻指出的问题："如果不以真正的实践为基础，不以作为其原始形式和模型的劳动为基础，过度夸张实践概念可以走向其反面；重新陷入唯心主义的直观之中。"② 而当前以存在论来解读马克思哲学的思潮，意在基于现代西方哲学特别是海德格尔存在论思想，即通过对人的生存活动的分析来达到人之存在的本真境界，依然是对马克思思想的外在嫁接和误读。

原因在于，当海德格尔以批判西方传统本体论而试图建构一种更加源始的存在论形而上学时，其思想由于摆脱了实体论的形而上学而具有深刻性。但海德格尔的思想并没有超越西方形而上学的圈圜，也没有完全摆脱掉黑格尔意义上的在场形而上学的缺陷，反而与作为其批判对象的黑格尔哲学有着千丝万缕的联系。黑格尔哲学最终达到的是存在-神学-逻辑学三位一体，这是马克思已经指认过的思想。

> 在黑格尔的体系中有三个因素：斯宾洛莎的实体，费希特的自我意识以及前两个因素在黑格尔那里的必然的矛盾的统一，即绝对精神。第一个因素是形而上学地改了装的、脱离人的自然。第二个因素是形而上学地改了装的、脱离自然的精神。第三个因素是形而上学地改了装的以上两个因素的统一，即现实的人和现实的人类。③

---

① 《马克思恩格斯文集》第1卷，人民出版社2009年版，第196页。
② 卢卡奇：《历史与阶级意识》，杜章智、任立、燕宏远译，商务印书馆1999年版，第12—13页。
③ 《马克思恩格斯全集》第2卷，人民出版社1957年版，第177页。

而海德格尔的存在论思想在其深层本质上仍然继承了黑格尔的逻辑结构，这一结构在海德格尔那里以追寻存在的源始境界这一转化形态而继续存在着，阿多诺(Theodor Adorno)称之为存在的恐怖统治：

> 如果哲学的复归和手段把一种存在物投射给存在，那么存在物就令人满意地被证明是合理的；如果存在被轻蔑地当作一种"纯存在物"，那么它可以继续毫无阻拦地从外部作害。这同独裁者的感觉几乎没有什么区别，独裁者不愿访问集中营，而集中营的官员却忠实地执行他的指示。①

因此国内学界如果仅仅停留在海德格尔的存在论层次上来理解马克思哲学本体论，就会偏离马克思哲学的真实内涵。

三、寻求解放与马克思思想变革的存在论旨趣

在认识到国内学界相关探讨的种种缺失之处后，我们是否可以得出马克思哲学已经终结了本体论及其追求方式，或者说马克思哲学没有存在论意蕴这种答案呢？在我们看来，如果从本体论的历史形态及其演进理路来看，马克思确实已经终结了传统的本体论追求方式，这主要是通过批判黑格尔的本体论哲学来完成的。正是在这个意义上，马克思也终结了一切旧形而上学。因此，马克思已经放弃了关于世界何以可能这一本体论问题的探寻，同时也明确反对抽象的非历史的实

---

① 阿多诺：《否定的辩证法》，张峰译，重庆出版社1993年版，第97页。

践以及先验的存在论追求。但同时,作为寻求超越现代性的困境并寻求解放道路的马克思哲学却依然具有深刻的存在论性质。孙正聿曾把马克思的本体论革命概括为具有三位一体思想内涵的理型:

> 一是把本体论对"何以可能"的追问定位为对"人的解放何以可能"的寻求,从而变革了传统本体论对人的存在何以可能的抽象思辨,实现了本体论的理论内容的变革;二是把对"人的解放何以可能"的寻求诉诸于对人的历史活动的理解,从而变革了传统本体论以唯心史观为依托所进行的对人的意识活动的追问,实现了以唯物史观为依托的理论基础的变革;三是把对"人的解放何以可能"的寻求诉诸人对自己既定状态的扬弃,从而变革了传统本体论把对"何以可能"的追问定位为某种"永恒在场"的研究方式,实现了本体论与"革命的、批判的"的辩证法的统一。[1]

马克思的存在论革命使我们对其社会概念的理解也具有了坚实的思想基础。在我们看来,马克思直接感受到了现代性状况下人类生活的存在论困境,以及这一困境之所以产生的现实根基,从而,马克思社会概念的一个重要价值指向便是打破奴役人、让人失去家园之感的现代资本主义体制。在其中,马克思用社会解放来表明自己对现代存在论问题的关注。这一寻求解放的存在论意蕴不仅为我们把握本体论的当代形态提供了重要思想取向,同时也对于现代性问题作出了有价

---

[1] 孙正聿:《马克思主义辩证法研究》,北京师范大学出版社2012年版,第223—224页。

值的思想回应。

首先，寻求解放的马克思社会概念的存在论意蕴有其深刻的人类性根据和时代性诉求。在当前市场经济及后工业时代，如何解救碎片化的个体和充满霸权的资本帝国，寻求一种解放的哲学，乃是当代马克思主义者所需要直面应对的重要课题。从这一时代背景来理解马克思的社会概念，我们可以很清楚地看出其中对于存在论问题的合理回应。这一回应直接针对现代资本主义所造成的人的现实性和理想性、个体性和公共性的对立，也直接对应现代性状况下人类对精神家园和共同体价值的追寻。因而，寻求解放作为马克思社会概念的思想意蕴，其重大的理论意义在于，我们应该认清现实资本主义生产关系乃是造成这一分裂的最根本原因，而且我们也不能在既有的资产阶级宪制框架内解决现代人的存在论问题。只有在瓦解资本的逻辑、打破资本主义生产关系的基础上实现社会解放，才能从根本上解决现代人的存在论困境。

其次，马克思社会概念的存在论意蕴还具有鲜明的现实性根基。在马克思的时代，对现实资本主义社会状况的批判成为其寻求解放的思想前提，并在重构社会生活的意义上寻求人类解放，这是马克思社会概念的存在论意蕴所不可分割的两个方面。在其中，马克思对种种脱离实际的所谓的社会主义和共产主义思潮作了深刻的批判，《共产党宣言》用专门的章节批判了封建主义的社会主义、小资产阶级的社会主义、德国的或"真正的"社会主义、保守的或资产阶级的社会主义以及批判的或空想的社会主义，通过批判，马克思确证了奠基于现实解放道路的未来共产主义社会。而在当代社会，面对全球化、后资本主义社会等具体的历史语境，彰显马克思社会概念的存在论意蕴显得尤为迫切。当资本主义社会以全球化过程中的意识形态工具(资本、媒介、信息等)为把手从而意欲达到其全球布局时,马克思社会概念对于寻求真实的共同体价值,以及重建公共生活这一课题,依然具有重大的现实意义。

再次,马克思社会概念的存在论意蕴还表现在其对时代与现实所具有的开放性特质。这是区别于以往一切本体论的重要特征,也是马克思破除资本的齐一性和整体性统治的重要武器,其也以此击溃了抽象成为统治的奴役现实。这种开放性特质寻求一种异质性的流动的视域,从而能够更直接地走向当代并改造现实。这也是后形而上学时代异质性之思的确证和表达,更是当代资本主义现实的深刻表征,有人称之为从沉重的资本主义到轻灵的流动的现代性的转变,"在资本主义的沉重时期,资本像劳动力一样固定在那个领域。现在,仅仅通过一个只包括公文包、移动电话和笔记本电脑的行李箱,资本就能轻轻地传动"[1]。现实资本主义社会生活的变动也要求对马克思社会概念的解放意蕴不断进行反思超越。在此意义上,作为具有解放意蕴的马克思本体论革命不再具有永恒性和同质性的本真境界,而是一个复合性、开放性的思想诉求。卢卡奇也曾分外关注马克思社会存在论的历史性特征,"根据马克思的正确理解,存在的历史性(这种历史性乃是存在的基本特征)构成了正确地理解所有问题的本体论出发点"[2]。

总之,马克思社会概念的存在论意蕴是关于解放的追问,这也是对现代人类状况所作的思想回应。同时,马克思要通过这一追问来为

---

[1] 鲍曼:《流动的现代性》,欧阳景根译,上海三联书店2002年版,第90页。
[2] 卢卡奇:《关于社会存在的本体论》上卷,白锡堃等译,重庆人民出版社1993年版,第101页。

其实践地变革资本主义生产关系进行理论铺垫。古尔德(Carol Gould)也正是在此意义上论述马克思的存在论革命,正如她指出的,"在前资本主义共同体中,存在的是具体的特殊性的内在关系;在资本主义社会中,存在的是抽象的普遍性的外在关系;而在未来共产主义社会中,存在的是具体的普遍性的内在关系"①。在此意义上,古尔德认为,马克思对资本主义社会关系的批判是规范性的,是为了建构新的正义的社会生活。② 可以说,解放是贯穿马克思一生的理论指向和价值目标,也是一个需要不断澄清的概念。接下来,我们将会结合马克思的思想文本,具体深入地解读马克思社会概念寻求解放的存在论意蕴。

第二节 从政治解放到社会解放

在一定意义上,哲学家的思想是其自身生存感悟和时代课题的理论化表达,从这样一种视角理解马克思的思想历程,我们会有更深刻的体认。许多人心中或许会有这样的疑问,出身于富足的中产阶级家庭的马克思为什么会被工人阶级宣称为自己的开路先锋呢?如果按照老年黑格尔的观点,哲学是思想中的时代,那么马克思为什么能够以自己的智慧引领时代前行呢?一切的疑问也许都可以通过马克思所特有的精神结构来说明,马克思始终以一种深厚的人类情怀去感悟时代

---

① Carol C. Gould, *Marx's Social Ontology: Individuality and Community in Marx's Theory of Social Reality*, Cambridge: MIT Press, 1978, p. 36.

② Carol C. Gould, *Marx's Social Ontology: Individuality and Community in Marx's Theory of Social Reality*, Cambridge: MIT Press, 1978, p. 129.

的问题、感知人类的困境,这些感受塑造了马克思的精神世界,也促使他自青年时代起就以千百万人的幸福为生命意义的确证。

除了这种一以贯之的人类情怀,马克思所具有的思想批判力也是我们考察其哲学变革的一个切入点。马克思青年时代曾是一名地道的青年黑格尔派,在《博士论文》中,他就是以一种黑格尔左派的自我意识哲学强调个体的能动性和偶然性,他也因此沉浸于思想迸发所闪烁的艳丽火光之中,并试图以一种理论批判来构建一种哲学化的世界图景,"这些自我意识把世界从非哲学中解放出来,同时也就是把它们自己从作为一定的体系束缚它们的哲学中解放出来"①。解放概念的首次亮相完全是黑格尔哲学式的,但马克思随后通过一系列的批判与从前的友人以及自身的思想划清了界限,一种崭新的解放话语也跃上了前台。

按照拉宾的看法,最迟至1843年春夏,"马克思已经自觉地力求运用唯物主义对社会发展的涉及面很广的问题——历史、社会、政治和法等问题进行分析,并紧接着开始研究共产主义思想"②。也就是说,从1843年开始,马克思已经完成了思想视域的重大转换,这一转换是通过一系列的批判和决裂实现的。其中包括和同为《德法年鉴》编辑的卢格(Arndd Ruge)的决裂,原因是卢格的政治理智无法实现一种整体的社会革命,以及对费尔巴哈和黑格尔的批判,而在其思想变革历程中,马克思对青年黑格尔派的代表人物鲍威尔(Bruno

---

① 《马克思恩格斯全集》第1卷,人民出版社1995年版,第76页。
② 拉宾:《马克思的青年时代》,南京大学外文系俄罗斯语言文学教研室翻译组译,生活·读书·新知三联书店1982年版,第71—72页。

Bauer)①的批判更加火药味十足,也更具有现实意义。正是通过这一批判,马克思开辟了一个全新的社会解放的存在论视域,并且把解放建立在消除现实生活异化的基础之上,从而使其关于未来社会的建构具备了坚实的根基。从对鲍威尔的批判开始,马克思内在的人文情怀不断显现为一种寻求人类解放的理想目标,我们将通过解读《论犹太人问题》来指认这条重大的理论进路。

首先,马克思针对鲍威尔于1843年发表的两篇文章,即《犹太人问题》和《现代犹太人和基督教徒获得自由的能力》,进行了批判性阐释。鲍威尔在文章中宣称,犹太人与基督徒为了能够生活在一起,必须放弃分离他们的东西,只有在通过政治变革实现自由的世俗国家中,宗教偏见和宗教分离才能最终消失,于是在马克思看来,"一方面,鲍威尔要求犹太人放弃犹太教,要求一般人放弃宗教,以便作为公民得到解放。另一方面,鲍威尔坚决认为宗教在政治上的废除就是宗教的完全废除"②。马克思很明确地指出了鲍威尔思想中的两个重要缺陷,一是他企图通过宗教批判来消除人的异化,二是他企图通过政治解放来彻底完成对基督教国家的批判,从而实现人的自由平等。

而马克思则要对鲍威尔的解放理论进行前提批判,在他看来,"只是探讨谁应当是解放者、谁应当得到解放,这无论如何是不够的。批判还应当做到第三点。它必须提出问题:这里指的是哪一类解放?人们所要求的解放的本质要有哪些条件?"③ 马克思认为,只有

---

① 关于鲍威尔的思想要点,参见麦克莱伦:《青年黑格尔派与马克思》,夏威仪等译,商务印书馆1982年版,第49—87页。
② 《马克思恩格斯文集》第1卷,人民出版社2009年版,第25页。
③ 《马克思恩格斯文集》第1卷,人民出版社2009年版,第25页。

第三章　寻求社会解放的存在论价值旨趣

通过对政治解放本身的批判才能获得上述问题的答案。在此，马克思实现了重要的视角转换：从实现个体独立自由的政治解放到寻求人类解放，以此有力地批判鲍威尔思想的不彻底性。鲍威尔"没有探讨政治解放对人的解放的关系，因此，他提供的条件只能表明他毫无批判地把政治解放和普遍的人的解放混为一谈"①。

其次，马克思随即运用在克罗茨纳赫时期的历史学研究成果对政治解放的不彻底性进行了批判。② 在马克思看来，社会不能仅仅通过消灭宗教的政治解放来根治自身的弊病，马克思以北美洲为例来说明政治解放完成以后宗教依然存在的现实，来表明政治解放并不能真正实现人类解放。"问题在于：完成了的政治解放怎样对待宗教？既然我们看到，甚至在政治解放已经完成了的国家，宗教不仅仅存在，而且是生气勃勃的、富有生命力的存在，那么这就证明，宗教的定在和国家的完成是不矛盾的。"③ 既然消灭宗教并不能获得真正意义上的社会解放，那么就应该进行解放视角的转换，从探究政治解放和宗教解放的关系过渡到政治解放和人类解放的关系问题。但马克思并没有完全否认政治解放的历史性作用，"政治解放当然是一大进步；尽管它不是普遍的人的解放的最后形式，但在迄今为止的世界制度内，它

---

① 《马克思恩格斯文集》第1卷，人民出版社2009年版，第25—26页。
② 1843年7—8月，马克思在克罗茨纳赫阅读了有关法国和美洲等方面的历史学著作(参见《马恩列斯研究资料汇编》，书目文献出版社1981年版，第8—21页)，通过这一阅读，马克思更深刻地感受到现代国家与市民社会相异化的过程，从此开始，马克思确立了唯物主义的思想方法分析社会现实问题(参见拉宾：《马克思的青年时代》，生活·读书·新知三联书店1982年版，第17页)。但也有学者持有不同意见，认为此时的马克思依然受制于唯心主义的世界观(参见张一兵：《回到马克思》，江苏人民出版社1999年版，第145页)。
③ 《马克思恩格斯文集》第1卷，人民出版社2009年版，第27页。

是人的解放的最后形式"①。马克思同时也对政治解放的成果给出了积极评价，他认为政治解放实现了现代国家与宗教神学的分离，人通过政治变革从宗教中解放了出来，转入了作为一种特殊性存在的市民社会领域中，进而也获得了有限的个体独立性，"宗教不再是国家的精神；因为在国家中，人——虽然是以有限的方式，以特殊的形式，在特殊的领域内——是作为类存在物和他人共同行动的；宗教成了市民社会的、利己主义领域的、一切人反对一切人的战争的精神。它已经不再是共同性的本质，而是差别的本质"②。因此，政治解放的最终成果只能是造就了一种原子式彼此分立的个人，同时与其公共生活相分离，"人分为公人和私人，宗教从国家向市民社会的转移，这不是政治解放的一个阶段，这是它的完成；因此，政治解放并没有消除人的实际的宗教笃诚，也不力求消除这种宗教笃诚"③。

马克思在此指出了政治解放的不彻底性，而只有人类解放才能真正消除现实的矛盾和困境，"摆脱了宗教的政治解放让宗教持续存在，虽然不是享有特权的宗教。任何一种特殊宗教的信徒同自己的公民身份的矛盾，只是政治国家和市民社会之间的普遍世俗矛盾的一部分"④。所以，"政治解放本身并不就是人的解放。如果你们犹太人本身还没作为人得到解放便想在政治上得到解放，那么这种不彻底性和矛盾就不仅仅在于你们，而且在于政治解放的本质和范畴。如果你们局限于这个范畴，那么你们也具有普遍的局限性"⑤。

---

① 《马克思恩格斯文集》第1卷，人民出版社2009年版，第32页。
② 《马克思恩格斯文集》第1卷，人民出版社2009年版，第32页。
③ 《马克思恩格斯文集》第1卷，人民出版社2009年版，第32页。
④ 《马克思恩格斯文集》第1卷，人民出版社2009年版，第37页。
⑤ 《马克思恩格斯文集》第1卷，人民出版社2009年版，第38页。

最后，马克思详细分析了政治解放不彻底性的根源。"政治解放同时也是同人民相异化的国家制度即统治者的权力所依据的旧社会的解体。政治革命是市民社会的革命。"① 在市民社会中，人民"没有把财产或劳动上升为社会要素，相反，却完成了它们同国家整体的分离，把它们建成为社会中的特殊社会"②。在推翻专制奴役制度上，政治革命也发挥了巨大的作用，但是也带来了相应的后果，"政治革命打倒了这种统治者的权力，把国家事务提升为人民事务，把政治国家组成为普遍事务，就是说，组成为现实的国家；这种革命必然要摧毁一切等级、同业公会、行帮和特权，因为这些是人民同自己的共同体相分离的众多表现。于是，政治革命消灭了市民社会的政治性质。它把市民社会分割为简单的组成部分：一方面是个体，另一方面是构成这些个体的生活内容和市民地位的物质要素和精神要素"③。市民社会的产生破除了一切笼罩在日常生活上的假象。"国家的唯心主义的完成同时就是市民社会的唯物主义的完成。摆脱政治桎梏同时也就是摆脱束缚住市民社会利己精神的枷锁。政治解放同时也是市民社会从政治中得到解放，甚至是从一种普遍内容的假象中得到解放。"④ 在市民社会中，一种独立的自然状态的个人产生并发挥了巨大作用。"政治国家的建立和市民社会分解为独立的个人——这些个体的关系通过法制表现出来，正像等级制度中和行帮制度中的人的关系通过特权表现出来一样——是通过同一种行为实现的。但是，人，

---

① 《马克思恩格斯文集》第 1 卷，人民出版社 2009 年版，第 44 页。
② 《马克思恩格斯文集》第 1 卷，人民出版社 2009 年版，第 44 页。
③ 《马克思恩格斯文集》第 1 卷，人民出版社 2009 年版，第 44—45 页。
④ 《马克思恩格斯文集》第 1 卷，人民出版社 2009 年版，第 45 页。

作为市民社会的成员,即非政治的人,必然表现为自然人。"① 但政治革命依然存在着固有的缺陷,"政治革命把市民生活分解成几个组成部分,但没有变革这些组成部分本身,没有加以批判。它把市民社会,也就是把需要、劳动、私人利益和私人权利等领域看做自己持续存在的基础,看做无须进一步论证的前提,从而看做自己的自然基础"②。马克思的思想革命则通过批判市民社会的世俗基础来实现了真正的人类解放,同时也消除了政治解放的不彻底性,在政治解放未曾触及的地方,马克思自觉承担起寻求人类解放的历史使命。

第三节 生活世界批判与解放的世俗基础

当马克思完成了视域转换,把社会革命的任务界定为实现人类解放以后,接下来的一个重要工作便是对现实生活世界进行批判,这种批判现实的向度是马克思区别于青年黑格尔派乃至传统形而上学家的重要特质。也在这个意义上,单纯的政治变革已经不能使马克思满意,因为政治解放归根到底所能实现的依然是一个庸人的世界③,只有彻底地丢弃并批判这个政治世界的世俗基础才能真正实现人类解放,世界也才能过渡到民主的人类社会。④ 马克思深刻分析了人类解放所必须消解的世俗基础。

针对政治解放意义上的宗教批判的不彻底性,马克思分外关注消

---

① 《马克思恩格斯文集》第 1 卷,人民出版社 2009 年版,第 45 页。
② 《马克思恩格斯文集》第 1 卷,人民出版社 2009 年版,第 46 页。
③ 《马克思恩格斯文集》第 1 卷,人民出版社 2009 年版,第 24 页。
④ 《马克思恩格斯文集》第 1 卷,人民出版社 2009 年版,第 25 页。

灭宗教的现实基础的必要性。在马克思看来,"宗教已经不是世俗局限性的原因,而只是它的现象。因此,我们用自由公民的世俗束缚来说明他们的宗教束缚。我们并不宣称:他们必须消除他们的宗教局限性,才能消除他们的世俗限制。我们宣称:他们一旦消除了世俗限制,就能消除他们的宗教局限性。我们不把世俗问题化为神学问题。我们要把神学问题化为世俗问题。相当长的时期以来,人们一直用迷信来说明历史,而我们现在是用历史来说明迷信"①。所以在马克思的思想进路中,宗教批判本身不是理论目的和归宿,特别是在青年黑格尔派对宗教进行激烈批判之后,历史的任务就更加需要向纵深推进,那就是消灭宗教赖以存在的现实基础,在《〈黑格尔法哲学批判〉导言》中,马克思直截了当地表明其理论使命:"真理的彼岸世界消逝以后,历史的任务就是确立此岸世界的真理。人的自我异化的神圣形象被揭穿以后,揭露具有非神圣形象的自我异化,就成了为历史服务的哲学的迫切任务。于是,对天国的批判变成对尘世的批判,对宗教的批判变成对法的批判,对神学的批判变成对政治的批判。"② 在此,我们可以发现马克思已经超越了青年黑格尔派,因为当青年黑格尔派用理论的批判揭露了宗教的秘密(人的自我意识和感觉)之后,并没有更进一步地揭示人本身的存在根基,马克思比青年黑格尔派更深刻的地方在于,他揭示了人自身存在的现实基础("生活世界"),同时通过批判并颠覆这一世俗基础而获得人类解放。

马克思随之认为单纯宗教批判意义上的政治解放本身无法动摇现实社会的根基,无法消除政治国家得以建立的私有财产这一世俗基

---

① 《马克思恩格斯文集》第1卷,人民出版社2009年版,第27页。
② 《马克思恩格斯文集》第1卷,人民出版社2009年版,第4页。

础。政治解放乃是以私有财产的产生为前提的，它也必将依附于私有财产而存在，因此，"国家根本没有废除这些实际差别，相反，只有以这些差别为前提，它才存在，只有同自己的这些要素处于对立的状态，它才感到自己是政治国家，才会实现自己的普遍性"①。政治解放以私有财产的存在为存在和发生的前提，也就无法真正实现整个人类的自由解放，换言之，政治解放只能造就追逐私利的市民社会中的特殊性个体，他们在现实社会中依然无法超越所面临的禁锢和枷锁。特别是随着政治国家和社会的分裂，人自身的生活世界也随之产生冲突，"在政治国家真正形成的地方，人不仅在思想中，在意识中，而且在现实中，在生活中，都过着双重的生活——天国的生活和尘世的生活。前一种是政治共同体中的生活，在这个共同体中，人把自己看做社会存在物；后一种是市民社会中的生活，在这个社会中，人作为私人进行活动，把他人看做工具，把自己也降为工具，并成为异己力量的玩物"②。既然世俗生活中的这种分离和对立是政治解放的必然后果，那么现实的政治国家要想建立并得以维持，就必须以承认市民社会的世俗基础为前提，而马克思则要打破这一世俗基础。

马克思进一步指出，这个需要消灭的世俗基础最鲜明的表现就是自由支配财产的普遍人权，因此，社会解放的根本指向是颠覆私有财产制度。"私有财产这一人权是任意地、同他人无关地、不受社会影响地享用和处理自己的财产的权利；这一权利是自私自利的权利。这种个人自由和对这种自由的应用构成了市民社会的基础。这种自由使

---

① 《马克思恩格斯文集》第1卷，人民出版社2009年版，第30页。
② 《马克思恩格斯文集》第1卷，人民出版社2009年版，第30页。

每个人不是把他人看做自己自由的实现,而是看做自己自由的限制"①。也就是说,市民社会乃是以拥有财产权的利己主义个人作为自己的根本原则的,因而也就无法超越这种利己主义个人。马克思通过人类解放的宽广视野完成了对市民社会的批判。也超越了这一个体主义原则,"任何一种所谓的人权都没有超出利己的人,没有超出作为市民社会成员的人,即没有超出封闭于自身、封闭于自己的私人利益和自己的私人任意行为、脱离共同体的个体。在这些权利中,人绝对不是类存在物,相反,类生活本身,即社会,显现为诸个体的外部框架,显现为他们原有的独立性的限制。把他们连接起来的唯一纽带是自然的必然性,是需要和私人利益,是对他们的财产和他们的利己的人身的保护"②。因此,马克思庄严宣告,只有消灭这种建立在私有财产即物的异化基础上的分裂个体,犹太人和整个人类才能获得解放。"让渡是外化的实践。正像一个受宗教束缚的人,只有使自己的本质成为异己的幻想的本质,才能把这种本质对象化,同样,在利己的需要的统治下,人只有使自己的产品和自己的活动处于异己本质的支配之下,使其具有异己本质——金钱——的作用,才能实际进行活动,才能实际生产出物品。"③ 金钱成为一种独立于人并使人向其膜拜的又一个神灵,"金钱是一切事物的普遍的、独立自在的价值。因此它剥夺了整个世界——人的世界和自然界——固有的价值。金钱是人的劳动和人的存在的同人相异化的本质;这种异己的本质统治了

---

① 《马克思恩格斯文集》第1卷,人民出版社2009年版,第41页。
② 《马克思恩格斯文集》第1卷,人民出版社2009年版,第42页。
③ 《马克思恩格斯文集》第1卷,人民出版社2009年版,第54页。

人，而人则向它顶礼膜拜"①。因此，实现人类的最终解放，就必须消灭金钱，从私有财产中脱离出来，"从经商牟利和金钱中解放出来——因而从实际的、实在的犹太教中解放出来——就会是现代的自我解放了"②。从而，"如果有一种社会组织消除了经商牟利的前提，从而消除经商牟利的可能性，那么这种社会组织也就会使犹太人不可能存在。他的宗教意识就会像淡淡的烟雾一样，在社会这一现实的、生命所需的空气中自行消失。另一方面，如果犹太人承认自己这个实际本质毫无价值，并为消除它而工作，那么他就会从自己以前的发展中解脱出来，直接为人的解放工作，并转而反对人的自我异化的最高实际表现"③。

马克思把消除现实社会私有财产基础的使命交付给了代表全人类利益的无产阶级，以批判的武器和武器的批判的结合颠覆了现实生活世界，"哲学把无产阶级当做自己的物质武器，同样，无产阶级也把哲学当做自己的精神武器"④。"无产阶级宣告迄今为止的世界制度的解体，只不过是揭示自己本身的存在的秘密，因为它就是这个世界制度的实际解体。无产阶级要求否定私有财产，只不过是把社会已经提升为无产阶级的原则的东西，把未经无产阶级的协助就已作为社会的否定的结果而体现在它身上的东西提升为社会的原则。"⑤ 最终，"这个解放的头脑是哲学，它的心脏是无产阶级。哲学不消灭无产阶级，

---

① 《马克思恩格斯文集》第1卷，人民出版社2009年版，第52页。
② 《马克思恩格斯文集》第1卷，人民出版社2009年版，第49页。
③ 《马克思恩格斯文集》第1卷，人民出版社2009年版，第49页。
④ 《马克思恩格斯文集》第1卷，人民出版社2009年版，第17页。
⑤ 《马克思恩格斯文集》第1卷，人民出版社2009年版，第17页。

就不能成为现实；无产阶级不把哲学变成现实，就不可能消灭自身"①。

第四节　社会解放的理想图景

在马克思的思想进路中，对未来社会理想图景的构建是其重要目标指向，这也是时至今日争议颇多的领域。当代许多西方学者都以这一理想图景为靶扣动扳机。在我们看来，对于诸如此类的批评意见首先应该以平和及宽容的心态去接受，毕竟随着时代的发展和人类性困境的变换，我们已经远离了马克思解放话语和构建未来社会生活的现实基础。同时，现实的变化所提出的新的问题也促使我们必须着眼于当下的价值分化和个体的生存状态，并以此来调整我们关于未来社会的理想预期，我们不能固守一些原理并按图索骥地寻找目标，而是时刻以对人类性问题的关切来调适我们的思想路径。在这一过程中，我们也要不断清理诸多对马克思思想不合宜的批评。我们发现，许多学者往往是在未能准确理解马克思思想的前提下批判马克思的，特别是他们的批判大多针对的是被庸俗化了的"马克思主义"。因此，我们就有必要作一项正本清源的工作，即明晰马克思解放理想图景的真实内涵，这也是马克思思想走向当代的理论自觉。

在我们看来，理解马克思关于解放的理想图景和观念形态，首先应该关注马克思本人所不断强调的一些重要命题，解读这些命题，能

---

①　《马克思恩格斯文集》第1卷，人民出版社2009年版，第18页。

够深刻体会马克思思想中所包含的解决现代存在论问题的重要思想观念。概括起来，马克思关于人类生活的理想图景的存在论表达体现在相互关联的三个方面。

一是，这一理想图景是建立在新世界观的思想基础之上的。在《关于费尔巴哈的提纲》中，马克思明确标示了自己的新唯物主义世界观的立足点。"旧唯物主义的立脚点是市民社会，新唯物主义的立脚点则是人类社会或社会的人类。"① 通过前面对马克思社会概念的解读，我们可以更深刻地领会这一论断的内涵。以往我们一般从改变世界的视角来体会马克思的哲学革命，但是在我们看来，实践哲学的探询应该还有更深刻的存在论维度，亦即重构现实生活世界进而实现人类解放。事实上，改变世界的哲学并不是马克思的原创，从培根开始，很多哲学家都为人类改造自然、改造社会的激情进行理论的论证，马克思的革命性之处在于，以往哲学对现实世界的改变依然停留在市民社会的直观上，或者说，他们的出发点依然是市民社会的个人而不是建立真正的人类社会。因此，当马克思提出，未来哲学的出发点是人类社会或社会化的人类的时候，他在以下两个层面上实现了重大的哲学变革：一方面，以往哲学家仅仅停留在对现实的抽象的理解上，他们或者把个人抽象为实体，或者把对现实社会的改造抽象为一种观念的运动，或者把未来社会设想为一种逻辑上的自足和乌托邦梦想。而在马克思那里，哲学的出发点则是社会生活中的现实的个人以及个人的实际生活过程。另一方面，从现实的个人、现实人的生活过程出发去寻求人类解放的理想图景这一夙愿就更加显而易见了，"我

---

① 《马克思恩格斯文集》第1卷，人民出版社2009年版，第502页。

们的出发点是从事实际活动的人,而且从他们的现实生活过程中还可以描绘出这一生活过程在意识形态上的反射和反响的发展"①。

> 以一定的方式进行生产活动的一定的个人,发生一定的社会关系和政治关系。……但是,这里所说的个人不是他们自己或别人想象中的那种个人,而是现实中的个人,也就是说,这些个人是从事活动的,进行物质生产的,因而是在一定的物质的、不受他们任意支配的界限、前提和条件下活动着的。②

在这样的前提下,"意识在任何时候都只能是被意识到了的存在,而人们的存在就是他们的现实生活过程"③。因此,"不是意识决定生活,而是生活决定意识"④。在这一唯物史观面前,一切形而上学的思辨和教条主义的预设都丧失了地盘。

> 在思辨终止的地方,在现实生活面前,正是描述人们实践活动和实际发展过程的真正的实证科学开始的地方。关于意识的空话将终止,他们一定会被真正的知识所代替。对现实的描述会使独立的哲学失去生存环境,能够取而代之的充其量不过是从对人类历史发展的考察中抽象出来的最一般的结果的综合。⑤

---

① 《马克思恩格斯文集》第1卷,人民出版社2009年版,第525页。
② 《马克思恩格斯文集》第1卷,人民出版社2009年版,第523—524页。
③ 《马克思恩格斯文集》第1卷,人民出版社2009年版,第525页。
④ 《马克思恩格斯文集》第1卷,人民出版社2009年版,第525页。
⑤ 《马克思恩格斯文集》第1卷,人民出版社2009年版,第526页。

当然，对未来哲学理想图景的勾画与对社会生活的改造密不可分。

二是，这一理想图景建立在现实的个人解放的基础之上。正如我们曾指出的，在《论犹太人问题》一文中，马克思旗帜鲜明地揭示了超越市民社会和政治国家的人类解放原则，并对这一解放的社会前提进行了理论剖析。在我们看来，其中对个人的未来图景的论述尤其值得关注。

> 只有当现实的个人把抽象的公民复归于自身，并且作为个人，在自己的经验生活、自己的个体劳动、自己的个体关系中间，成为类存在物的时候，只有当人认识到自身"固有的力量"是社会力量，并把这种力量组织起来因而不再把社会力量以政治力量的形式同自身分离的时候，只有到了那个时候，人的解放才能完成。①

在这个意义上，"任何解放都是使人的世界即各种关系回归于人自身"②。也就是说，只有在真实的人类社会关系中，人的真正本质才能实现。在这里，马克思关于个人的理想途径的论述深深地植根于社会、共同体中，也只有这样，个人的解放才能真正得以实现。

在《1844年手稿》中，马克思更为具体地阐述了个人解放的实现以及未来社会中个人之间的新联系，"共产主义是对私有财产即人的自我异化的积极的扬弃，因而是通过人并且为了人而对人的本质的真正占有；因此，它是人向自身、也就是向社会的即合乎人性的人的复

---

① 《马克思恩格斯文集》第1卷，人民出版社2009年版，第46页。
② 《马克思恩格斯文集》第1卷，人民出版社2009年版，第46页。

归,这种复归是完全的复归,是自觉实现并在以往发展的全部财富的范围内实现的复归"①。当然,更为主要的是,在马克思看来,只有在真实的社会中,人的解放才能真正实现。在《1844年手稿》以及之后的论述中,马克思始终是从人的存在方式出发来理解社会的,而且这一社会概念具有非常强烈的规范意蕴,可谓是一种兼具批判与建构维度的思想观念。

> 社会性质是整个运动的普遍性质;正像社会本身生产作为人的人一样,社会也是由人生产的。活动和享受,无论就其内容或就其存在方式来说,都是社会的活动和社会的享受。自然界的人的本质只有对社会的人来说才是存在的;因为只有在社会中,自然界对人来说才是人与人联系的纽带,才是他为别人的存在和别人为他的存在,只有在社会中,自然界才是人自己的合乎人性的存在的基础,才是人的现实的生活要素。只有在社会中,人的自然的存在对他来说才是人的合乎人性的存在,并且自然界对他来说才成为人。因此,社会是人同自然界的完成了的本质的统一,是自然界的真正复活,是人的实现了的自然主义和自然界的实现了的人道主义。②

可以看出,未来社会图景不是与个人的存在相分离的实体性存在,也不是没有人的活动参与的自足性体制,而是一种和人密切相关的统一体。在这一统一体中,人的存在方式也具有了社会属性,人的

---

① 《马克思恩格斯文集》第1卷,人民出版社2009年版,第185页。
② 《马克思恩格斯文集》第1卷,人民出版社2009年版,第187页。

单个的自然存在是与社会存在相互连接的，因此，马克思把社会称为"人的实现了的自然主义和自然界的实现了的人道主义"。这一自然主义与人道主义的结合就是马克思关于未来社会的价值构想，而这一构想也颠覆了以前我们关于社会的观念。"首先应当避免重新把'社会'当做抽象的东西同个体对立起来。个体是社会存在物。因此，他的生命表现，即使不采取共同的、同他人一起完成的生命表现这种直接形式，也是社会生活的表现和确证。"① 这样一种社会概念还具有反资本主义现实和扬弃私有财产的规范性内涵，是一种充满批判意味和改造现实生活的思想武器。

> 对私有财产的积极的扬弃，就是说，为了人并且通过人对人的本质和人的生命、对象性的人和人的产品的感性的占有，不应当仅仅被理解为直接的、片面的享受，不应当仅仅被理解为占有、拥有。人以一种全面的方式，就是说，作为一个完整的人，占有自己的全面的本质。②

这种对自己全面本质的占有正是一种社会性的体现，是只有在未来社会之中才能实现的美好畅想，即人的总体性本质的实现。这样，马克思的社会概念就具有了人类解放的丰富内涵。

马克思关于未来个人的理想图景在其三形态论中得到了清晰阐明：

---

① 《马克思恩格斯文集》第1卷，人民出版社2009年版，第188页。
② 《马克思恩格斯文集》第1卷，人民出版社2009年版，第189页。

人的依赖关系(起初是完全自然发生的),是最初的社会形式,在这种形式下,人的生产能力只是在狭窄的范围内和孤立的地点上发展着。以物的依赖性为基础的人的独立性,是第二大形式,在这种形式下,才形成普遍的社会物质变换、全面的关系、多方面的需要以及全面的能力的体系。建立在个人全面发展和他们共同的、社会的生产能力成为从属于他们的社会财富这一基础上的自由个性,是第三个阶段。[①]

　　三是,这一理想图景还具有丰富的生活世界内涵。不管是未来哲学的理想图景,还是未来个人的理想图景,它们的真正实现都必需依赖于未来生活的构建。而与此同时,关于未来社会生活的构想又是建立在新的思想观念和个人的创造性活动之上的,于是,以上三者相互关联,共同构成了马克思关于未来人类解放这一理想图景的重要因素。

　　首先,马克思关于未来社会的理想图景具有根源于现实的观念前提。这一思想观念立足于社会生活也必将为批判现实提供正确的引导,也在这个意义上,马克思关于人类解放的理想图景区别于那种天启式的理论预设:"共产主义对我们来说不是应当确立的状况,不是现实应当与之相适应的理想。我们所称为共产主义的是那种消灭现存状况的现实的运动。这个运动的条件是由现有的前提产生的。"[②] 因此,马克思也强烈谴责青年黑格尔派妄图通过意识哲学来批判现实的轻狂之举,指出他们的解放话语实质上依然停留于理论玄思。

---

① 《马克思恩格斯全集》第30卷,人民出版社1995年版,第107—108页。
② 《马克思恩格斯文集》第1卷,人民出版社2009年版,第539页。

如果他们把哲学、神学、实体和其余一切废物消融在"自我意识"中，如果他们把"人"从这些词句的统治下——而人从来没有受过这些词句的奴役——解放出来，那么，"人"的"解放"并没有前进一步；只有在现实的世界中并使用现实的手段才能实现真正的解放；没有蒸汽机和珍妮走锭精纺机就不能消灭奴隶制；没有改良的农业就不能消灭农奴制；当人们还不能使自己的吃喝穿住在质和量方面得到充分供应的时候，人们就根本不能获得解放。"解放"是一种历史活动，而不是思想活动，"解放"是由历史的关系，是由工业状况、商业状况、农业状况、交往关系的状况促成的。①

　　其次，马克思关于未来生活的构想也是建立在寻求人类解放的世俗基础之上的。马克思一生所从事的工作都是在不断寻求获得人类解放的现有前提，他对雇佣劳动的分析、对分工的研究以及对商品秘密的破解，都是寻求通过改变现实状况来实现个人解放的不懈尝试。在此意义上，马克思不是在为我们详细描画一幅可以遵循的关于未来社会的构造图，而是始终对能够产生未来社会的现有前提进行批判性解析，因此，他也不会去勾勒一个清晰的社会图景，虚构一种所谓解放的神话，而是通过对社会、个人进行前提追问以期获得解开历史之谜的钥匙。当这一社会存在也能够使得个体存在的前提得以彰显之际，人类解放的理想图景才能真正地落地生根。

　　最后，马克思对未来社会的构想是其思想中所饱含的人文情怀的

---

① 《马克思恩格斯全集》第42卷，人民出版社1979年版，第368页。

集中体现。马克思在中学时代就已经立志为人类的幸福和解放而奋斗，但这样一种直觉式的热情后来逐渐被冷静的理性思索所代替，毕竟现实社会生活的矛盾不能仅凭单纯的激情就销声匿迹。因此，在马克思随后的思想进程中，寻求一种现实的人类解放的思想武器成为其重要的价值向导。当然，马克思持续进行理论建构的思想旨趣并不在于打造一面可以放之四海而皆准的教条主义旗帜。因此，当许多批评家指责马克思的学说有一种宗教启示般的功能，其本人也被称为先知式的理论家时，这些批评家恰恰忘记了马克思是反对先知式地预想未来这一做法的冲锋者。在《共产主义者和卡尔·海因岑》一文中，马克思更是直言不讳地批判基于理论原则所推演出的共产主义：

> 海因岑先生异想天开地认为，共产主义是一种从一定的理论原则即自己的核心出发并由此得出进一步的结论的教义。海因岑先生大错特错了。共产主义不是教义，而是运动。它不是从原则出发，而是从事实出发。共产主义者不是把某种哲学作为前提，而是把迄今为止的全部历史，特别是这一历史目前在文明各国造成的实际结果作为前提。共产主义的产生是由于大工业以及由大工业带来的后果，是由于世界市场的形成，是由于随之而来的不可遏止的竞争，是由于目前已经完全成为世界市场危机的那种日趋严重和日益普遍的商业危机，是由于无产阶级的形成和资本的积聚，是由于由此产生的无产阶级和资产阶级之间的阶级斗争。共产主义作为理论，是无产阶级立场在这种斗争中的理论表现，是无产阶级解放的条件的理论概括。①

---

① 《马克思恩格斯选集》第 1 卷，人民出版社 2012 年版，第 291 页。

因此，我们能够体会到，马克思哲学思考的出发点和归宿都异质于那种天启式的思想家，其中深层次的原因在于马克思所饱含的改造现实生活并实现社会解放的人类情怀和价值取向。这也是我们在单一的资本逻辑扩张与多元文化不断延展的人类生活情境中值得汲取的思想资源。不管时代如何变迁，我们依然会直面切近生命的存在论问题，而回归现实社会生活世界并怀揣深厚的人类关怀乃是解决当下问题的根本前提和有力保障。

第四章

社会生活的实践特质与实践的社会规范内涵

在《关于费尔巴哈的提纲》中,马克思明确指出,"全部社会生活在本质上是实践的。凡是把理论引向神秘主义的神秘东西,都能在人的实践中以及对这种实践的理解中得到合理的解决"[①]。社会生活的实践特质如何进行界定,对这一问题的解答是理解马克思社会概念的重要环节。在这一章中,我们试图从四个方面来理解马克思的上述论断。首先,我们简略考察一下现代性哲学所实现的实践论转向及其对现代性问题所作的重新审视,通过分析提供一个基本的问题语境;其次,我们将阐释传统形而上学历程中不同思想家所持有的社会观念,并指出其含有的理论哲学性质;再者,我们将揭示马克思被认为具有颠覆传统形而上学传统意义的实践哲学革命,指出其哲学革命的理论意义;最后,我们将通过对社会与实践概念的互文性读解来体现其中的规范内涵。

---

① 《马克思恩格斯文集》第1卷,人民出版社2009年版,第501页。

第一节　实践哲学转向与现代生活的重新审视

在《后形而上学思想》一书中，哈贝马斯关于现代思想主题的概括十分耐人寻味。他指出，"四种现代思想主题标志着现代与传统的决裂。概括地说，这四种现代思想主题是：后形而上学思想，语言学转向，理性的定位，以及理论优于实践的关系的颠倒——或者说是对逻各斯中心主义的克服"①。在我们看来，哈贝马斯所概括的四个现代思想主题乃是源于一个根本性的视角转换，亦即理论哲学视角向实践哲学视角的转向。下面我们具体考察这一转向的基本内涵。

在一定程度上，哲学之为哲学的主要标志就在于其对现实所持有的理论态度。黑格尔更是把自古希腊以来对大写的理论和精神的追寻奉上了神坛：

> 凡生活中真实的伟大的神圣的事物，其所以真实、伟大、神圣，均出于理念。哲学的目的就在于掌握理念的普遍性和真形相。自然界是注定了只有用必然性去完成理性。但精神的世界就是自由的世界。举凡一切维系人类生活的，有价值的，行得通的，都是精神性的。而精神世界只有通过对真理和正义的意识，通过对理念的掌握，才能取得实际存在。②

---

① 哈贝马斯：《后形而上学思想》，曹卫东、付德根译，译林出版社 2001 年版，第 6 页。
② 黑格尔：《小逻辑》，贺麟译，商务印书馆 1980 年版，第 35 页。

第四章　社会生活的实践特质与实践的社会规范内涵

黑格尔对理念的推崇让我们看到了传统形而上学的根本特质，也为我们洞察理论哲学的奥秘提供了重要参照。

在根本目标上，我们可以真切地感受到，理论哲学总是试图寻求在现实生活之外的超感性实体，只有这一超越之物才是真实的、永恒的。在理论哲学看来，世间的繁华荣辱只不过是过眼云烟，人们亲眼见到、亲身感受到的不过是幻象和意见，而真实的事物只存在于理念这一实体之中。在柏拉图那里，真实的存在是理念，而现实事物只不过是理念的幻影和意见；在斯宾诺莎（Baruch Spinoza）那里，超感性的实体便是自因、无限、永恒的神；黑格尔更是把这样的超感性实体幻化为绝对理念。西方理论哲学的理路从柏拉图发端至黑格尔集大成，可以说从未脱离这一根本目标，所以海德格尔把整个传统形而上学定性为对一个超感性的存在者的追问，"形而上学就是一种超出存在者之外的追问，以求回过头来获得对存在者之为存在者以及存在者整体的理解"[1]。在如此的超越与追问中，理论哲学失去的恰是更为根本的东西——人的现实生活，人类的真实生存空间蜷缩在一座"拉普他"岛上[2]。

在基本理路上，理论哲学既然把超感觉的实体作为真理和实在，那么自然也就排斥了人多样性的生活选择。传统形而上学所悬设的超感性实体既然排斥世俗生活的实在性，那么随之而来的便是把理念和

---

[1]　海德格尔：《路标》，孙周兴译，商务印书馆2017年版，第138页。
[2]　"拉普他"是斯威夫特的小说《格列佛游记》里一个悬浮在半空中的岛屿，在上面生活的居民完全以科学理智的态度对待生活，巴雷特（William Barrett）把拉普他形容为柏拉图主义者的王国，以此说明理性统治时代的压抑性场景，并把逃离拉普他作为寻求真正存在、直面现实生活的象征性事件。参见巴雷特：《非理性的人——存在主义哲学研究》，杨照明、艾平译，商务印书馆1995年版，第119页。

绝对精神作为社会生活的最高裁判者，一切都必须以此为准绳来计较得失，一切是非、善恶、真假都由一个外在的尺度衡量和裁定。其中蕴含的基本逻辑预设是，理念是至善的、完满的。于是，"在可知世界中最后看见的，而且是要花很大的努力才能最后看见的东西乃是善的理念。我们一旦看见了它，就必定能得出下述结论：它的确就是一切事物中一切正确者和美者的原因，就是可见世界中创造光和光源者，在可理知世界中它本身就是真理和理性的决定性源泉；任何人凡能在私人生活或公共生活中行事合乎理性的，必定是看见了善的理念的"①。于是，我们只能按照理念的法则，遵从理性行事，而个体的爱好、欲求都只能是追求真理的桎梏，身体应该服从灵魂的安排，过一种宁静的精神生活。在《开放社会及其敌人》一书中，波普尔把柏拉图的理念哲学归结为方法论的本质主义。"这种观点认为，纯粹知识或'科学'的任务是去发现和描述事物的真正本性，即隐藏在它们背后的那个实在或本质。柏拉图尤其相信，可感知事物的本质可以在较真实的其他事物中找到，即在他们的始祖或形式中找到。"②

在社会规范上，理论哲学总是依据一个超越之物、绝对合理性来规导人类社会，从而为现存社会建立合理秩序和规范基础。社会生活本身是变动不居的，但是理论哲学的一个重要的致思取向却是要寻求动中之静，在一个充满矛盾与斗争的社会生活世界中确立秩序和规范。更为重要的是，这些秩序和规范不是在现实生活中产生并随着生活的变化而改变的绝对中的相对，而是一种由理念诞育出来的客观标

---

① 柏拉图：《理想国》，郭斌和、张竹明译，商务印书馆2017年版，第279页。
② 波普尔：《开放社会及其敌人》第1卷，陆衡等译，中国社会科学出版社1999年版，第66页。

第四章　社会生活的实践特质与实践的社会规范内涵

准、相对中的绝对。因而一个不争的事实是，这些规范和标准一经确立便是亘古不变、永恒有效的，它也成了高悬在人类头上的达摩克利斯之剑。人类的生活不能随心所欲，更不能越雷池一步。在奥克肖特(Michael Oakeshott)看来，这种理论哲学(他称之为理性主义)的最大成果体现在了政治上，在理性主义者那里，"他相信不受阻碍的人类'理性'(只要它能被运用)是政治活动绝对可靠的指南。此外，他相信作为'理性'的技能和操作的论证；他只在乎观点的真理和制度的理性理由(而不是用处)"[①]。在理论哲学的统辖下，只有齐一的社会才是完美的，进而这种哲学也把理念的完美强加到个人生活中，认为人们也只有如此才能过一种真正的理智的生活。

在价值取向上，理论哲学把精神的自在自决作为其最终目标，从而构筑了一个独立自足的自由王国。这种自由不关注精神世界以外的事物，它执着于自身，并超然物外，正如斯宾诺莎所言，"凡是仅仅由自身本性的必然性而存在、其行为仅仅由它自身决定的东西，就叫做自由的。反之，凡是存在及行为均按一定的方式为别的事物所决定的东西，则叫做必然的或受制约的"[②]。于是很明显，自由便是自己决定自身、没有外在的牵累。黑格尔也把这种包容一切并且不受外物干扰的状态称为自由："只有当没有外在于我的他物和不是我自己本身的对方时，我才能说是自由。那只是被他自己的冲动所决定的自然人，并不是在自己本身内：即使他被冲动驱使，表现一些癖性，但他的意志和意见的内容却不是他自己的，他的自由也只是一种形式上的

[①] 奥克肖特：《政治中的理性主义》，张汝伦译，上海译文出版社2004年版，第4页。
[②] 北京大学哲学系外国哲学史教研室编：《16—18世纪西欧各国哲学》，商务印书馆1975年版，第244页。

自由。"① 脱离了尘世的精神当然就可以畅游四方、无所挂累了。

随着传统形而上学的扩展，一种形而上学的恐怖也随之而来，"欧洲形而上学的历史似乎是一部令人绝望的失败的历史，这部历史总是试图努力以一种满足理性要求的语言来表现这种天性，而理性指定它自己随着增长的自信而充当终极有效性的仲裁者"②。海德格尔也深刻揭示了传统形而上学遮蔽现实从而作为超感性存在（概念系统）的重大阴谋："形而上学是这样一个历史空间，在其中命定要发生的事情是：超感性世界，即观念、上帝、道德法则、理性权威、进步、最大多数人的幸福、文化、文明等，必然丧失其构造力量并且成为虚无的。"③ 这一概念构造系统源于传统社会人的依附性存在，其更加深厚的根源则在于技术统治。由于需要为这一时代状况作合理性的论证，哲学变得敌视人了，原初与人的生存密不可分的哲学智慧消失了，在以张扬理性为特征的形上之思的主导下，人类生活的多种样态不见了，其伦理价值追求也失去了合法性，丰富多彩的社会现实在理性的绞裹下显得贫乏单一、了无生趣。最终，伴随着近代以来的科学进步，理性的统摄和压制把丰富的人类行为方式挟持到单一的理性框架中，人类的伦理价值追求在可计算性、合理化、秩序性的操控下丧失了自主性，服从并服务于绝对理性的统治，理性的暴行和恐怖便随之蔓延开来。

通过以上分析，我们可以初步感受到传统理论哲学所反映出来的

---

① 黑格尔：《小逻辑》，贺麟译，商务印书馆1980年版，第83页。
② 柯拉柯夫斯基：《形而上学的恐怖》，唐少杰等译，生活・读书・新知三联书店1999年版，第15页。
③ 海德格尔：《海德格尔选集》下卷，孙周兴选编，生活・读书・新知上海三联书店1996版，第775页。

第四章　社会生活的实践特质与实践的社会规范内涵

根本的思想特质及其所导致的重大后果。在伽达默尔(Hans-Georg Gadamer)看来，传统形而上学是建立在一种天真的假设基础之上的，它们是反思的天真、断言的天真和概念的天真。而"20世纪最为神秘、最为强大的基础就是它对一切独断论、包括科学的独断论所持的怀疑主义"①。伴随这一怀疑主义而来的是开辟新的思想路径，这一路径仰仗对传统思想资源的重新挖掘，更有赖于对当代人类生存境遇的自觉意识。在反思理论哲学的进程中，现代哲学逐步完成了根本思想特质上的转向，也即实现了理论哲学到实践哲学的转向，同时，通过转向实现了对现代社会问题的重新审视。

这一转向的重要前提是省察并获取自古希腊以来西方思想的另一重要维度——实践生存智慧。以理论哲学观之，传统思想只是不断追寻理念、不断超越感觉的单向延伸。这一断言遭到了现代思想家的批判和驳斥，在实践哲学的视野中，古典思想逐步散发出别样的魅力和风采。许多现代思想家都主张回返古希腊的精神源头，来展现与理论哲学相异的另一种思想路径。韦尔南(Jean-Pierre Vernant)通过考察希腊思想史后认为，"希腊理性不是在人与物的关系中形成的，而是在人与人的关系中形成的，它的发展不是得力于那些对世界发生作用的技术，而是得力于那些对他人发生作用的技术"②。尼采(Friedrich Nietzsche)也由此对希腊民族所具有的典型的哲学头脑和希腊文化产生智慧之学的必然性而喟叹不已："这些哲学家对于生命和存在所作的判断，其内涵要比任何一个现代所作的判断多得多，因为

---

① 伽达默尔：《哲学解释学》，夏镇平、宋建平译，上海译文出版社2004年版，第130页。
② 韦尔南：《希腊思想的起源》，秦海鹰译，生活·读书·新知三联书店1996年版，第119页。

他们面对着一种完满的生命，他们不像我们这样，思想家的情感被追求生命的自由、美、伟大的愿望与求索真理（它只问：生命究竟有何价值？）的冲动两者之间的分裂弄得迷离失措。"① 于是，那种高高在上的理念在希腊人那里其实与人的世俗生存息息相关，尽管这样的联结还带有很朴素和原始的形式，但是其对于抵抗强大的理论哲学弥足珍贵。在实践论的思想视野中，古典哲学是规范并指导人类生存的智慧之学，在其中，这一生存智慧不仅为思想奠基，也规制德性和政治生活。正如麦金太尔指出的，在亚里士多德那里，"理性表现在两类活动中：在思想中，理性构成活动本身；在与思想活动相区别的那些活动中，我们可能做得到也可能做不到遵从理性的戒律。前者的卓越亚里士多德称作理智德性，而后者的卓越亚里士多德称作道德德性。前者的德目是智慧，理智和审慎，后者的德目是慷慨和节制"②。麦金太尔从德性传统的嬗变出发考察了整个西方伦理价值衰落的状况，而其根源就在于西方近代以来的形而上学丢弃了亚里士多德意义上的目的论思想资源。麦金太尔的独特见解为我们考察哲学的实践论意蕴开启了一个重要的视域。

现代哲学的实践论转向的根本内涵在于，消解了先前独立自足的理念实体，颠倒了理论对实践的优先地位。人总是在世界中操心、烦忧，也在不同生活境遇中思和畏，更有自己的欲求和选择。如此纷繁复杂的生活情态根本无法完全借由理论来予以解释，更无法被理论限定和规范。于是，实践生活在一定意义上乃是非理性甚至是反理性的。面对理论哲学的困境，海德格尔试图另辟蹊径来言

---

① 尼采：《希腊悲剧时代的哲学》，周国平译，商务印书馆1994年版，第12页。
② 麦金太尔：《伦理学简史》，龚群译，商务印书馆2003年版，第100—101页。

说形而上学，但不管是反形而上学还是拒斥形而上学，只要依然在形而上学的圆圈中就注定还是在原地打转。由此可以看出，问题不在于理论，而在于理论的地位和作用。我们无法不用理论来思考和行动，其实现代哲学的实践论转向依然处于哲学之中，但是已经和传统形而上学在目标与路径上相去甚远。这样的哲学消解了理论的自足和完备，消除了理论对社会生活的管辖和制裁，也消灭了理论的不可一世和唯我独尊。于是，理论的封闭性和优先性被削弱了，实践哲学以其特有的方式振聋发聩。哈贝马斯的后形而上学、伽达默尔的哲学解释学以及罗尔斯的政治哲学等，皆以实践的态度和立场来思考问题、解决问题。对于哲学的实践论转向，马克思的下述界定也许更加意味深远：

> 在思辨终止的地方，在现实生活面前，正是描述人们实践活动和实际发展过程的真正的实证科学开始的地方。关于意识的空话将终止，它们一定会被真正的知识所代替。对现实的描述会使独立的哲学失去生存环境，能够取而代之的充其量不过是从对人类历史发展的考察中抽象出来的最一般的结果的概括。这些抽象本身离开了现实的历史就没有任何价值。它们只能对整理历史资料提供某些方便，指出历史资料的各个层次的顺序。但是这些抽象与哲学不同，它们绝不提供可以适用于各个历史时代的药方或公式。①

---

① 《马克思恩格斯文集》第1卷，人民出版社2009年版，第526页。

现代哲学的实践论转向也消解了理论哲学所遗留下来的知识论思维方式，而代之以一种立足于现实生活的辩证智慧。传统形而上学坚持一种外在于人类生存的抽象思维方式，它企图消解对立、瓦解矛盾、规范一切，也试图追寻一种超越现实存在的彼岸之在，这一思维方式的后果乃是把自身的独立存在交付给外在于人的理性权威。[①] 实践哲学在根源上摆脱了这一知识论立场，实现了哲学探究的旨趣和主题的根本性变革，从而代之以实践生存论的思维方式。这一思维方式不是从外在的原则出发对社会生活进行抽象建构，而是立足于现实生活世界所生发出的生存智慧。在此意义上，这一思维方式解构了传统形而上学二元对立的知识论立场，而是以一种宽容的哲学旨趣来寻求人类生存的意义。同时，实践生存论的思维方式还在于对人的理性能力限度的清晰把握。与以往追求绝对理性和笃信理性万能的极端化思维方式不同，实践生存论的思维方式正视人类生存状态的多样性，这样就能够认识到复杂性的人类存在，那种全知全能的知识建构也被一种基于"无知"的立场所替换[②]。无知的知识观以一种谦逊的理性态度达致对社会现实的把握，因为现实生活的复杂多样性与作为个人知识的分散性事实，使我们无法确立一个自足的理性统一体。实践生存论的思维方式尊重现实个人的独立性存在，同时也从批判与改造现实生活的角度出发实现人的思维的变革，这与理性形而上学抽象演绎的

[①] 参见高清海：《哲学的憧憬——〈形而上学〉的沉思》，吉林大学出版社1995年版，第25页。

[②] 关于无知的知识观，哈耶克与罗尔斯给我们提供了一个把握其要义的重要例证。哈耶克从破除全知全能的知识观出发对社会秩序的型构作出了独到的见解，参见哈耶克：《个人主义与经济秩序》，邓正来译，生活·读书·新知三联书店2003年版，第117页；罗尔斯正义理论的理论基点之一便是"无知之幕"的确立，参见罗尔斯：《正义论》，何怀宏、何包钢、廖申白译，中国社会科学出版社2009年版，第105—110页。

第四章 社会生活的实践特质与实践的社会规范内涵

致思取向截然不同。在这一意义上，实践论的哲学视野也意味着剥除对现实人的抽象制约，把人所具有的返归于人，并强调作为人的整体性存在，揭示蕴含于人类生存中的多种思维方式，比如艺术、宗教、伦理和科学的思维方式，而不是囿于单一的理性思维方式的逼仄角落，这是人类生存的辩证智慧，在对这一辩证智慧的探求中，现实人的自由解放也有了指引。

现代哲学的实践论转向主张基于历史性的视角来透视现代社会生活，于是，概念的永恒性消失了，现实生活不再被纳入一个绝对有效的规范或标准之中了。既然是实践、生活优先，那么理论所制定的法则和标准也就无处安身了。真实的社会规范也不再由理论给出，而是在人们的生活实践中通过相互商谈与对话来建构并调节，从而，实践哲学也为人类在多元的生活世界中寻求共识提供了思想上的支持。在这方面，伽达默尔无疑是改造传统形而上学并开辟现代实践哲学的代表人物。在批判反思亚里士多德的实践哲学以及黑格尔的历史性思想等诸多理论的深厚内蕴之后，伽达默尔以解释学的思想理路同时激活了概念和生活。"我们把对概念的使用追溯到它们的历史以便唤醒它们真正的、生动的、唤起的意义，这种做法在我看来同维特根斯坦对生动的语言游戏的研究、以及同一切向着这一方向发展的倾向都发生了汇合。"① 同时，社会生活是规范思想和塑造观念的基础，但所有这一切又都不是确定无疑、毫无疑义的，相反，"社会生活就是由某种对以前一直坚持为有效的东西加以不断改变的过程构成的。但是，那种试图在抽象过程中推演出规范观念并企图借助科学的正确性主张

---

① 伽达默尔：《哲学解释学》，夏镇平、宋建平译，上海译文出版社2004年版，第129页。

来断言其有效性的想法无疑是一种错觉"①。于是，实践与理论就处于一种互文性的关系之中，理论需要实践作为现实的依托，其自身也内在于实践，必要借由实践来确证自己的现实性和此岸性。实践也包含理论反思的成果于自身，须得在理论的范导与调节中拓展视界。

从上面的分析中可以看出，现代哲学的实践论转向突出体现在对人类现实生活的关注之上，同时这一转向也使得人们以更加切实的思想方案来规范引导社会生活。在此意义上，现代性问题的实践论解决意味着，我们必须从现实的人类生存困境出发来探寻解决问题的具体出路，这样的解决也必须建立在现实生活的基础之上。于是，就对社会概念的理解而言，实践哲学和理论哲学有了重大分歧，下面我们将继续阐释理论哲学视野中社会概念的基本内涵。

第二节 理论哲学视野中的社会概念

在界划理论哲学与实践哲学这两种视野，并且指明现代哲学所发生的实践论转向的基本内涵之后，我们将进一步来探究社会概念在不同哲学视域中的内涵。我们的理论探究将聚焦于，理论哲学以何种视角来看待并建构个体的公共生活，如何既保有个体的存在又能实现共同体的价值目标，如何表达共同生活的愿望，从而有效应对社会分化和建构社会秩序这些重大课题。

按照理论哲学的思维方式，人类共同生活并组成社会是自然的事

---

① 伽达默尔：《科学时代的理性》，薛华等译，国际图书文化出版社1988年版，第120页。

情,这是一种基于人性的必然生存状态,也是人类摆脱野蛮状态进入文明状态的根本途径。社会给予人的不仅是一种单个人的集合,以此去对抗自然的肆虐和外族的入侵,而更主要的是我们经由社会而达致文明、实现进步。在这一思维方式中,社会就脱离了世俗的内涵,而具有超感性的、神圣的特征。一方面,我们需要通过社会的方式来克服和解决现实的变动不居;另一方面,我们还需通过社会的方式来实现完满和至善。显而易见,按照理论哲学的思想理路,只有理念和绝对的神才有如此能力,于是,社会在古代俨然就被当作了一个神物来追视。从柏拉图的理想国、亚里士多德的城邦,到奥古斯丁(Saint Augustine)的上帝之城,再到黑格尔的作为伦理实体的国家,无不是理论哲学在不同阶段所追寻的社会理想。

在古代,柏拉图无疑是运用理论哲学来探寻社会概念的重要思想家。在柏拉图那里,我们一方面看到了充满玄思的超感性的理念,另一方面我们可以真切地感受到他试图建构社会规范和秩序的思想努力。特别是在看到世俗生活混乱无序的状态之际,柏拉图便愈发迫切地把他的理念哲学推广到公共生活中,进而实现其治国平天下的政治理想。在其理论哲学的支配下,柏拉图所构想的社会概念与智者学派的个体主义观念正相反,也就是说,在柏拉图那里,他更关心的是城邦共同体的利益而非单个人的价值实现,而且在他的思想理路中,社会的理想和目标无疑更加崇高和伟大,个体只有结合成为社会才能够分享到幸福和利益。正如他所言,"我们的立法不是为城邦任何一个阶级的特殊幸福,而是为了造成全国作为一个整体的幸福。它运用说服或强制,使全体公民彼此协调和谐,使他们把各自能向集体提供的利益让大家分享。而它在城邦里造就这样的人,其目的就在于让他们不致各行其是，把他们团结成为一个不可分的城邦公民集体"①。不言而喻，个体的价值实现有赖于社会的利益和目标的实现；而更进一步，在柏拉图看来，只有管理得像"一个人"一样的国家才是最好的国家②，这样的国家在现实生活中当然不可能存在。和他的理念哲学相互映衬，柏拉图心目中的完美社会只存在于彼岸世界，是其运用善的理念构筑而成的。这样的国家只能由掌握了理念的哲学王来管理，"除非哲学家成为我们这些国家的国王，或者我们目前称之为国王和统治者的那些人物，能严肃认真地追求智慧，使政治权力与聪明才智合而为一；那些得此失彼，不能兼有的庸庸碌碌之徒，必须排除出去。否则的话，……对国家甚至我想对全人类都将祸害无穷，永无宁日"③。连柏拉图自己都担心的是，这样由哲学理念建造的空中楼阁是否为普通民众所认可和接受，而事实上，他的抱负最终也沦为了梦幻泡影。在万般无奈之中，柏拉图一边悲叹社会的险恶和低俗，无法实行其本人主张的王政之道，一边转而寻求次等的法治国理想。但他最终也没有放弃其对圣人的寻求和对完满社会的建构。哲学上根深蒂固的理念带来的却是现实中无法实现的神话，柏拉图所构造的理想社会在最根本的哲学理路上就已经注定了一个悲剧性的结局。它告诉我们，单凭理论的一己之力只能虚构一个乌托邦式的梦里水乡，而无法给予人切实的幸福体验，即使建构社会的原则很善良、很圆满、很规范，也无法保证现实生活的基本价值得到满足。

不难发现，在柏拉图那里存在着一个很重要的思想难题，即单个

---

① 柏拉图：《理想国》，郭斌和、张竹明译，商务印书馆2018年版，第282页。
② 柏拉图：《理想国》，郭斌和、张竹明译，商务印书馆2018年版，第199页。
③ 柏拉图：《理想国》，郭斌和、张竹明译，商务印书馆2018年版，第217页。

第四章 社会生活的实践特质与实践的社会规范内涵

人和城邦之间的矛盾是无法调和的。柏拉图以一种强制性的逻辑来解决这一问题,结果却使个体陷入更深的禁锢之中。较之于理想国的美好愿景,个人的存在简直微不足道,个人的幸福也都仰赖于社会生活。亚里士多德也试图解决这一难题,但是由于他的主导思想进路依然是理论哲学,也就注定他对社会的沉思同样没有跳脱形而上学的制约,最终,问题依然悬而未决。亚里士多德的社会思想集中于他的城邦政治学,而政治学又和他的形而上学、伦理学密切相关。具体来说,亚里士多德的形而上学悬设了一个神圣的实体存在,而这样的神圣之物只能在思想中才具有现实性,于是思辨就是一种至上的行为。"在理智所具有的东西中,思想的现实活动比对象更为神圣,思辨是最大的快乐,是至高无上的。……神是赋有生命的,生命就是思想的现实活动,神就是现实性,是就其自身的现实性,他的生命是至善和永恒。"[①] 而在伦理学中,亚里士多德更明确地把自己的哲学思考与德性的践行结合在了一起,从而在理论生活之外开辟了实践生活的场所。在亚里士多德那里,实践行为在最本源的意义上依然具有逻各斯的性质,"我们的共同意见是,要按照正确的逻各斯去做"[②],"明智就是正确的逻各斯"[③]。在政治学中,对社会公共正义的探询便是为了达到形而上学与伦理学设定的目标,"一切科学和技术都以善为目的,所有之中最主要的科学尤是如此,政治学即是最主要的科学,政

[①] 亚里士多德:《亚里士多德全集》第7卷,苗力田主编,中国人民大学出版社1993年版,第278—279页。
[②] 亚里士多德:《尼各马可伦理学》,廖申白译,商务印书馆2003年版,第37页。
[③] 亚里士多德:《尼各马可伦理学》,廖申白译,商务印书馆2003年版,第189页。

治上的善即是公正，也就是全体公民的共同利益"①。除此之外，亚里士多德还从人的本性出发论证了人的城邦（社会）生活的必要性和重要意义。"城邦显然是自然的产物，人天生是一种政治动物，在本性上而非偶然地脱离城邦的人，他要么是一位超人，要么是一个鄙夫。"② 其中的寓意显而易见，只有在城邦中，人才能有真正的社会生活，同时，也只有在城邦中，人类的至善目标才能达成。尽管亚里士多德划分了城邦之中的社会阶层，但是在根本上，城邦是优先于个体而存在的，人也只有作为公民存在才能得到基本的幸福保障。不难发现，亚里士多德的社会思想蕴含了许多可以被现代哲学改造吸收的资源③，但是其致思理路依然是理论哲学的，其中的实体论、目的论和人性论假设乃是他对社会的思考无法跳出传统形而上学怪圈的根源所在。

柏拉图的理想国在某种意义上只能在一个超越之地才能永续，于是，寻求这样的处所本身就包含了太多的神秘主义成分。而随着社会的硝烟四起，社会思想家却始终耽溺于这样一个乌托邦的眩迷幻境。

---

① 亚里士多德：《亚里士多德全集》第9卷，苗力田主编，中国人民大学出版社1993年版，第98页。

② 亚里士多德：《亚里士多德全集》第9卷，苗力田主编，中国人民大学出版社1993年版，第6页。

③ 与柏拉图不同的是，亚里士多德致力于追寻什么是最容易实现的政制，而非柏拉图意义上最好的政制。作为自由民阶层的代言人，亚里士多德试图力挽风雨飘摇的希腊城邦于既倒，尽管最终无法阻挡其分崩离析的历史命运，但其间闪现的关于社会秩序的构想依然是值得我们追思的理论遗产。他关于社会模式的构想也启发我们思索一种富有规范的生活方式，一种把个体生命与社会命运相联结的伦理情怀，一种各尽其责、分工协作的责任意识，以及敢于担当、力求和谐的社会使命，特别是在当下个体主义盛行、伦理价值分立的情境中，汲取其中的有益资源，使我们有了另一种选择和思考。所以，正如麦金太尔所倡言的，现代的价值模式应该是一种亚里士多德主义的。参见麦金太尔：《德性之后》，龚群等译，中国社会科学出版社1995年版，第137—151页。

第四章　社会生活的实践特质与实践的社会规范内涵

在他们心目中，只有神圣的力量才能消解现实的矛盾和苦痛，也才能建立一种不容侵犯的社会规范和秩序。于是，在中世纪奥古斯丁那里，理想国被进一步幻化为上帝之城，人与社会的关系问题被转换为人与上帝的关系，而对社会的追寻也就是借由上帝之手来拯救并解放人类。更加极端的一点是，在他那里，作为一个共同体的成员确证自己的最佳途径就是信仰上帝并遵奉宗教生活。于是，在奥古斯丁那里，人类就被划归为两个社会，分别是肉体之城（地上之城）和性灵之城（上帝之城）。① 地上之城，即世俗的城邦共同体，乃是由自私的人联结而成的，因此也是极端不完美的，是人性堕落和败坏的结果。人们在其中相互争斗来追逐自己的欲望和利益，从而无法获得和平、安宁和幸福，和平和秩序只能在与地上之城相对立的上帝之城中才能获得。其实，在奥古斯丁那里，无论是地上之城还是上帝之城，都不是现实的社会存在，而是其在思想中勾画并用来论证其教义学说的道德共同体。一边是混乱和败坏，一边是安宁与和平，理论逻辑上虚构出的对立乃是其为上帝之城的存在进行合理性辩护，而这样的辩护也只能给我们营造一种神秘主义的宗教式社会理想，最终，现实人类所感受到的却是真切的宗教强制和无处安放的属己自由。一切都在神的图式中被安置，我们只有安然听命并恪守信仰。正如麦克里兰（John McClelland）所评析的，在奥古斯丁那里，"社会生活如欲可以忍受，有赖于对最后的结局无知，而上帝将结局保持神秘，也许正是上帝之善的一种表现。一切权威，父权、世俗与教会权威，目的都在于使人在假定如何如何便能得救的半知不知情况下，好好生活"②。理论哲

---

① 奥古斯丁：《上帝之城》上卷，王晓朝译，人民出版社2006年版，第579页。
② 麦克里兰：《西方政治思想史》，彭淮栋译，海南出版社2003年版，第131页。

学所带来的神秘与怪诞在中世纪思想家关于社会的思考中随处可见,而在这样一个神秘主义的社会里,我们的生活当然不会有所好转。

当理论哲学专靠自己的神思构想出一个个理想王国和上帝之城时,人类的社会状态却愈来愈岌岌可危。一方面,理论哲学视野中的社会带有无法克服的虚幻性质;另一方面,理论哲学视野中所蕴含的强权逻辑使人们在现实生活中根本无法得到基本的自由和幸福。于是,当马基雅维里挟文艺复兴的社会之风冲破中世纪的上帝与天恩的包围之时,人们才真正开始认识自己,虽然君主的残暴和强制依然令人生畏,但是至少,人们可以用人的方式来解决这一世俗社会的难题,而无须再祈求一个根本不灵的上帝和根本不存在的社会理想。马基雅维里彻底放大了社会与人之间的冲突和斗争,而不是把它包裹并掩盖在一个虚幻的共同体中,人的解放向前迈进了一大步,但是接踵而至的问题是,为了利益而无休止争斗的个人如何共同生活呢?而这一难题在霍布斯(Thomas Hobbes)提出的一切人反对一切人的战争中更加凸现出来。既然在古代的共同体中人处于附属的地位,而近代以来的个人也是一种虚构的假象,那么如何保留其合理成分并克服上述两难的困境,在一个更为合理的层面上思考社会,便成为后来思想家孜孜以求的目标。有鉴于此,康德和黑格尔分别立身于不同的阵营来试图攻克这些难题。

在康德那里,解决个体与社会的分裂的主要途径是进行理性的启蒙,从而既能实现人的自由,亦可消除统治者的残暴和不公。只有依靠启蒙才能消除人的自私自利,同时实现人类的合法秩序。

第四章　社会生活的实践特质与实践的社会规范内涵

大自然迫使人类去加以解决的最大问题，就是建立起一个普遍法治的公民社会。惟有在社会里，并且惟有在一个具有最高度的自由，因之它的成员之间也就具有彻底的对抗性，但同时这种自由的界限却又具有最精确的规定和保证，从而这一自由便可以与别人的自由共存共处的社会里；——惟有在这样的一个社会里，大自然的最高目标，亦即她那全部秉赋的发展，才能在人类的身上得到实现。①

康德认为只有在一个完全正义的宪法里，这样既保证自由又合乎秩序的社会才能够实现。但是毋庸置疑的是，康德的公民社会依然是以普遍理性的规范为蓝本而建立的，他依然囿限于纯粹哲学的视野来建构社会秩序和实现人类自由。

在黑格尔那里，一方面，原有的矛盾和冲突被纳入了一个更加圆满的体系之中；另一方面，这些问题和矛盾依然是借由神秘主义的方式加以解决。虽然黑格尔深切感受到了近代以来蓬勃发展的市民社会对国家现状发起的海啸般的冲击，但是仍寄希望于在思辨哲学的指引下解决原子式个体的纷争并实现社会和谐。这一考虑不断激荡着黑格尔的内心。在思考社会问题的理路上，黑格尔的一个重要贡献在于，当洛克等秉持自然法理论的思想家提出市民社会与国家分立，国家须得在最小限度上干预个体的行为这一主张时，黑格尔却在一个伦理实体中实现了两者的融合和统一。在黑格尔那里，现实国家其实是其绝对精神的代言人，是理念的化身。

---

① 康德：《历史理性批判文集》，何兆武译，商务印书馆1990年版，第8页。

> 现代国家的本质在于，普遍物是同特殊性的完全自由和私人福利相结合的，所以家庭和市民社会的利益必须集中于国家；但是，目的的普遍性如果没有特殊性自己的知识和意志——特殊性的权利必须予以保持，——就不能向前迈进。所以普遍物必须予以促进，但是另一方面主观性也必须得到充分而活泼的发展。只有在这两个环节都保持着它们的力量时，国家才能被看作一个肢体健全的和真正有组织的国家。①

于是，黑格尔凭借伦理国家这一理念同时克服了柏拉图无视个体存在以及康德道德律令抽象空洞的双重困境，从而缔造了无与伦比的完美社会，只不过，这样的社会依然端坐在理念的云端。

从以上分析中我们不难看出，基于理论哲学的视角来考察社会并解决现实的症结与难题，尽管不同思想家的具体观点有所出入，但是最终都无法逃离思辨形而上学逻辑的制约。在这样的哲学理路下，个体的自由和社会的统一性看似得到了完满的解决，但在实质上却无法保证现实生活中个体的价值诉求得到维护，而理论所构想的社会也根本抵抗不住现实经济、政治和文化等因素的冲击。因此，从理论哲学的视角来理解并解决社会问题的尝试注定功亏一篑，其原因在于当理性被夸大成脱离现实生活的外在力量时，理性的控制和专横也就随之暴虐滥肆，与此同时，这种由理性所建构的社会只会一味绞杀个体不断发展的希望和欲求。哈耶克猛烈抨击这种唯理主义的知识观：

---

① 黑格尔：《法哲学原理》，范扬、张企泰译，商务印书馆 1961 年版，第 297 页。

第四章 社会生活的实践特质与实践的社会规范内涵

  那种欲求将每一物事都受制于人之理性的唯理主义者，因此而面临着一个真正的两难困境。运用理性的目的，乃在于控制及预测。但是，理性增长的进程却须依赖于自由以及人的行动的不可预测性。那些夸张理性力量的人士，通常只看到了人的思想和行为间互动的一个方面（在这种互动的过程中，理性既得到了使用又得到了形构），但是他们却未能看到，欲使发展成为可能，理性生成所赖以为基础的社会进程就必须免于理性的控制。①

  具体来说，理论哲学视野中的社会探究所揭示的问题和症结主要体现在以下几个方面。

  首先，理论哲学对社会的探究建立在一种本质主义的思维方式之上，社会由理性原则所建构，个体在根本上无法得到承认，强权和暴政在逻辑和现实中依然肆意横行。理论哲学的一个重要的致思取向是在现实世界之外悬设一个超感性的实体，这一实体具有永恒、自足等特征。当这样的理路被应用到对社会问题的探究时，就会导致一种把个体与社会二元对立的根本矛盾，而理论哲学解决这一矛盾的方法几乎都是以寻求更合理的社会统一性为归宿的。然而，无论这样的社会多么完美无缺，其实质上都是一种理论虚构。因此，在这样的社会中，个体只是依靠特殊性与普遍性原则来实现自己的价值和理想，而在现实生活中，个体却依然受制于强权的统治和威吓，现实的不公始终甚嚣尘上。在此意义上，波普尔激烈批评柏拉图在《理想国》中所阐述的正义观念：

---

  ① 哈耶克：《自由秩序原理》上册，邓正来译，生活·读书·新知三联书店1997年版，第40页。

柏拉图的"正义"到底意味着什么？我断言在《理想国》中，他用"公正"这一术语作为"为了最完美国家的利益的一切"之同义语。而什么才维护这一最完美国家的利益？用保持严格的阶级差别和阶级统治的方法，来遏止一切变化。如果在这一解释中我是正确的，那么我们就不得不说柏拉图在正义方面的要求使其政治纲领停留在极权主义层次上；而且我们理应进一步得出结论，我们必须提高警惕，防止被只言片语所影响的危险。①

其次，理论哲学所寻求的社会统一性由于只停留在理智领域，从而根本无法实现个体与社会的真正融合与和谐，最终还可能消解个体独立和自由选择。如何才能既保障个体独立和各自的利益诉求，又防止个体之间陷入无休止的利益纷争之中，这几乎是每一个理论哲学在思考社会时所关心的问题。但是，基于理论的视角根本无法解决这一难题。一方面，当理论以一种普遍性逻辑和本质主义的思维方式来思考社会时，就在哲学理路上消解了差异、他者和个体存在；另一方面，也由于理论哲学的思维方式最终的归宿乃是统一性与和谐，那么社会就被先验设定为高于个体而存在，社会的利益自然也就大于个体的利益，个体的自由选择也就只能屈服于社会的总体安排。伯林清醒地认识到，当古代哲学家用社会的词汇来思考人类时，无形中也就把社会价值放在了一个至高无上、具有压倒性的位置之上，个体的价值只有在社会中才能得以实现，而他却试图挖掘从古希腊开始就已经存

---

① 波普尔：《开放社会及其敌人》第 1 卷，陆衡等译，中国社会科学出版社 1999 年版，第 176 页。

在的"个体主义"的思潮。①

最后,理论哲学由于执着于形而上学的思想理路,从而倾向于用范畴来考察社会,最终陷入了神秘主义的迷障,只能构造一个远离社会实践的逻辑世界。理论哲学以自己特有的方式来面对社会生活,但是,在把理性的作用无限拔高之际,也就陷入了理智的幻象而不能自拔,现实生活反而处于概念的层层裹挟之中。逻各斯中心主义也就成为传统理论哲学的主要代名词。当理论、概念成为实在、具体的时候,理论哲学就为自己构造了一个现实性的王国,现实的个体与社会也随之被神秘化了。马克思深刻地洞察了传统理论哲学所使用的逻辑伎俩。

> 用这种方法抽去每一个主体的一切有生命的或无生命的所谓偶性,人或物,我们就有理由说,在最后的抽象中,作为实体的将只是一些逻辑范畴。所以形而上学者也就有理由说,世界上的事物是逻辑范畴这块底布上绣成的花卉;他们在进行这些抽象时,自以为在进行分析,他们越来越远离物体,而自以为越来越接近,以至于深入物体。……既然如此,那么一切存在物,一切生活在地上和水中的东西经过抽象都可以归结为逻辑范畴,因而整个现实世界都淹没在抽象世界之中,即淹没在逻辑范畴的世界之中,这又有什么奇怪呢?②

而在他看来,必须在社会生产关系的历史性运动中才能真正破解社会的奥秘。正是马克思开启了实践哲学的新视野,现代哲学家大多

---

① 参见伯林:《自由论》,胡传胜译,译林出版社2003年版,第325—365页。
② 《马克思恩格斯文集》第1卷,人民出版社2009年版,第600页。

也都承认,他们在反叛旧哲学的时候或多或少受惠于马克思。在实践哲学视野中,社会呈现出了与传统形而上学截然不同的面貌。让我们重新开启一扇门,走进马克思的思想革命。

第三节 后形而上学语境中的马克思哲学革命

从理论哲学向实践哲学转换的直接后果便是,先前占据至上地位并为社会存在提供合理性论证的理论态度和理论立场失去了神性的光辉,一切都必须在现实生活中加以重新审视和考量。其更为重要的现实价值在于,当我们不再寻求世界的根基和本源的时候,我们就有更多的时间和精力来关注我们的生活和需求。于是,理论便从富丽堂皇殿辗转到了寻常百姓家,在这里,我们以正常人的眼光接触世界、亲近自然并与他人对话。现代思想所实现的实践哲学转向也为我们思考马克思的社会概念提供了重要的思想语境。特别是,我们在何种意义上说马克思完成了实践哲学的变革?我们又如何把这样的变革与现代性哲学的种种转向结合起来?在我们看来,引入社会视角并结合实践哲学变革来解读马克思的社会概念,不仅对于当前的实践唯物主义讨论具有纠偏作用,对于我们更为准确地理解马克思的社会概念也提供了重要思想根据。

1845年春,马克思在布鲁塞尔写下了《关于费尔巴哈的提纲》(以下简称《提纲》),在今天,我们依然需要仔细研读这份恩格斯笔下"包含着新世界观的天才萌芽的第一个文献"[1]。在我们看来,正是在

---

[1] 《马克思恩格斯文集》第4卷,人民出版社2009年版,第266页。

第四章　社会生活的实践特质与实践的社会规范内涵

《提纲》中，马克思一方面初步确立了实践哲学的思想理路，并用它来批判反思传统形而上学；另一方面也用实践哲学的视野来透视社会和人，从而实现了哲学观、社会观上的双重转换。现在，我们从《提纲》第一条出发，沿着马克思的思想道路来体会他所实现的哲学变革。

> 从前的一切唯物主义（包括费尔巴哈的唯物主义）的主要缺点是：对对象、现实、感性，只是从客体的或者直观的形式去理解，而不是把它们当做感性的人的活动，当做实践去理解，不是从主体方面去理解。因此，和唯物主义相反，唯心主义却把能动的方面抽象地发展了，当然，唯心主义是不知道现实的、感性的活动本身的。①

在这一简短的表述中，我们可以窥见马克思实践哲学的一个雏形，在以后的思想历程中，这一哲学视角得到不断的丰富和拓展。

首先，马克思转换了理解、观察事物的视角，即不再从理论的视角而是从实践的视角来看待事物，也在这个意义上，理论失去了独立的外观，必须在实践中并借助于实践才能真正洞察事物的奥秘。有鉴于此，马克思指出，人的思维是否具有客观的真理性，这不是一个理论的问题，而是一个实践的问题。人应该在实践中证明自己思维的真理性，即自己思维的现实性、此岸性。关于离开实践的思维的现实性或非现实性的争论，是一个纯属经院哲学的问题。此后，马克思又再

---

① 《马克思恩格斯文集》第 1 卷，人民出版社 2009 年版，第 499 页。

三阐明了实践的优先地位,此举足以看出他对视角转换的重视。在他看来,理论只有在实践生活中才能发挥其适当的作用,而那种脱离现实生活的抽象和玄思只能导向神秘主义而根本无法改变世界。那种建立在逻辑和范畴之上的理论哲学视角,尽管能够演绎出激动人心的观念,并且能够展现出光明的前景,但是却只能滞留在一种理论的空想和词句的批判的黑洞中。在《德意志意识形态》(以下简称《形态》)中,马克思针对当时青年黑格尔派只是抓住黑格尔哲学体系的某一个方面(实体、自我意识)来对现实大加鞭挞的现状,直言不讳地对此进行了前提批判:"这个批判虽然没有研究过自己的一般哲学前提,但是它谈到的全部问题终究是在一定的哲学体系即黑格尔体系的基地上产生的。不仅是它的回答,而且连它所提出的问题本身,都包含着神秘主义。"[1] 因此,青年黑格尔派只是在运用他们从黑格尔哲学中获得的思辨哲学作为武器来反对现实生活中的意识,但他们依然是在解释世界,"这种改变意识的要求,就是要求用另一种方式来解释存在的东西,也就是说,借助于另外的解释来承认它。青年黑格尔派的意识形态家们尽管满口讲的都是所谓'震撼世界的'词句,却是最大的保守派"[2]。在随之问世的《哲学的贫困》一书中,马克思有力抨击了蒲鲁东对黑格尔的概念辩证法的拙劣模仿,点明了蒲鲁东的颠倒的世界观和逻辑范畴的虚假独立性。"真正的哲学家蒲鲁东先生把事物颠倒了,他认为现实关系只是一些原理和范畴的化身。"[3] 在这些范畴面前,现实的生产运动不见了,真实的人类关系消失了,只有抽象的

---

[1] 《马克思恩格斯文集》第1卷,人民出版社2009年版,第514页。
[2] 《马克思恩格斯文集》第1卷,人民出版社2009年版,第516页。
[3] 《马克思恩格斯文集》第1卷,人民出版社2009年版,第602页。

理性运动和观念之间的斗争还在持续上演,而理论哲学家所进行的消除矛盾和斗争的努力只能是在思辨的领域中进行,"他以为他是在通过思想的运动建设世界;其实,他只是根据绝对方法把所有人们头脑中的思想加以系统的改组和排列而已"①。矛盾只是在头脑中消失殆尽,在现实中依然存在。

其次,通过哲学前提的转换,马克思开始在一个新的阵地上审视社会现实及其意识形态。实践哲学的前提在马克思不同的论述语境中分别被表述为现实的物质生产、处于一定社会关系中的个人、从事实际活动的人以及人类生活等等。在批判青年黑格尔派颠倒意识和生活的关系的时候,马克思从正面阐明了自己新历史观的现实前提:

> 我们开始要谈的前提不是任意提出的,不是教条,而是一些只有在臆想中才能撇开的现实前提。这是一些现实的个人,是他们的活动和他们的物质生活条件,包括他们已有的和由他们自己的活动创造出来的物质生活条件。因此,这些前提可以用纯粹经验的方法来确认。②
>
> 这种考察方法不是没有前提的。它从现实的前提出发,它一刻也不离开这种前提。它的前提是人,但不是处在某种虚幻的离群索居和固定不变状态中的人,而是处在现实的、可以通过经验观察到的、在一定条件下进行的发展过程中的人。③

---

① 《马克思恩格斯文集》第1卷,人民出版社2009年版,第602页。
② 《马克思恩格斯文集》第1卷,人民出版社2009年版,第516—519页。
③ 《马克思恩格斯文集》第1卷,人民出版社2009年版,第525页。

> 我们首先应当确定一切人类生存的第一个前提,也就是一切历史的第一个前提,这个前提是:人们为了能够"创造历史",必须能够生活。但是为了生活,首先就需要吃喝住穿以及其他一些东西。因此第一个历史活动就是生产满足这些需要的资料,即生产物质生活本身。①

从关于前提的详尽阐述可以看出,马克思特别注重转换自己观察现实、看待问题的视角和方式。在他的思想语境中出现的一些重要概念,比如实践、历史、个人、社会,都是在此前提下具有了相应的内涵,并且都是结合一定的历史条件进行的具体阐述,马克思不再围绕概念的运动展开他的思想,更不空泛地从理论出发来说明问题。于是,在马克思那里,哲学语言和意识形态的独立和抽象实质上是现实生活的开花结果。

> 我们已经指出,思想和观念成为独立力量是个人之间的私人关系和联系独立化的结果。我们已经指出,思想家和哲学家对这些思想进行专门的系统的研究,也就是使这些思想系统化,乃是分工的结果;具体说来,德国哲学是德国小资产阶级关系的结果。哲学家们只要把自己的语言还原为它从中抽象出来的普通语言,就可以认清他们的语言是被歪曲了的现实世界的语言,就可以懂得,无论思想或语言都不能独自组成特殊的王国,它们只是现实生活的表现。②

---

① 《马克思恩格斯文集》第1卷,人民出版社2009年版,第531页。
② 《马克思恩格斯全集》第3卷,人民出版社1960年版,第525页。

传统形而上学的词语依然被保存着，但是其内涵较之以往却是大相径庭。

再次，实现了哲学前提转换的马克思在一定意义上也终结了传统的形而上学，并且马克思的实践哲学在思想旨趣和运思理路上具有了后形而上学的意蕴。在马克思那里，哲学的终结意味着理论对实践优先地位的丧失，意味着理论所具有的独立外观乃是不实之谈，也意味着回归现实生活世界的开始，更主要的还是在于对现实生活的批判改造不再是理论层面上的，而是实践意义上的。在《形态》中，马克思在阐述自己世界观的时候，有时也会感觉到早期思想中所使用的语言过于哲学化，从而竭力主张用经验的、普通人的方式来研究真实的生活。

> 这种世界观没有前提是绝对不行的，它根据经验去研究现实的物质前提，因而最先是真正批判的世界观。这一道路已在"德法年鉴"中，即在"黑格尔法哲学批判导言"中和"论犹太人问题"这两篇文章中指出了。但当时由于这一切还是用哲学词句来表达的，所以那里所见到的一些习惯用的哲学术语，如"人的本质"、"类"等等，给了德国的理论家们以可乘之机去不正确地理解真实的思想过程并以为这里的一切都不过是他们的穿旧了的理论外衣的翻新；……须要"把哲学搁在一旁"，……须要跳出哲学的圈子并作为一个普通的人去研究现实。①

---

① 《马克思恩格斯全集》第3卷，人民出版社1960年版，第261—262页。

马克思所实现的哲学的终结也进一步启示我们，不能以单一理论的、教条主义的态度来对待马克思本人的思想，这也是后来恩格斯在其晚年阐述马克思思想时反复强调的关键所在。针对当时诸多理论家捕风捉影般地抓住马克思思想的某一方面便开始大做文章并标榜自己正在寻求某种终极启示的冗杂现状，恩格斯不无嘲讽地写道：

> 对德国的许多青年著作家来说，"唯物主义"这个词大体上只是一个套语，他们把这个套语当做标签贴到各种事物上去，再不作进一步的研究，就是说，他们一把这个标签贴上去，就以为问题已经解决了。但是我们的历史观首先是进行研究工作的指南，并不是按照黑格尔学派的方式构造体系的杠杆……许许多多年轻的德国人却不是这样，他们只是用历史唯物主义的套语（一切都可能被变成套语）来把自己的相当贫乏的历史知识（经济史还处在襁褓之中呢！）尽速构成体系，于是就自以为非常了不起了。①

恩格斯后来继续强调：

> 马克思的整个世界观不是教义，而是方法。它提供的不是现成的教条，而是进一步研究的出发点和供这种研究使用的方法。②

同时，还需要区分的是，马克思在实践哲学视野中终结形而上学的建构与当代哲学拒斥形而上学的思潮特别是后现代思潮不可相提并论。

---

① 《马克思恩格斯文集》第10卷，人民出版社2009年版，第587页。
② 《马克思恩格斯文集》第10卷，人民出版社2009年版，第691页。

第四章　社会生活的实践特质与实践的社会规范内涵

最后，由于揭穿了理论哲学的抽象性和虚假独立性，马克思便不再以一种理论体系的方式来构想未来社会和现实生活，而是在实践活动中完成对现实世界的批判和改造。完成了哲学视野转换的马克思在对现实生活进行了逐步的历史性考察之后，通过大量的实证的历史和现实的资源完成了对现实的批判和对未来社会的现实认定。在这方面，西方马克思主义者柯尔施可谓深谙其道：

> 我们之所以可以谈论超越哲学观点，理由有三条。首先，马克思在这里的理论观点，不是部分地反对全部现存德国哲学的结论，而是完全反对它的前提（对马克思和恩格斯两个人来说，这种哲学总是最充分地为黑格尔所代表的）。其次，马克思反对的恰恰不是仅仅作为现存世界的头脑或者观念上的补充的哲学，而是整个现存世界。再次，最重要的，这个反对不仅是在理论上的，而且也是实践上和行动上的。①

因此，实质上马克思不再以重构新的形而上学为其哲学研究的最终目标，而是一边从现实生活中引申出一定的合理的解释原则，但同时又运用这些从现实中生发出的原则来批判和改造现实，在这里，原则不是可以随意加以套用的一般公式，而不过是伴随现实变化的历史性事物，并且随着现实的每一步进展都会改变自己的面貌，现实的物质生产实践、科学发展的进程、人的存在方式即使只是发生一点点变革，理论原则也将随之发生改变。因此理论本身如果不结合实际问题

---

① 柯尔施：《马克思主义和哲学》，王南湜、荣新海译，重庆出版社1989年版，第36页。

的解决便成了僵死的共相，永恒存在的普遍性原则只能束缚人的思想和社会的进程而别无益处。这种新世界观的实质在于为旧形而上学提供普遍性原则和体系的历史终结。

  这种历史观和唯心主义历史观不同，它不是在每个时代中寻找某种范畴，而是始终站在现实历史的基础上，不是从观念出发来解释实践，而是从物质实践出发来解释各种观念形态，由此也就得出下述结论：意识的一切形式和产物不是可以通过精神的批判来消灭的，不是可以通过把它们消融在"自我意识"中或化为"怪影"、"幽灵"、"怪想"等等来消灭的，而只有通过实际地推翻这一切唯心主义谬论所由产生的现实的社会关系，才能把它们消灭；历史的动力以及宗教、哲学和任何其他理论的动力是革命，而不是批判。[①]

因此，马克思的实践哲学革命不仅仅是对理论哲学的简单颠覆，也不仅仅是要确立实践概念在其整个思想体系中的基石性地位。经由社会概念的介入和分析，我们可以认识到，马克思的实践哲学革命的根本要义是对社会生活的批判和重建。他通过对现实资本主义社会的批判性分析来揭示种种传统形而上学体系的虚幻性和历史性，也指出种种关于未来社会的理论悬设依然未能摆脱资产阶级意识形态的纠缠。在此意义上，马克思的哲学革命不仅颠覆了传统形而上学，而且为我们重新理解其社会概念的规范内涵提供了重要思想理据。

---

① 《马克思恩格斯文集》第1卷，人民出版社2009年版，第544页。

第四节　马克思实践哲学的社会规范内涵

随着哲学革命的完成，马克思的思想视野也发生了相应的转换，这就使他的社会概念具有了强烈的规范内涵。这一规范内涵表现在，现代社会生活不是简单的、直观的现实存在，而是需要被不断改造和重建的规范存在。当马克思指出，以往的哲学家只是在解释世界，而问题的实质在于改变世界时，他就已经表明，哲学的使命并不仅仅在于从现实生活世界出发，也在于认清现实生活世界的矛盾和问题，而最终要为解决这些问题提供思想引导。与此同时，这样的哲学必须依靠现实的解放运动才能落为现实。因此，马克思的实践哲学革命的根本价值指向乃是重建生活世界、重构个体的社会生活，并且确立全新的社会关系。

在《提纲》中，马克思坦言自己基于实践哲学的视角提出了社会概念，并把它作为自己新唯物主义的一块重要理论基石。"旧唯物主义的立脚点是市民社会，新唯物主义的立脚点则是人类社会或社会的人类。"[1] 这一表述包含着非常丰富的信息，需要我们仔细辨析。

马克思在此把他所提出的社会概念作为区别于旧唯物主义的一个重要标识来加以看待，因为"直观的唯物主义，即不是把感性理解为实践活动的唯物主义，至多也只能达到对单个人和市民社会的直观"[2]。

---

[1] 《马克思恩格斯文集》第1卷，人民出版社2009年版，第502页。
[2] 《马克思恩格斯文集》第1卷，人民出版社2009年版，第502页。

马克思的社会概念与他的哲学革命的成果——实践唯物主义亦相互贯通，因为"全部社会生活在本质上是实践的"①，理解马克思的社会概念，必须要在实践哲学的视野中来进行。

由于马克思的社会概念和实践概念相互关联，同时马克思又把实践理解为一种感性活动以区别于唯心主义哲学的抽象主体性，那么其本人也借由社会概念划清了与唯心主义哲学的界限。所以马克思才说，"人应该在实践中证明自己思维的真理性，即自己思维的现实性和力量，自己思维的此岸性。关于思维——离开实践的思维——的现实性或非现实性的争论，是一个纯粹经院哲学的问题"②。这里的实践显然只能是社会生活实践。

马克思在此是把人类社会和社会化的人类作为对等概念加以阐述的，由此我们可以认识到，在马克思那里，人类和社会具有重要的相关性或对等性，这也启示我们，理解马克思的社会概念，必须结合他的人类概念；而这样的人类概念与市民社会的分裂个体以及费尔巴哈意义上的"内在的、无声的、把许多个人自然地联系起来的普遍性"③，乃是"一切社会关系的总和"④。

通过以上分析我们可以领会到，马克思的社会概念并非描述性意义上的中性词，而是带有革命指向和实践批判意蕴的规范性概念，这一概念不仅是马克思实现思想变革的重要标志，更是马克思批判旧社会、实现人类解放的重要理论武器。

首先，在实践哲学意义上，马克思的社会概念在思想旨趣上乃是

---

① 《马克思恩格斯文集》第1卷，人民出版社2009年版，第501页。
② 《马克思恩格斯文集》第1卷，人民出版社2009年版，第500页。
③ 《马克思恩格斯文集》第1卷，人民出版社2009年版，第501页。
④ 《马克思恩格斯文集》第1卷，人民出版社2009年版，第501页。

第四章　社会生活的实践特质与实践的社会规范内涵

一种立场和视角，而不是一种僵化的知识体系和理论公式。区别于对社会进行孤立的、形而上学的知识论考察方式，马克思自觉选择在历史进程和社会生产关系中分析和把握其具体的内涵。于是，对社会的考察不是通过范畴和概念进行的，而是在现实的政治经济关系中发现社会问题和矛盾。在此意义上，马克思批判蒲鲁东理解社会的视角和方法：

> 谁用政治经济学的范畴构筑某种意识形态体系的大厦，谁就是把社会体系的各个环节割裂开来，就是把社会的各个环节变成同等数量的依次出现的单个社会。其实，单凭运动、顺序和时间的唯一逻辑公式怎能向我们说明一切关系在其中同时存在而又互相依存的社会机体呢？①

同时，区别于单纯地建构社会秩序和社会体系并提供适用于一切历史时代的药方和公式，马克思把着眼点放在了批判分析具体的社会形态上，而且这样的分析结论并不具有普遍性。这在他对资本主义这一具体社会形态的批判中得到了鲜明体现。所以他批判资产阶级经济学家把经济范畴抽象成一切时代共有的范式，在马克思看来，与此正相反的是：

> 在研究经济范畴的发展时，正如在研究任何历史科学、社会科学时一样，应当时刻把握住：无论在现实中或在头脑中，主体——这里是现代资产阶级社会——都是既定的；因而范畴表现

---

① 《马克思恩格斯文集》第 1 卷，人民出版社 2009 年版，第 603—604 页。

这个一定社会即这个主体的存在形式、存在规定、常常只是个别的侧面；因此，这个一定社会在科学上也决不是在把它当作这样一个社会来谈论的时候才开始存在的。①

其次，马克思的实践哲学中的社会概念作为一种视角和方法，其基本内涵还包括，我们应该把对客体的分析和批判放到一定的社会关系中来进行，从而揭示一切自然存在的事物本质上只是假象。针对蒲鲁东等人把机器作为一个抽象的范畴来分析社会现实的荒谬做法，马克思揭露了这一实体背后隐含的历史性的社会关系，"机器不是经济范畴，正像拉犁的牛不是经济范畴一样。现代运用机器一事是我们的现代经济制度的关系之一，但是利用机器的方式和机器本身完全是两回事"②。因此，马克思对事物的分析总是着眼于这一事物背后所隐藏的社会关系，在《雇佣劳动和资本》中，马克思把物置于资本主义的生产关系中进行分析，从而揭示了雇佣劳动的本质，正如他所说：

> 黑人就是黑人。只有在一定的关系下，他才成为奴隶。纺纱机是纺棉花的机器。只有在一定的关系下，它才成为资本。脱离了这种关系，它也就不是资本了。③

因此，各个人借以进行生产的社会关系，即社会生产关系，是随着物质生产资料、生产力的变化和发展而变化和改变的。生产关系总合起来就构成所谓社会关系，构成所谓社会，并且是构

---

① 《马克思恩格斯全集》第30卷，人民出版社1995年版，第47—48页。
② 《马克思恩格斯全集》第47卷，人民出版社2004年版，第443页。
③ 《马克思恩格斯文集》第1卷，人民出版社2009年版，第723页。

成一个处于一定历史发展阶段上的社会,具有独特的特征的社会。古典古代社会、封建社会和资产阶级社会都是这样的生产关系的总和,而其中每一个生产关系的总和同时又标志着人类历史发展中的一个特殊阶段。①

马克思在后来的《1857—1858年经济学手稿》以及《资本论》等著作中,更加熟练地运用了这一关系视角来剖析资本主义社会的现实。比如他在分析商品时,在商品自然的使用价值之外看到了匿于其后的社会关系,从而揭示了看似独立的存在物中所蕴含的奥秘:

> 商品形式的奥秘不过在于:商品形式在人们面前把人们本身劳动的社会性质反映成劳动产品本身的物的性质,反映成这些物的天然的社会属性,从而把生产者同总劳动的社会关系反映成存在于生产者之外的物与物之间的社会关系。由于这种转换,劳动产品成了商品,成了可感觉而又超感觉的物或社会的物。……相反,商品形式和它借以得到表现的劳动产品的价值关系,是同劳动产品的物理性质以及由此产生的物的关系完全无关的。这只是人们自己的一定的社会关系,但它在人们面前采取了物与物的关系的虚幻形式。②

马克思对资本主义拜物教的批判与其社会关系的视角和方法密不可分,在此意义上,我们可以把马克思的思想界定为社会关系本体论。

---

① 《马克思恩格斯文集》第1卷,人民出版社2009年版,第724页。
② 《马克思恩格斯文集》第5卷,人民出版社2009年版,第89—90页。

再次，在表征现实生产关系实践的意义上，马克思的社会概念不是一个抽象的名词，也不是无人身的理性，而与个体的生存境遇息息相关。如果说在古代世界是以虚构的共同体来实现一种社会团结和共同生活状态的话，那么近代以来的个人主义的兴起、自然法理论所宣扬的不受干涉的个人以及古典政治经济学中的利己主义的个人的涌现，又是建立在一个虚幻的人性论基础之上的。具体来说，脱离了社会生活的个体的独立和自由也是理论的抽象和虚构。在马克思看来，这些试图摆脱社会统一性强制的个人只是一种假象：

> 其实，这是对于16世纪以来就作了准备、而在18世纪大踏步走向成熟的"市民社会"的预感。在这个自由竞争的社会里，单个的人表现为摆脱了自然联系等等，而在过去的历史时代，自然联系等等使他成为一定的狭隘人群的附属物。这种18世纪的个人，一方面是封建社会形式解体的产物，另一方面是16世纪以来新兴生产力的产物。①

马克思的社会概念与理论哲学所设定的抽象的人截然相反，个体和社会的发展都是建立在一定的现实生产力基础之上的。

> 全面发展的个人——他们的社会关系作为他们自己的共同的关系，也是服从于他们自己的共同的控制的——不是自然的产物，而是历史的产物。要使这种个性成为可能，能力的发展就要达到

---

① 《马克思恩格斯全集》第30卷，人民出版社1995年版，第22—25页。

第四章　社会生活的实践特质与实践的社会规范内涵

一定的程度和全面性，这正是以建立在交换价值基础上的生产为前提的，这种生产才在产生出个人同自己和同别人相异化的普遍性的同时，也产生出个人关系和个人能力的普遍性和全面性。①

因此，实现哲学革命的马克思的社会概念就具有深刻的实践性特质，这一实践性不是建立在普遍理性或个体之间无休止的利益争斗之上的，而是在实践中形成的一定的相互关系和联合体。在这一联合体中，个人之间的相互隔离和那种虚假的共同体也就不复存在了。建立在现实个人和生产力发展基础上的社会联合成为个体的生存状态，因而个人不仅脱离了对他人的依赖、对物的依赖，还成为真正自由的、全面发展的人。

基于上述分析不难发觉，透过现代哲学变革来理解马克思的思想革命，与透过社会概念来体会马克思的实践哲学内涵，可谓殊途同归，即都说明马克思亲身参与到了现代哲学的实践论转向的革命浪潮之中，借由其社会概念则能够更好地理解其现代哲学品格。当现实社会生活的变迁不断涌现新的问题时，正是由于马克思哲学中所具有的切近个体生活的社会性和实践性意涵，使得其在当代依然能够为后人提供不息的活水清源。而对马克思哲学的研究而言，这样的理解也具有一定的理论意义，特别是在对马克思思想进行实践唯物主义的解读时，引入社会概念可以更好地祛除实体化倾向的弊端。具体来说，实践本身在马克思那里并非单纯的解释原则，也不仅仅是指本体论意义上的思想基础，实践概念本身亦非单单指一种人对自然、人对人的改造。更为根本的意义是，在马克思那里，实践指的是切近我们生命存

---

① 《马克思恩格斯全集》第 30 卷，人民出版社 1995 年版，第 112 页。

在、包含着我们的生命活动的社会生活。同时，尤为重要的是，马克思意欲借由实践概念传递给我们的一个重要信息是，一切社会生活都亟须批判的淬炼才能迸发生机。

因此，在我们看来，马克思的实践哲学革命与他关于社会生活的批判性分析和规范性说明有着密切的关联。通过实践哲学的转向，一方面，马克思破除了古典经济学家以及黑格尔等人建立在对现实的妥协和理念式超越基础上的形而上学观念；另一方面，马克思又让我们透析了现实资本主义生活的残酷冷漠，从而在社会批判的基础上为我们重新勾画了适合人类生存的理想图景。也就是说，马克思的实践哲学不仅为我们颠覆资本主义社会关系提供了思想武器，也为我们奠基了建构好生活的基本哲学观念，进而为我们在真实的社会关系条件下实现个体自由提供了重要的思想判准。故而，借由批判之武器来实现社会生活和个体自由的均衡与融合，乃是马克思社会概念最根本的实践意蕴。[1] 我们也可以说，马克思哲学乃是实践的，其表现为一种规范价值观念，这一观念可以而且能够作为协调社会生活和个体价值的观念基础，而这一观念也在个体的社会关系中得到了进一步的深化和扩展，未来社会也在此意义上可欲且可求。[2]

---

[1] 基于实践哲学视域，我们可以很好地回应阿伦特的问题，即马克思所主张的社会生活是否是对个体自由的压制并缺乏基本的对话特质。我们认为，马克思关于共产主义社会的构想正是协调社会生活和个体自由，那种天然的、强制性的利益一致恰恰是马克思所极力贬斥的。

[2] 关于马克思实践哲学所具有的规范性内涵的阐释，我受到了罗尔斯相关思想的启发。罗尔斯指出，"公平正义的目的乃是实践的：它本身表现为一种正义观念，该正义观念可以作为一种理性、明智而又代表公民意愿的政治一致之基础而为公民所共享。它表达了他们共享的和公共的政治理性"（罗尔斯：《政治自由主义》，万俊人译，译林出版社2011年版，第9页）。在切近我们社会生活的意义上，我们认为马克思的规范性社会实践观念与当代政治哲学有着开展交流对话的诸多可能。

第五章

资本主义社会的历史定位与永恒正义的瓦解

在现代性状况下,各种涉及终结论的声音此起彼伏,宣扬历史终结的论调更是甚嚣尘上。[①] 这些终结论者大多以预言家的身份来裁定马克思的思想已然不合时宜,其中备受责难的便是马克思的历史观。因此,理解马克思社会概念的内涵,揭示这一概念的历史性维度,不仅能够有力回应现代性问题,而且也能够以恰当的思想基准来回应种种有失偏颇的理解方式。在我们看来,马克思社会概念的历史性维度突出表现在对资本主义永恒正义的批判和瓦解上,进而揭示了后者终将消亡的历史命运。在这一章中,我们首先回应西方学者对马克思社会历史观的种种误判,并对其根源进行剖析解读,进而逐步阐释马克思对资本主义社会正义性的前提批判及其历史性思想的真实内涵。

---

① "历史终结"是福山辩护的观点,他曾指出,"在所有社会的发展模式中,都有一个基本程序在发挥着作用,这就是以自由民主制度为方向的人类普遍史","人类历史的问题,从某种意义上讲,可以被看做是寻求一种满足主人和奴隶双方互相平等地获得认可的欲望的方法。历史正以一种实现这一目标的社会秩序的胜利而终结"(福山:《历史的终结及最后之人》,黄胜强、许铭原译,中国社会科学出版社2003年版,第54、172页)。

第一节　马克思社会历史观的思想境遇

在一定意义上，对我们从哪里来这一有关历史的问题的回答直接关涉我们如何生存的正义问题。马克思终身奋斗的目标乃是揭开历史的面纱，进而实现社会正义。正是这一主题凸显了马克思社会概念的现代性问题意识，同时也是其重构现代生活的重要思想基础。但是，对马克思社会历史观的理解向来众说纷纭，历史、进步、平等、自由等现代性话语表达的是幻象还是希望，特别是随着柏林墙倒塌以及苏联解体，自由主义者借助自由市场的梦幻力量而标榜历史的终结的呼声更加高涨，这使得对于马克思历史观的解读困难重重。

与此同时，西方许多学者都把马克思关于历史科学、历史规律的相关论述归结为宏大叙事和目的论教条，这一历史观从而被解读为形而上学的历史决定论，而其关于未来社会的理想性诉求在许多人看来和宗教启示并无二致，比如熊彼特（Joseph Schumpeter）就曾说过：

> 在一个重要意义上，马克思主义是一种宗教。首先，对它的信徒来说，它提出体现生活意义的一套最终目标，这些目标是判断事物和行动的绝对标准；其次，它提出达到这些目标的指导，那就是一个救世计划和指出人类或人类中经过挑选的一部分人可以免除的罪恶。①

在我们看来，马克思思想语境中历史概念的真实内涵必须基于社会视角才能够得以真正还原。在这里，我们首先进行一番文本的梳理

---

① 熊彼特：《资本主义、社会主义与民主》，吴良健译，商务印书馆1999年版，第45页。

第五章　资本主义社会的历史定位与永恒正义的瓦解

和前提性批判，祛除强加于马克思思想上的种种误读，从中寻求富有穿透力的价值内涵，并尽力还原马克思的原生态话语。正如有人所指出的，"为了理解马克思本人的思想，必须剥去很多历史的外壳。因为马克思的思想被很多不同的解释所遮蔽，并被用于证明很多不同政治类型的合理性"①。

应该指出的是，历史概念与历史终结这一命题本身有着深厚的现代性渊源。或者说，历史主义以及对社会未来走向的构想正是现代性思想的一个重要面向。正如施特劳斯指出的，"历史主义是在19世纪时在这一信念的庇护下崭露头角的：对于永恒的知识、或者至少是对于永恒的预测乃是可能的"②。按照伯曼的观点，现代性历史的第一阶段大致从16世纪初到18世纪末，这是人们开始体验现代生活的阶段，这个时候人们还没有一个可以共享的关于未来社会的希望和词汇，直到第二阶段亦即18世纪90年代的法国大革命浪潮才产生了爆炸性的巨变，人们也真切感受到了相同的时代精神氛围，并对此报有极高的期待。③ 赫勒(Agnes Heller)则进一步揭示了在这一现代性的生活经验后面所隐藏着的哲学预设，在她看来，现代性具有一个普遍历史(宏大叙事)的历史意识，"有一种独一无二的历史，以大写字母开头的'历史'——也就是说，全人类的世界历史。现代被认为是全部历史发展的结果，无论这种发展被认为是进步还是退步。未来是可

---

① 麦克莱伦：《卡尔·马克思传》，王珍译，中国人民大学出版社2005年版，第432页。
② 施特劳斯：《自然权利与历史》，彭刚译，生活·读书·新知三联书店2006年版，第14页。
③ 伯曼：《一切坚固的东西都烟消云散了——现代性体验》，徐大建、张辑译，商务印书馆2003年版，第17页。

知的、可预言的、可想像的。它是一个总体的(总体化的)未来"①。纵观现代性的历史，一个可以真切感受到的状况是，一方面，人类的物质生产和生活水平得到了空前的提升，人类在创造巨大的物质财富的同时，也享受着并沉湎于种种进步与革命所虚构的幻象之中。启蒙所带来的进步、科学、理性等口号在被不断印证，科学技术、文化生活、人类情感诸方面都呈现出一派繁荣景象。但另一方面，在进步和文明的背后，这个被尊奉为现代的社会也带给了我们另一番难以磨灭的印记，两次世界大战对生命的摧残，苏联社会主义革命所带来的喜悦和最终的失落，科技和社会革命所导致的人被物化和座架的命运以及权力过度集中的危险，诸如此类，似乎是历史在向人类显示其狡计，让我们认不清、看不透、摸不着其实质。思想家们当然不满足于谈论这些杂乱无章的现象，他们要回到事情本身，找寻现象背后的看不见的手，也就是支配种种背反性现代性场景的深层的思想理据。最终，当代自由主义者几乎不约而同地把批判的矛头对准了绵延了几个世纪的现代性遗产——唯科学主义以及基于这一遗产所生发出的历史决定论，在他们的潜意识中，这两大思潮当然和马克思主义及其所阐发的社会主义图景紧密相关。因此，理解马克思的社会历史观，就必须直面自由主义的思想理路，正视以自由主义为旗号对马克思主义历史观发起的攻击，在辩驳与清理中生发马克思思想的当代价值。

1. 在自由主义者看来，马克思主义的历史观把自然科学的研究方法应用于社会科学研究，是一种非法的僭越，导致了一种历史观上的伪科学主义立场，从而消解了个人选择与主观欲求。

---

① 赫勒：《现代性理论》，李瑞华译，商务印书馆2005年版，第11页。

第五章 资本主义社会的历史定位与永恒正义的瓦解

自由主义思想家认为，社会发展充斥着人的活动、欲求，无法以一种统一的历史科学来加以衡量和规范，但是马克思主义的历史观却试图实现这一堪称天方夜谭的任务，即探寻错综复杂的历史现象背后那支配历史的规律和动机，从而雕刻出清晰的社会发展脉络。究其实质，这乃是效仿自然科学的成功从而对社会现实进行类似的研究，进而得出历史发展的客观真理。

哈耶克认为，人类的进步编织了科学的狂妄和神话，人们想当然地认为我们能够仿照自然科学研究方法来探索社会历史之谜，还能一并清除笼罩在历史进程中的偏见、猜测和误解，从而也就导致了一种理性的泛滥。正如他指出的，"社会现象的研究中的一种普遍的趋势，即试图不考虑'单纯'的质的现象，而是按照自然科学的模式，只关注那些量的、可计算的方面"[①]。这样做的后果就是，自然科学研究中的方法被视为普遍有效，并成为指导、评价一切真正科学研究的圭臬，人们完全不顾社会历史的特殊性，而是随意地对社会发展进行计划、规制和量化，从而也就完全抹杀了社会研究或道德科学研究所关注的问题，自然也就无法进行有效应对。在这些领域中，

> 问题不是人类有关外部世界的图式在多大程度上符合事实，而是人类如何根据他所拥有的观点和概念决定采取行动，从而形成个人属于其中一员的另一个世界。我们所说的"人们持有的观点和概念"，不仅是指他们对外部自然的知识。我们指的是他们有关自我、有关他人、有关外部世界的全部思想和信念，概言

[①] 哈耶克：《科学的反革命——理性滥用之研究》，冯克利译，译林出版社2003年版，第47页。

之,是指决定着他们的包括科学研究在内的全部行为的一切因素。这就是社会研究或"道德科学"所关注的领域。①

在此思想理路中,一些我们很自然地加以利用的概念,比如生产力、社会、阶级等都是不存在的或仅仅是一种幻象,是科学主义思维假定的客体存在,而真实的存在只有单个人所持有的各不相同的意见,一些我们无法统一更无法规整和计划的个人意图。哈耶克以生产力为例来表明其观点,在他看来:

> 脱离了具体的组织形式,根本就不存在抽象的社会生产力这种东西。我们能够视为既定惟一事实的是,有一些特定的人,他们具备有关把特定事物用于特定意图的办法的具体知识。这种知识从来不是作为一个整体而存在,或存在于一个头脑中;从任何意义上说,惟一能够存在的知识,就是这些分散于不同的人中间、经常彼此不一致甚至相互冲突的观点。②

因此,在哈耶克那里,马克思的历史观所界定的许多概念都是自然主义层面上的并且立基于总体性知识观之上,也是圣西门、孔德所开创的实证社会学思潮的延续。

在哈耶克的《科学的反革命》一书问世两年后,波普尔的《历史决定论的贫困》又新鲜出炉,在攻击马克思主义的历史观的似自然主义

---

① 哈耶克:《科学的反革命——理性滥用之研究》,冯克利译,译林出版社2003年版,第16页。
② 哈耶克:《科学的反革命——理性滥用之研究》,冯克利译,译林出版社2003年版,第49页。

立场上，波普尔和哈耶克可谓心照不宣。他们都对把自然科学方法直接套用到社会历史研究中不满，也反对运用这些科学方法来发现社会发展规律并预测社会走向。而在波普尔那里，他对马克思社会历史观的反驳则更加系统和全面，这里我们聚焦于他对历史主义的唯科学主义立场的反驳。概括起来，波普尔对历史决定论的贬斥可以归结为如下五条论纲：

> 1. 人类历史的进程受人类知识增长的强烈影响。……2. 我们不可能用合理的或科学的方法来预测我们的科学知识的增长。……3. 所以，我们不能预测人类历史的未来进程。……4. 这就是说，我们必须摒弃理论历史学的可能性，即摈弃与理论物理学相当的历史社会科学的可能性。没有一种科学的历史发展理论能作为预测历史的根据。……5. 所以，历史决定论方法的基本目的是错误的；历史决定论不能成立。①

可以看出，波普尔和哈耶克一样，强烈反对借用自然科学方法来研究社会历史规律，认为这些规律不仅不甚可靠，而且毫无根据。因此，波普尔攻击马克思唯科学主义的历史观，认为马克思是一个错误的预言家，"他误导大批有理智的人相信，历史预言是探讨社会问题的科学方式"②。波普尔和哈耶克不同的地方在于，哈耶克主要从经济学的视角出发并阐述他的主张，其目的也主要是为资本主义的自由

---

① 波普尔：《历史决定论的贫困》，杜汝楫、邱仁宗译，上海人民出版社2009年版，第1—2页。
② 波普尔：《开放社会及其敌人》第2卷，郑一明等译，中国社会科学出版社1999年版，第142页。

市场辩护，而波普尔则带有更多的学院气息，他主要从知识社会学的视角来分析问题。在哈耶克那里，对唯科学主义的不信任是为他所提倡的"方法论的个人主义"以及"自生自发的社会秩序"服务的，而波普尔对历史主义的责难更侧重于蕴含在这一理论背后的理性主义假设，因此，波普尔把他的哲学思想称为批判理性主义，并且在诸多著作中阐发其本人的知识观。与那种确定性的理性规制不同，波普尔从易犯错误的人类生活情境出发来寻求相对客观的真理，并确立了可证伪性作为科学陈述的标准，从而其历史观的根本理据在于，"历史的理解的主要目的在于从假设上去重建一种历史的问题境况"①。这里需要预先说明的是，波普尔关于历史的理解在很多方面是和马克思的历史观相契合的，问题出现在波普尔的批判所指向的对象的错位，这一点我们在以后的章节中会予以详谈。

　　自由主义思潮不是一种无理取闹式的荒唐言论或无端指责，他们对马克思主义历史观的理解在根基上缘于对人类现实困境的思考。20世纪的科学主义逻辑在社会历史领域的畅通无阻让马克思主义的历史观染上了决定论的色彩，不争的事实是，唯科学主义的历史观给人类生活镀上了一层神圣的光辉。哈耶克、波普尔试图打破这一局面，伯林则以亲身体验来诠释观念史，这位立场鲜明的西方自由主义思想传人同样对马克思主义历史观中所蕴含的科学主义立场持激进的批判态度。

　　自由主义思潮对马克思主义历史观中蕴含的自然主义和科学主义立场的批判值得我们深入省思，其中很重要的一点就是转换今天我们

---

① 波普尔：《客观知识》，舒炜光等译，上海译文出版社1987年版，第181页。

理解马克思的视角和方式。马克思是被当作一成不变的公理来对待,还是作为省察并批判性理解社会历史的视角来被把握,这是一个理论问题,更是关乎人类未来和社会建构的重大实践课题。在相当长的时期内,马克思主义的社会历史观似乎只是一些科学知识、客观真理,其中所蕴含的浓烈的人文关怀泯然消散,社会生活中的实践活动也失去了其改造世界的价值诉求,最终,马克思主义的历史观所蕴含的批判资本主义并超越现实社会的人类情怀也丧失殆尽了。面对被自由主义诟病的教条化、科学化的马克思主义历史观,倘若其本人得知,他必定会再一次发出这样的感慨,"我只知道我自己不是马克思主义者"①。

2. 自由主义者认为,马克思主义由于把历史变成为一门科学,宣称能够洞察社会发展的规律,在此基础上预言未来社会,因此陷入了历史主义②的窠臼。

在一定程度上,现代性所取得的辉煌成果助长了人们关于社会发展的幻想,人们都试图在变动不居的社会生活中确定规则和秩序。对进步、理性、文明的坚信不移持续滋生出一种盲目乐观的情绪,随着孔德开创了实证社会学,人们总是自信能够通过社会科学研究来发现类似于自然规律的社会发展规律。并且人们也自然确信,只要能够发现此番规律,我们就能够摆脱生活的琐碎无常和个体欲求的烦扰,进而消解社会现象所呈现的偶然性和不确定性,实现一种稳定性和必然性,历史之谜也就可以迎刃而解。自由主义者强烈反对这种无人身的理性逻辑,也反对建立在科学立场上的历史决定论,并且宣称马克思

---

① 《马克思恩格斯文集》第10卷,人民出版社2009年版,第590页。
② "历史主义"(Historicism),又译为"历史决定论"。

主义的历史观也逐渐贫困。

波普尔指出，马克思在许多场合都宣扬社会发展的似自然性，他认为马克思为之奋斗的终极目标就是解释人类社会运动的经济规律。在他看来，马克思主义的历史观提供了一种美好而且必然要实现的未来前景，这样的社会发展进程也就排斥了个体能动的参与行为，简而言之，只有历史理性在起作用，从而，"历史决定论者所有的思想和行动都是为了解释过去，以便预测未来"①。

而人类的期望和欲求只有在符合历史规律时才是合理的。

> 历史决定论只能劝说那些希望扩大理性对社会生活的作用的人们去研究和解释历史，以便发现历史的发展规律。如果这种解释表明他们所盼望的变化行将来临，那么，他们的愿望是合理的，因这符合科学的预测。如果行将到来的发展恰好是朝着另一个方向，那么，使世界较为合理这个愿望就完全不合理了；这时历史决定论者就会认为这只是一种梦想。能动论只有默认并促进行将来临的变化才能说得通。②

不难发现，在波普尔看来，马克思主义的历史观冷酷无情并带有宿命论色彩，社会就像被安排在一条无法改变的、先验设定的轨道上运行的列车，作为乘客的我们只能顺应而无法抗拒这种必然前行的力量。

---

① 波普尔：《历史决定论的贫困》，杜汝楫、邱仁宗译，上海人民出版社2009年版，第40页。
② 波普尔：《历史决定论的贫困》，杜汝楫、邱仁宗译，上海人民出版社2009年版，第40页。

第五章　资本主义社会的历史定位与永恒正义的瓦解

波普尔对历史决定论的诘难最终导致他对现代性状况下的进步、科学和理性等观念的怀疑和不满，在他看来，无条件、绝对的社会进化是不存在的，而那种科学的客观性也是不可能达到的。在《开放社会及其敌人》一书中，波普尔把马克思主义的历史决定论立场追溯到柏拉图，在考察思想史后他认为，马克思与柏拉图、黑格尔是同路人，都持有本质主义的思维方式，并且都在追求一种客观的社会实在。而在一个开放社会中，不存在一个统一的历史观念，更不存在一条亘古不变的历史规律，历史乃是由特殊的历史事件构成的，并且也只有围绕这些特殊事件的历史解释，而任何的一种解释都不具有普遍性：

> 总之，不可能有"事实如此"这样的历史，只能有历史的各种解释，而且没有一种解释是最终的，每一代人都有权形成自己的解释。他们不仅仅有权形成自己的解释，而且有义务这样做，因为的确有一种寻求答案的紧迫需要。[①]

所以，

> 历史主义者没有认识到正是我们自己在选择和安排历史事实，而他们却相信"历史本身"或"人类历史"，通过其内在的规律，决定着我们自己、我们的问题、我们的未来，甚至我们的观点。历史主义者没有认识到历史的解释应该符合一种需要，这种需要来自我们所面对的实际问题和选择；相反，他们却相信，

---

① 波普尔：《开放社会及其敌人》第2卷，郑一明等译，中国社会科学出版社1999年版，第404页。

我们解释历史的欲望反映了一种深层的直觉,那就是,通过思考历史,我们可以发现人类命运的秘密和本质。历史主义试图找到那条人类注定要走的路,它试图发现"历史的线索"(如 J. 麦克默雷所说)或"历史的意义"。①

波普尔把历史决定论定位为"探讨社会科学的一种方法,它假定历史预测是社会科学的主要目的,并且假定可以通过发现隐藏在历史演变下面的'节律'或'模式'、'规律'或'倾向'来达到这个目的"②。不难看出,波普尔对马克思历史观的理解在很大程度上来源于他自己的虚构,虽然他也诉诸马克思的文本,但是在潜意识中他已经把马克思虚化为一个为其阐发观点所需要的假想敌,而这一假想敌的真实面目其实是教条主义的马克思主义。对于波普尔的诘难的回应以及对教条主义的马克思主义的阐发,我们在此借用马克思本人的论述稍作应对:

> 历史什么事情也没有做,它"不拥有任何惊人的丰富性",它"没有进行任何战斗"!其实,正是人,现实的、活生生的人在创造这一切,拥有这一切并且进行战斗。并不是"历史"把人当做手段来达到自己——仿佛历史是一个独具魅力的人——的目的。历史不过是追求着自己目的的人的活动而已。③

---

① 波普尔:《开放社会及其敌人》第 2 卷,郑一明等译,中国社会科学出版社 1999 年版,第 405 页。
② 波普尔:《历史决定论的贫困》,杜汝楫、邱仁宗译,上海人民出版社 2009 年版,第 2 页。
③ 《马克思恩格斯文集》第 1 卷,人民出版社 2009 年版,第 295 页。

第五章　资本主义社会的历史定位与永恒正义的瓦解

面对波普尔长篇累牍的无端指责和刁难,马克思可能会一笑而过,他已经不厌其烦地阐发过本人历史观的真实内涵,并且不止一次地批判过那种命定论式的历史观。

3. 自由主义者把马克思主义的历史观与西方神正论的历史观相提并论,并认为马克思的社会历史观带有强烈的目的论神学特质。

由于传统的马克思主义理论研究注重对历史规律的客观性和必然性的阐发,这就在很大程度上歪曲了马克思历史观的本真内涵,从而导致西方的自由主义思想家大多把马克思的历史观与形而上学等同并对其进行激烈批评,同时还把马克思的历史观看作是另一种神学目的论。

伯林对历史必然性的批判直指马克思主义历史观中的神学目的论思想传统。在他看来,政治思想的历史与两种截然不同的关于社会的概念相关联,一边是多元论、多样性和百家争鸣式的社会观,另一边是消解冲突、消除差异、消灭异端的社会秩序。前者是伯林所坚持的社会观,而马克思显然支持后者,总是试图控制并调节社会与环境,主张一种统一性的认同和理性秩序。① 在这一意义上,马克思主义的历史观就取得了客观真理的地位,可以洞察古往今来,"马克思主义对人类历史进行解释的诉求。在特定的冲突、压迫和苦难中,这种诉求被认为是科学的和历史的,同时也引导对光明未来的预见——自由、平等和普世繁荣——换句话说,这是一种科学方法、历史现实主义和终极回报之保证的综合,这种保证的真实性和确定性,和以往提供类似保证的宗教或哲学所达到的程度一样"②。这种科学主义的马

---

① 伯林:《现实感》,潘荣荣、林茂译,译林出版社2004年版,第134页。
② 伯林:《现实感》,潘荣荣、林茂译,译林出版社2004年版,第131页。

马克思的社会概念

克思主义历史观试图提供理解历史、解释历史的公式和定理，并宣称能够发现解决人类历史问题的答案，私人生活和公共生活问题都在这一历史观中得到了最终的完美解决。伯林毫不客气地把这样的历史观等同于一种普遍性宗教：

> 马克思划时代的举动，就是用历史的运动取代了教会的上帝（上帝是惟一和绝对的，但在不同时刻展示出不同的方面）；把一切都压在这上面，确定它的权威解释者，并以它和解释者的名义发出绝对命令。这个权威凌驾于个人之上，或为了实践的目的把集体领袖的权威凌驾于集体之上的观点，当前在马克思主义占主导的地方很流行，它取代了先前的客观真理的观念，这种客观真理是所有人应该去追寻和发现的，可以为对所有人开放的公共标准所检验。①

在更广泛的层面上，伯林把批判的矛头指向了西方几千年来的观念史，这一观念在中世纪被神学所主导，在近代以来被科学主义以及种种伪科学所统治，在伯林看来，导致这一结果的深层次原因在于人性。一方面，人总是害怕承担责任，总是把自己托付给一个更高的实体来寻求平和与安宁，从而摆脱痛苦和焦虑；另一方面，人性期待一种超自然的神圣力量来安排自己的生活并取得胜利，从而一种伪宗教般的集体意识占据了人的生活，伯林认为知识分子应该"去揭穿那些解释一切、为一切辩护的神正论的伪装。这些神正论在寻求存在的

---

① 伯林：《现实感》，潘荣荣、林茂译，译林出版社2004年版，第143—144页。

第五章　资本主义社会的历史定位与永恒正义的瓦解

统一模式方面，许诺将人文科学同化进自然科学"①。言下之意，伯林认为马克思的历史观也没有逃脱这种奠基于人性的神学传统。②

行文至此，我的眼前不禁又浮现出马克思的身影，也许伯林对马克思历史观心怀不满，但马克思如果看到伯林的上述评论，可能又是会心一笑，因为这正是马克思所孜孜以求的目标，马克思终其一生岂不一直在为破除一切神圣的、非神圣的形象而殚精竭虑吗？同时，马克思也致力于打碎自由主义者所倡扬的个体自由和选择的幻象与神话。在马克思看来，"各个人的出发点总是他们自己，不过当然是处于既有的历史条件和关系范围内的自己，而不是意识形态家们所理解的'纯粹的'个人。……各个人在资产阶级的统治下被设想得要比先前更自由些，因为他们的生活条件对他们来说是偶然的；事实上，他们当然更不自由，因为他们更加屈从于物的力量"③。马克思从来不反对个体的自由和选择，但他坚决反对把这些自由和选择抽象化、神化并脱离一定的历史现实。这种虚幻的自由主义其实是由资本主义市场产生的幻象，而到自由主义者把它鼓吹成普遍性的真理的时候，这样的自由也就陷入悖论之中了，世界上也只剩下资产阶级的自由和自由主义所提倡的自由而不能有其他的自由，自由主义反对自由主义

---

① 伯林：《自由论》，胡传胜译，译林出版社2003年版，第182页。
② 不仅在自由主义思想家那里存在着对马克思思想进行神学定位的情况，在其他思想语境里，把马克思的历史观和社会理论看作基督教神学的伴生物也大有人在。例如卡尔·洛维特(Karl Löwith)就很明确地指出马克思的思想中存在着一种用抽象公式来断言并预言社会历史过程的观点，这也"反映了犹太教-基督教解释历史的普遍图式，即历史是朝着一个有意义的终极目标的、由天意规定的救赎历史"（洛维特：《世界历史与救赎历史——历史哲学的神学前提》，李秋零、田薇译，上海人民出版社2006年版，第71页）。
③ 《马克思恩格斯文集》第1卷，人民出版社2009年版，第571—572页。

的这一结果也就不可避免了。

4. 自由主义者对马克思历史观的批判最终落脚于历史的终结这一结论之上,从而抛弃了马克思的社会历史观,宣扬自由主义的普遍价值。

历史的终结是福山等人对马克思思想提出的批判性论调,其实质在于,随着自由市场经济在全球的胜利布展,那么资本主义的自由价值体系也就顺理成章地成为历史的最终形态,我们余下的工作只是对这一形态进行修缮。这其中洋溢着对于自由主义思潮和一个完美世界的宗教式膜拜。

福山认为,历史终结论是黑格尔和马克思共同信奉的观点:

> 马克思从黑格尔那里借用了一个所谓人类行为历史性的观点,即人类社会随着时代发展从原始社会发展到更复杂、更高级的社会结构的观点。马克思也同意历史进程从根本上是辩证的,也就是过去的政治和社会组织形式包含着内部矛盾并随着时间的推移不断显现出来,最后导致社会形态的崩溃并被另一个更高级的社会形态所取代;马克思还赞成黑格尔对历史有终结可能性的看法,他曾预见出一种没有矛盾的最终社会形态——共产主义社会,共产主义的实现将结束历史进程。①

但同时他又认为,历史终结的时刻并不是马克思所认为的共产主义的到来,而是资产阶级自由民主制度的发展和完善,是建立在相互承认的社会关系之上的平等价值的实现。在科学进步的意义上,"我

---

① 福山:《历史的终结及最后之人》,黄胜强、许铭原译,中国社会科学出版社2003年版,第72—73页。

们所称的'现代自然科学的逻辑性',实际上是经济学对历史发展的诠释,只是一个历史最终走向资本主义而不是走向社会主义的逻辑必然(与马克思的观点相反)"①。在社会政治体制层面上,"当今世界上,我们却难以想象出一个从根本上比我们这个世界更好的世界,或一种不以民主主义和资本主义为基础的未来"②。最终,"自由民主国家最典型的公民是'最后之人',一种由现代自由主义缔造者塑造的人,他把自己的优越感无偿献给舒适的自我保存"③。

福山在提出历史终结论后,不断撰文为其观点进行辩护,并认为这一论断与马克思的历史性思想并不矛盾。但是在精神实质上,他的观点与马克思的思想相去甚远。正如德里达指出的:

> 《历史的终结与最后的人》(所谓最后的人亦即基督徒)的作者,乃是在为了承认而斗争的基督教解释的名义之下,因而是在典型的欧洲共同体的名义之下,来批判马克思并且打算修正他的唯物主义经济决定论,打算"完善它"的:马克思缺少的是灵魂的承认或"精神性"因素的黑格尔-基督教"支柱"。④

当福山等人无端地把这种终结的论调强加到马克思的头上时,他也在根本上曲解了马克思。在马克思那里,只有资产阶级及其思想代

---

① 福山:《历史的终结及最后之人》,黄胜强、许铭原译,中国社会科学出版社 2003 年版,第 6 页。
② 福山:《历史的终结及最后之人》,黄胜强、许铭原译,中国社会科学出版社 2003 年版,第 52 页。
③ 福山:《历史的终结及最后之人》,黄胜强、许铭原译,中国社会科学出版社 2003 年版,第 13 页。
④ 德里达:《马克思的幽灵》,何一译,中国人民大学出版社 1999 年版,第 88 页。

言人才会觉得历史已经终结，一切历史不过是资本主义顺利扩张的历史，一切历史不过是资本主义不断完善的历史，一切历史不过是资本主义统一天下的历史。所以，历史终结作为攻击马克思社会历史观的最高论调甚嚣尘上之际，作为自由市场经济鼓吹者和代言人的思想家们也随之陷入背反之境，他们对马克思历史观的批驳正好可以拿来证明自身思想的荒谬，可谓是"以其人之道还治其人之身"。正如德里达所揭示的，"这一历史的终结本质上属于一种基督教的末世论，与日前罗马教皇关于欧洲共同体的话语是一致的：由于它的预期目标是成为一个基督教的国家或基督教的超国家，因而这个共同体仍旧属于神圣同盟一类"[①]。

所以，人类生活的历史性和多元化趋向给了自由主义快速生长的空间，但同时也成了瓦解自由主义的引线。只要自由主义依然宣称个体价值的绝对性和普遍性，那么当今时代的文化和社会发展就将给予自由主义以警醒。事实上，一些理论家已经看到了古典自由主义的问题所在，一方面，他们在反省这些问题的基础上，开辟了一种后自由主义的道路，不再寻求一种个体的自由至上，而是在承认多元诉求的基础上建立更具包容性的共同体，因为，没有一个可以共享的公共性，个体的自由和选择也将无所依靠；另一方面，一些人干脆宣告自由主义的终结，"我们生活在一个群体主义时代——组建防卫性群体；各群体维护自身共同利益，团结在其共同利益周围，与其他群体竞争，并设法与之并存。……自以为是、目中无人的自由主义思想家

---

① 德里达：《马克思的幽灵》，何一译，中国人民大学出版社1999年版，第87页。

们的时代结束了"①。但是，毋庸讳言，自由主义作为人类走向现代性过程中的重要思想源流和清除现代性病症的解毒剂曾经发挥过重要作用，但是夸大其作用就可能走向反面。当今时代，以自由主义为幌子干涉他国主权的行为依然可见，由此也不难理解，只有具体的、历史性的自由而没有普遍的、超历史的自由。而当福山宣布历史已经终结以后，他又不断为自己辩解，即他仅仅指一种大写的历史、一种虚幻神秘的历史的终结，此历史非彼历史，但这一系列的辩解依然是在为自由资本张目，而现实的历史运动已经把他的结论连根拔起，终结的不是历史，而是对历史的短视和曲解。

实际上，马克思始终批判资产阶级理论家历史观的贫乏，"于是，以前是有历史的，现在再也没有历史了"②。具有讽刺意味的是，福山加于马克思头上的说辞正好可以用来回应他的主张。在福山那里，人类的历史终结了，只是因为资本主义的福音遍布世界并将永恒存在。而在马克思那里，应该终结的是资本主义制度，还有为这一制度的永恒性作论证的思想家。

同时，西方学者对马克思社会历史观的诘难，能够促使我们更好地反思已经不合时宜的对马克思历史观的理解方式，也让我们更清醒地认识到，阐发马克思历史观的理论意义和当代价值。

认真审视自由主义者对马克思主义历史观的诘难，我们不难发觉其中有许多值得我们借鉴和汲取的合理因素。但是我们更需要仔细辨识的是，马克思的原生思想和次生的马克思主义历史观之间的差异，

---

① 华勒斯坦等：《自由主义的终结》，郝名玮、张凡译，社会科学文献出版社2002年版，第13页。
② 《马克思恩格斯文集》第1卷，人民出版社2009年版，第612页。

而哈耶克等人的批判和诘难恰恰是主要以马克思主义历史观这一次生形态为对象的，因此，要想完整、准确地反驳西方思想家的责难，我们首先要考察的是斯大林体系代表的对马克思历史观的权威阐释到底出现了何种问题。换句话说，要正确理解马克思的社会历史观，我们必须先要对强加在这一观点上的误释和歪曲作一番清理和解蔽工作。

首先，传统哲学教科书坚持一种二元对立的知性思维方式，把唯物主义的自然观和社会历史观根本对立起来，看作两个彼此分立的领域，从而也就无法真正显现马克思历史观所实现的变革。

传统哲学教科书把历史唯物主义的基本原理说成是辩证唯物主义在社会历史领域的推广和运用，"历史唯物主义就是把辩证唯物主义的原理推广去研究社会生活，把辩证唯物主义的原理应用于社会生活现象，应用于研究社会，应用于研究社会历史"[1]。这在深层的思想逻辑上就割裂了自然界和社会生活。而在马克思那里，他的历史观面对的是人类生活世界，这一世界中不存在无人身的孤傲独立的自然和自然规律，更不存在类似于自然规律的社会规律。所以马克思指出，"我们仅仅知道一门唯一的科学，即历史科学。历史可以从两方面来考察，可以把它划分为自然史和人类史。但这两方面是不可分割的；只要有人存在，自然史和人类史就彼此相互制约"[2]。

不难看出，在马克思的思想语境中，根本不存在单纯针对自然界的认识方法，他的思想直接面对人类生活世界，解决的是关涉人类生存困境的现实问题，因而也就不存在独立的唯物主义自然观原理，而

---

[1] 联共(布)中央特设委员会编：《联共(布)党史简明教程》，中共中央马克思恩格斯列宁斯大林著作编译局译，人民出版社1975年版，第116页。
[2] 《马克思恩格斯文集》第1卷，人民出版社2009年版，第516页。

第五章　资本主义社会的历史定位与永恒正义的瓦解

把这些原理推广、运用到社会生活中也就更加无从谈起了，在此意义上，毋宁说，马克思哲学就是历史唯物主义，乃是着眼于人类生活，基于社会实践得出的社会发展思想。

其次，传统哲学教科书把自然界的研究方法与社会历史研究相对照，从而试图在社会历史中发现客观真理和发展规律，认为"既然自然现象的联系和相互制约是自然界发展的规律，那末由此可见，社会生活现象的联系和相互制约也同样不是偶然的事情，而是社会发展的规律"①，以为这样就可以形成一门历史科学，这又在根本上把马克思的历史观抽象化成了一种原理和公式，从而抹杀了活生生的人类生活，最终陷入了唯心主义。

这一客观主义、自然主义的历史观实质上是一种物的历史观，而不是人的历史观，它把丰富多彩的社会生活剥离掉了，社会历史只剩下几条干巴巴的知识原理。同时，当我们分析出历史的客观真理和发展规律时，这些真理和规律也就变成了悬浮在空中的抽象教条，并且想当然地认为这样一些教条就已经是真实的历史了。殊不知，马克思本人曾经花费了很大的精力来批判这种探求抽象原理和公式的神秘主义历史观。特别是在《神圣家族》《形态》等诸多篇章中，马克思对青年黑格尔派滥用黑格尔的词句并以玄妙的批判的精神来裁决现实、引领历史的做法进行了深刻的揭露和批驳。在他看来，这些浮在空中的抽象原理恰恰是现实生活的意识形态幻象，那些客观立场和绝对规律实质上是妄图以客观真理自居的人的观念。这些人"把世界当作自己关于世界的观念来把握，而作为他的观念的世界，是他的想像的所

---

① 联共(布)中央特设委员会编：《联共(布)党史简明教程》，中共中央马克思恩格斯列宁斯大林著作编译局译，人民出版社1975年版，第127页。

有物、他的观念的所有物、他的作为所有物的观念、他的作为观念的所有物、他自身所有的观念或他的关于所有物的观念。他把所有这一切表达为一句无与伦比的话：'我把一切都归于我'"①。也就是说，貌似客观的唯物主义实质上却落入了主观观念的怪圈，这样的历史观和马克思所竭力批判的唯心史观如出一辙。在这种歪曲的历史观里，

> 思辨的观念、抽象的观点变成了历史的动力，因此历史也就变成了单纯的哲学史。然而，就是这种哲学史也不是根据现有材料所载的真实面貌来理解的，至于它如何在现实的历史关系的影响下发展，则更不用说了；……这样，历史便成为单纯的先入之见的历史，成为关于精神和怪影的神话，而构成这些神话的基础的真实的经验的历史，却仅仅被利用来赋予这些怪影以形体，从中借用一些必要的名称来把这些怪影装点得仿佛真有实在性似的。②

最后，当传统哲学教科书把马克思的历史观归结为一种实证科学般的客观真理，并宣传这些真理是从社会实践中得出的，是对社会物质生活的反映时，它完成的只是一些知识体系和规律的汇总，并且把马克思思想中久富生命力的批判精神否弃了。

在这种历史观看来，"社会存在怎样，社会物质生活条件怎样，社会思想、理论、政治观点和政治设施也就怎样"，"马克思列宁主义的力量和生命力在于，它以正确反映社会物质生活发展需要的先进

---

① 《马克思恩格斯全集》第3卷，人民出版社1960年版，第127页。
② 《马克思恩格斯全集》第3卷，人民出版社1960年版，第131—132页。

理论为依据，把这种理论提到它应有的高度，并且把充分利用这种理论的动员力量、组织力量和改造力量，看作自己的职责"，"历史科学的首要任务是研究和揭示生产的规律，生产力和生产关系发展的规律，社会经济发展的规律"。① 与此相反，马克思时刻都在强调自己历史观的批判的、革命的品格，这也是他思想中最具活力的成分。因此，马克思对社会历史特别是资本主义社会的考察和分析决不是单纯地发现规律并形成知识体系，而是要通过对历史与现存社会的研究来批判现实并超越现实，从而，马克思的历史观的真实目的不是现成教义、得出原理并解释世界，而是在批判旧世界中发现新世界，传统哲学教科书在很大程度上把马克思的思想变成了一种启示录，把马克思本人视作先知和预言家，从而也就无法真正从现实生活中来发展和实践新思想，马克思思想也最终沦为了僵化的教条。

事实上，马克思一方面非常反对那种以原理套现实的教条主义的做法，另一方面也很不满那些动不动就以先知或预言家自居的人。他在对历史与现实生活的分析批判中发现未来社会，同时，未来社会也决不是凭借所谓的一腔热血就能化为现实的，而是需要通过建立在现存社会全部生产力基础上的现实运动来实现。所以，在马克思看来，"新思潮的优点又恰恰在于我们不想教条地预期未来，而只是想通过批判旧世界发现新世界"②。也在这一意义上，马克思自己非常强调自己的方法与黑格尔方法的不同，从而也消解了黑格尔式辩证法的神秘形式：

---

① 联共（布）中央特设委员会编：《联共（布）党史简明教程》，中共中央马克思恩格斯列宁斯大林著作编译局译，人民出版社1975年版，第129、131、135页。
② 《马克思恩格斯全集》第47卷，人民出版社2004年版，第64页。

> 辩证法，在其神秘形式上，成了德国的时髦东西，因为它似乎使现存事物显得光彩。辩证法，在其合理形态上，引起资产阶级及其空论主义的代言人的恼怒和恐怖，因为辩证法在对现存事物的肯定的理解中同时包含对现存事物的否定的理解，即对现存事物的必然灭亡的理解；辩证法对每一种既成的形式都是从不断的运动中，因而也是从它的暂时性方面去理解；辩证法不崇拜任何东西，按其本质来说，它是批判的和革命的。①

因此，马克思的历史观包含着丰富的批判意蕴，也与那种从原理出发的理论批判截然不同。马克思在不同时期都花了大力气来研究历史学、经济学以及各国的政治运动史，他也亲身参与领导了世界工人运动，在这样的实践基础上，马克思的批判思想的现实前提就与各种思想批判不同，他的批判建立在现实社会生产力发展的基础之上，诉诸的是现实的个人运动，这样一来，他的批判就具有丰富的经济内涵，他的根本指向是推翻现实资本主义制度，而不是完成一种思想上的超越。因此，马克思的历史批判更多地着眼于被资产阶级意识形态幻象所掩盖的真实境况，并指明那些虚幻的永恒的生产关系实质上具有暂时的性质，也必然被新的社会所代替。所以，马克思不是从原理和教条出发，而是从商品、货币、资本这些经验的事实出发来展开他的批判的，他的历史观也就在根本上戳破了资本主义社会永恒性的泡沫。例如他批判蒲鲁东试图从范畴出发来改变资本主义的生产关系的做法，认为此等方式完成的只是一种抽象的超越，

---

① 《马克思恩格斯文集》第5卷，人民出版社2009年版，第22页。

并没有触动现实资本主义的根基,也无法看到资本主义社会的历史性特征。

> 经济范畴只不过是生产的社会关系的理论表现,即其抽象。真正的哲学家蒲鲁东先生把事物颠倒了,他认为现实关系只是一些原理和范畴的化身。这位哲学家蒲鲁东先生还告诉我们,这些原理和范畴过去曾睡在"无人身的人类理性"的怀抱里。①

永恒的、抽象的规律变成了一定的、历史的规律,这才是马克思历史观的真实意蕴,究其一生,马克思都在不断实践着这样的历史观,去分析现实、畅想未来。

第二节 资本主义正义观念的前提批判

对资本主义社会的历史性理解,与破除其宣扬的永恒正义观念密切相关。从而,马克思社会概念的历史性维度还突出体现在瓦解资产阶级普遍性的正义观念。他的社会历史观直接揭露了号称通过技术进步、民主制度和自由市场经济来终结历史的资产阶级意识形态的霸权特质。②

在马克思看来,当资产阶级通过平等的方式把工人纳入资本主义生产体系中去的时候,这里的权利只不过是忽视了一切差别并服从于

---

① 《马克思恩格斯文集》第1卷,人民出版社2009年版,第602页。
② 福山:《历史的终结及最后之人》,黄胜强、许铭原译,中国社会科学出版社2003年版,第50、54、121—122、382页。

交换价值的资产阶级法权,而不同个体的特殊权利并未得到尊重。马克思清醒地看到,"抽象的权利曾经被坚决地用来为所有的东西辩护,为形形色色的压迫形式辩护;早就应该摒弃这种鼓动了"[1]。在此意义上,资产阶级社会中的权利、自由等正义要素是虚幻的,并未能真正得到实现。特别是在工人阶级身上,这样的权利在实质上服从于资本增殖的权力,因此,当资产阶级宣扬正义、鼓吹给予工人权利的时候,工人只能享有出卖自身劳动力的自由,而在雇佣劳动的体制中,工人恰恰受到了更深的奴役。因此,对于马克思而言,资产阶级社会中的权利本身只是把工人束缚在交换价值体系中的抽象性存在,工人在这里只能作为劳动者而不是作为真正的社会生活中的具有丰富的感性活动的个人来享有权利,他们只能服从于虚构的平等权利下的强制性权力。所以马克思才说:

> 虽然有这种进步,但这个平等的权利总还是被限制在一个资产阶级的框框里。生产者的权利是同他们提供的劳动成比例的;平等就在于以同一尺度——劳动——来计量。但是,一个人在体力或智力上胜过另一个人,因此在同一时间内提供较多的劳动,或者能够劳动较长的时间;而劳动,要当做尺度来用,就必须按照它的时间或强度来确定,不然它就不成其为尺度了。这种平等的权利,对不同等的劳动来说是不平等的权利。它不承认任何阶级差别,因为每个人都像其他人一样只是劳动者;但是它默认,劳动者的不同等的个人天赋,从而不同等的工作能力,是天然特

---

[1] 《马克思恩格斯全集》第16卷,人民出版社1958年版,第648页。

第五章 资本主义社会的历史定位与永恒正义的瓦解

权。所以就它的内容来讲,它像一切权利一样是一种不平等的权利。权利,就它的本性来讲,只在于使用同一尺度;但是不同等的个人(而如果他们不是不同等的,他们就不成其为不同的个人)要用同一尺度去计量,就只有从同一个角度去看待他们,从一个特定的方面去对待他们,例如在现在所讲的这个场合,把他们只当做劳动者,再不把他们看做别的什么,把其他一切都撇开了。其次,一个劳动者已经结婚,另一个则没有;一个劳动者的子女较多,另一个的子女较少,如此等等。因此,在提供的劳动相同,从而由社会消费基金中分得的份额相同的条件下,某一个人事实上所得到的比另一个人多些,也就比另一个人富些,如此等等。要避免所有这些弊病,权利就不应当是平等的,而应当是不平等的。①

在资产阶级不断宣扬的平等法权面前,马克思却倡导不平等的权利,在我看来,这恰恰表明马克思对个体丰富的权利要求的肯定,个体生命存在,他的不同欲求以及在不同时间内的不同需要,都是在考察平等权利的时候应该纳入的考量因素,而那种只鼓吹平等的人权以为涵盖了或解决了一切问题的想法,恰恰成为现实不平等现象的同犯。②

---

① 《马克思恩格斯文集》第 3 卷,人民出版社 2009 年版,第 435 页。
② 这里其实涉及了权利观念的历史性变迁问题,在冷战结束以后,先前的普遍人权观念逐渐被特殊的、关注文化差异和种族特点的少数的权利观念所代替,这也是对原有资产阶级普遍性的法权观念的变革。这是一个非常值得研究的重大理论问题,关于这一问题的探讨,参见 Will Kymlicka, *Multicultural Odysseys: Navigating the New International Politics of Diversity*, Oxford: Oxford University Press, 2007。

马克思认为,资本主义生产方式看似是一种进步,使生产力获得空前解放,但却是以对人的生命活动的剥夺为代价的。个人的权利应该是全面的、丰富的,个人的需要也是多样的、变化的,这是人的生命存在的表现。但是资本主义却在正义的外衣下剥夺了人的真正的生活。

> 劳动对工人来说是外在的东西,也就是说,不属于他的本质;因此,他在自己的劳动中不是肯定自己,而是否定自己,不是感到幸福,而是感到不幸,不是自由地发挥自己的体力和智力,而是使自己的肉体受折磨、精神遭摧残。因此,工人只有在劳动之外才感到自在,而在劳动中则感到不自在。……劳动的异己性完全表现在:只要肉体的强制或其他强制一停止,人们就会像逃避瘟疫那样逃避劳动。……对工人来说,劳动的外在性表现在:这种劳动不是他自己的,而是别人的;劳动不属于他;他在劳动中也不属于他自己,而是属于别人。①

结果是,工人只有在运用发挥自己的动物机能时才感觉到自己是在进行自由的活动,他在发挥人的机能时其实觉得自己只不过是动物,"动物的东西成为人的东西,而人的东西成为动物的东西"②。因此,在资本主义状况下,人的权利根本没有得到尊重,而所谓的社会正义也只是维护资本家剥削的正义。

马克思指出,资本主义的非正义还表现在,它把人变成了追逐私

---

① 《马克思恩格斯文集》第1卷,人民出版社2009年版,第159—160页。
② 《马克思恩格斯文集》第1卷,人民出版社2009年版,第160页。

利的个体，而它所给予个体存在的所谓正义的规范却是压制个体的。因此，在资本主义条件下，社会关系成为异己的物化的实体，从根本上忽视了人的真正的社会生活。"因为在这里，社会关系，个人和个人彼此之间的一定关系，表现为一种金属，一种矿石，一种处在个人之外的、本身可以在自然界中找到的纯物体，在这种物体上，形式规定和物体的自然存在再也区分不开了。"① 在物化的资本主义状况下，个体的社会生活成了外在于其自身生命的工具性存在。

> 异化劳动从人那里夺去了他的生产的对象，也就从人那里夺去了他的类生活，即他的现实的类对象性，把人对动物所具有的优点变成缺点，因为人的无机的身体即自然界被夺走了。同样，异化劳动把自主活动、自由活动贬低为手段，也就把人的类生活变成维持人的肉体生存的手段。因此，人具有的关于自己的类的意识，由于异化而改变，以致类生活对他来说竟成了手段。②

在这里，应该特别关注这样一个问题，那就是马克思那里的社会生活、类生活和个人之间的关系问题。在反对社会对人的自由的压制的学者看来，社会生活本身只不过是实现个体自由的手段，他们认为既然最重要的是实现个体自由，那么社会生活也就只是辅助性的甚至是可有可无的要素，这在一些理论家所持有的消极自由的理论中也得到了体现。但是在我看来，这样把个体和社会生活对立起来的做法依然是形而上学的。个体只有在社会中才能成为真正的个人，而且也只

---

① 《马克思恩格斯全集》第 30 卷，人民出版社 1995 年版，第 193 页。
② 《马克思恩格斯文集》第 1 卷，人民出版社 2009 年版，第 163 页。

有在社会生活中才能实现真正的自由。而这里所指的真正个人自由实现的前提和条件,不仅是一定的社会生产力基础,而且还包括人们生活于其中的社会关系和社会体制,它们由个人所创造,同时也是个体实现自身价值不可缺少的前提条件。我想,这可能是马克思不断批判资本主义社会抹杀了人的类生活的真正原因。而在传统马克思主义哲学教科书中,在原理的层层包裹之下,这样的生活气息根本无法得到展现。

最终,资本主义宣扬的公平和正义只是满足了资本家的利益,它所主张的平等与自由权利只是为了资本的增殖并获得最大收益。而所谓的平等交换只不过是人与人关系物化的证明,而非正义的体现。马克思从现实的市场交换中看穿了资本主义所提倡的自由和平等的实质:

> 如果说经济形式,交换,在所有方面确立了主体之间的平等,那么内容,即促使人们去进行交换的个人和物质材料,则确立了自由。可见,平等和自由不仅在以交换价值为基础的交换中受到尊重,而且交换价值的交换是一切平等和自由的生产的、现实的基础。作为纯粹观念,平等和自由仅仅是交换价值的交换的一种理想化的表现;作为在法律的、政治的、社会的关系上发展了的东西,平等和自由不过是另一次方上的这种基础而已。①

可以说,马克思对资本主义状况下自由和平等等正义观念的考察

---

① 《马克思恩格斯全集》第30卷,人民出版社1995年版,第199页。

第五章 资本主义社会的历史定位与永恒正义的瓦解

乃是放到一定历史条件下进行的,而不是抽象地进行判断。他承认较之古代的共同体状况下的人身依附关系来说,资本主义实现了某种程度上的社会正义,不再以赤裸裸的暴力统治来征服个体,而是在承认个体独立的前提下,在市场中以更文明的方式来进行剥削,因此,在这一意义上,马克思并非一股脑儿地指责资本主义状况下的一概事物,而是进行了辩证的分析和判断。因此,当布坎南(Allen Buchanan)一再宣称马克思对剥削和异化现象的批判适用于所有社会历史的时候,他在一定意义上忽视了马克思思想中的这一历史性要素。[①] 正是在承认资本主义自由、平等范畴存在的现实合理性的前提下,马克思才得以展开他对这一正义观念的批判,而且更为重要的是,他对未来社会正义的期待也正是以现有的物质生产发展和所获得的文明成果为基础的。

当然,这仅仅是问题的一个方面。在马克思那里,更为重要的观点在于,资产阶级通过市场交换来实现社会正义的时候,同时也在变相地隐蔽其通过价值规律实现对工人阶级的统治这一花招,而其统治的目的只有一个,那就是资本的利益最大化。在这里,资本主义的自由和平等的真实面目也就无所遁形了。

> 交换价值作为整个生产制度的客观基础这一前提,从一开始就已经包含着对个人的强制。……个人只有作为交换价值的生产者才能存在,而这种情况就已经包含着对个人的自然存在的完全

[①] Allen E. Buchanan, *Marx and Justice: The Radical Critique of Liberalism*, Totowa, N. J.: Rowman and Littlefield, 1982, pp. 36-37.

否定；因而个人完全是由社会所决定的。①

不言而喻，在马克思看来，现实资本主义社会下的正义安排只不过是以看似进步的方式实现了对人的强制。个体从以前依附于共同体到现在依附于抽象的价值规律，在这一过程中，个人作为人的属性恰恰是退化的，在资本主义的生产体制中，个人只有通过等价物才能确证自身，也只有这个时候他们才是平等的，在这个范围之外，他们没有独立和自由可言，这也许就是社会现实的吊诡之处：

> 等价物是一个主体对于其它主体的对象化；这就是说，它们本身的价值相等，并且在交换行为中证明自己价值相等，同时证明彼此漠不关心。主体只有通过等价物才在交换中彼此作为价值相等的人，而且他们只是通过彼此借以为对方而存在的那种对象性的交换，才证明自己是价值相等的人。因为他们只有作为等价物的所有者，并作为在交换中这种相互等价的证明者，才是价值相等的人，所以他们作为价值相等的人同时是彼此漠不关心的人；他们在其他方面的个人差别与他们无关；他们不关心他们在其它方面的一切个人特点。②

因此，虽然资本主义不再以暴力手段占有产品堪称历史性的进步，但是在看似自由的市场交换中，个人依然无法享有真正的自由。

正是认清了资本主义状况下社会正义的伪善面孔，马克思后来在

---

① 《马克思恩格斯全集》第30卷，人民出版社1995年版，第203页。
② 《马克思恩格斯全集》第30卷，人民出版社1995年版，第196页。

不同场合对那些试图基于争取平等权利出发来实现社会改良的做法进行了尖锐的批判。在他看来,当社会主义者仅仅以争取自由和平等的权利作为自己的奋斗目标的时候,他们根本就忽视了,这些权利实质上只是资产阶级的法权,"你们的观念本身是资产阶级的生产关系和所有制关系的产物,正像你们的法不过是被奉为法律的你们这个阶级的意志一样,而这种意志的内容是由你们这个阶级的物质生活条件来决定的"①。而当他们以抽象的正义要求来与资本家作斗争的时候,他们根本就只是在思想上完成了胜利,现实的悲剧从未停止上演,并且依然深陷资产阶级理想的泥潭之中。

> 他们想要证明,社会主义就是实现由法国革命所宣告的资产阶级社会的理想,他们论证说,交换、交换价值等等最初(在时间上)或者按其概念(在其最适当的形式上)是普遍自由和平等的制度,但是被货币、资本等等歪曲了。……对于这些社会主义者必须这样回答:交换价值,或者更确切地说,货币制度,事实上是平等和自由的制度,而在这个制度更进一步的发展中对平等和自由起干扰作用的,是这个制度所固有的干扰,这正好是平等和自由的实现,这种平等和自由证明本身就是不平等和不自由。……这些先生不同于资产阶级辩护论者的地方就是:一方面他们觉察到这种制度所包含的矛盾,另一方面抱有空想主义,不理解资产阶级社会的现实的形态和观念的形态之间必然存在的差别。因而愿意做那种徒劳无益的事情,希望重新实现观念的表现

---

① 《马克思恩格斯文集》第2卷,人民出版社2009年版,第48页。

本身，而观念的表现实际上只是这种现实的映象。①

在 1877 年给左尔格（Richard Sorge）的信中，马克思也表达了对这种浪漫的社会主义观念的批评性意见，"这些人想使社会主义有一个'更高的、理想的'转变，就是说，想用关于正义、自由、平等和博爱的女神的现代神话来代替它的唯物主义的基础（这种基础要求人们在运用它以前进行认真的、客观的研究）"②。最终，马克思在根本上舍弃了资产阶级的正义观念，"关于公平和正义的空谈，归结起来不过是要用适应于简单交换的所有权关系或法的关系作为尺度，来衡量交换价值的更高发展阶段上的所有权关系和法的关系"③。在我们看来，马克思关于种种空想社会主义所主张的平等、自由观念所做的忖度对于我们思考相关问题来说十分重要。

第三节　马克思正义观的多重内涵

对资本主义社会正义理论的批判是否表明马克思思想中缺乏一定的正义观念，换句话说，马克思对资本主义的批判及其对未来社会的

---

① 《马克思恩格斯全集》第 30 卷，人民出版社 1995 年版，第 203—204 页。
② 《马克思恩格斯文集》第 10 卷，人民出版社 2009 年版，第 420 页。在就《哥达纲领》问题写给贝尔（August Bebel）的信中，恩格斯的观点也可以作为参考。"把社会主义看做平等的王国，这是以'自由、平等、博爱'这一旧口号为根据的片面的法国看法，这种看法作为一定的发展阶段在当时当地曾经是正确的，但是，像以前的各个社会主义学派的一切片面性一样，它现在也应当被克服，因为它只能引起思想混乱，而且因为已经有了阐述这一问题的更精确的方法。"（《马克思恩格斯全集》第 19 卷，人民出版社 1963 年版，第 8 页。）
③ 《马克思恩格斯全集》第 30 卷，人民出版社 1995 年版，第 279 页。

第五章 资本主义社会的历史定位与永恒正义的瓦解

构想是否包含有特殊的正义价值指向？在我们看来，对资本主义社会的历史性理解以及对其虚幻性正义原则的揭示，恰恰说明马克思社会概念中内含着强烈的正义取向。正如德里达所指出的，马克思对资本主义社会的批判并没有取消历史性的允诺和期望，而是表明另一种开端。

> 因此这就是对另一种历史性的问题的思考——不是一种新的历史，更不必说什么"新历史主义"了，而是作为历史性的事件性的另一种开端，这种历史性允诺给我们的不是放弃，而是相反，容许我们开辟通往某种关于作为允诺的弥赛亚的与解放的允诺的肯定性思想的道路：作为允诺，而不是作为本体论的暨神学的或终极目的论暨末世论的程序或计划。①

在此意义上，我们探寻马克思社会概念的历史性维度，也就不可避免地要阐明这一概念所具有的正义内涵，这是内在于马克思历史观的价值取向，也是马克思构建未来社会生活的根本精神要素。

但是在马克思主义阵营内部，长期以来都受到两种倾向的影响，关于这一问题的讨论依然有待深入。一种是教条主义的倾向，认为马克思关于社会发展规律的判定已经超越了任何正义原则，也排斥了基于正义原则的伦理价值诉求，我们只要按照社会内在的必然规律行事就万事大吉了。另一种是激进的社会批判倾向，这种倾向虽然反对历史必然性的论断，主张对现实资本主义社会的批判和改造，但是同样认为正义观念不能作为马克思主义的批判手段和价值旨趣，马克思也

---

① 德里达：《马克思的幽灵》，何一泽，中国人民大学出版社1999年版，第106页。

没有通过正义这一道德尺度来批判现实社会并构建未来社会，同时，鉴于马克思已经激烈地批判了资产阶级及其代言人所主张的虚伪的正义观念，故而其本人可谓否弃了一切正义观念。

这两种倾向犯了相近的错误，前者拒绝了马克思思想中丰富的道德内涵，认为马克思关于未来社会的构想是一种经济决定论意义上的客观陈述；后者认为正义乃是资本主义社会特有的价值尺度和规范原则，而且从属于工具理性范畴，无法解决根本的社会问题，在马克思关于未来社会的构想中，即使含有正义观念，也只能处于次要地位，因为正义本身不过是一种补救性德性。

早在1969年，塔克（Robert Tucker）在其《马克思的革命性观念》一书中就鲜明提出了"资本主义是非正义的吗"这样的问题并作出了否定性的回答。[①] 后来，伍德（Allen Wood）更是明确否认马克思思想中存在正义观念，认为马克思思想中的道德、正义等概念只是社会上层建筑的一部分，因此，根据历史唯物主义社会存在决定社会意识的基本原理，建立在资本主义经济基础上的正义观念只是适合于当时的社会状况的资产阶级意识形态，因此伍德指出，"假如有马克思的正义概念的话，资本对工人的剥削也是正义的。因为资本主义生产中买卖的正义是满足并适合于资本主义的生产方式的"[②]。人们通常把支持上述观点的人称为"塔克-伍德"学派。

但是这一学派的主张始终遭到以柯亨为代表的分析的马克思主义者的反对。分析的马克思主义虽然并没有统一的纲领，学派内部甚至

[①] Robert C. Tucker, *The Marxian Revolutionary Idea*, New York: W. W. Norton & Company, 1969, p. 42.

[②] Allen W. Wood, *Karl Marx*, London: Routledge & Kegan Paul Ltd, 2004, p. 138.

还存在相互争论的现象,但是大多认为历史唯物主义的基本原理特别是其中含有的关于社会发展必然性的论断已经不再适用于当代社会。基于此,当代的分析马克思主义者试图为未来社会主义或共产主义提供恰当的规范基础。在他们看来,要使人们相信未来社会理想,"就要说服人们并使他们相信,这些理想具有道德上的正当性,并且值得追寻"①。于是,分析马克思主义就与当代的自由主义的平等主义思潮有了相互契合的观点,他们都认为在现有体制内改良分配方式极为必要,针对资本主义剥削现象的理解则与马克思主义有着天壤之别,并且对财产所有权也提出了大体相似的主张,特别是他们都极力倡导个体在选择和创造社会理想中的作用,以此区别于先前植根于马克思主义研究者中的完善论的观念。罗默(John Roemer)甚至指出,"分析的马克思主义与罗尔斯、德沃金以及阿玛蒂亚·森等非马克思主义者的界限并不清晰"②。也因此,分析的马克思主义都认同马克思理论中存在着正义的思想基础,并且可以利用这一思想基础来争取社会民主斗争的胜利,进而发挥马克思在当代的效力。

概括起来,关于马克思与正义的争论的焦点大体围绕四个问题展开:一是,马克思思想中是否具有正义的内涵?二是,马克思是否认为资本主义是一个不正义的社会?三是,马克思是否基于某种正义观念来谴责资本主义?四是,共产主义是超越正义的社会形态吗?我们先对相关争论作一简要论述,然后具体阐释马克思社会正义理论的思想内涵。

---

① 金里卡:《当代政治哲学》,刘莘译,上海译文出版社2015年版,第214页。
② John Roemer (eds.), *Analytical Marxism*, Cambridge: Cambridge University, 1986, p.199.

一、马克思思想中是否具有正义的内涵?

布坎南对这个问题给予了否定的回答。在他看来,马克思始终是把正义和权利当作资产阶级的政治意识形态加以批判的。而且更为明确的是,"马克思通常拒绝把正义当作阐释社会现象的基本概念的观念"[①]。

于是,在布坎南的论述中,马克思也就与以罗尔斯为代表的当代自由主义政治哲学理路区别开来。在罗尔斯看来,正义是建构良好社会秩序的首要政治观念,或者说,正义是衡量政治体制、权利义务的基本价值准绳。而且更为重要的是,正义观念乃是建构社会生活的基本规范,"政治领域的理念和一种政治的正义观念本身都是规范性的和道德的理念,这就是说,'它们的内容是由某些确定的理想、原则和标准所给定的,而这些规范又清晰地表达了某些价值,在我所谈的情况中,它们清晰表达了某些政治价值'"[②]。布坎南对以罗尔斯为代表的政治正义观念提出了尖锐的批评,在他看来,对于这些观念,马克思在其思想历程中始终是持批判的态度的。在《马克思与正义》一书中,布坎南在详细考察罗尔斯正义论的相关思路后列举了其存在的十条错误。[③] 他认为罗尔斯的主要问题在于忽视了正义是与一定条件并与一定的阶级相联系的,因此,当罗尔斯把正义当作建构社会秩

---

① Allen E. Buchanan, *Marx and Justice: The Radical Critique of Liberalism*, Lanham: Rowman and Littlefield, 1982, p. 52.
② 罗尔斯:《政治自由主义》,万俊人译,译林出版社2011年版,第22页。
③ 参见 Allen E. Buchanan, *Marx and Justice: The Radical Critique of Liberalism*, Lanham: Rowman and Littlefield, 1982, p. 122。

第五章 资本主义社会的历史定位与永恒正义的瓦解

序的首要德性的时候,他依然是在资产阶级思想框架内言说的,而马克思恰恰要消灭产生这一正义的条件,即推翻资本主义的现实社会基础。

概括起来,布坎南认为,马克思对正义的最激进的批判表现在:

(1)对作为社会体制的基本描述性的正义原则的需要,其实是生产方式发生较严重但可以弥补的问题时的表现;一旦这些缺陷通过共产主义的生产方式得到彻底弥补,正义的问题也将消失。(2)正义问题不可能通过正义原则自身来加以解决:需要正义原则的不同环境不可能达到它们所期望的目的。(3)在共产主义代替资本主义社会的过程中,正义原则也将不会扮演主要的动机性角色。革命斗争的成功依靠的是物质基础的变换与此相适应的无产阶级基于自身利益要求废除资本主义体系,而不是依靠正义观念的激发。对资产阶级正义原则的内在批判最多能够为无产阶级扫除服务于现存秩序的意识形态行动做准备。而最坏的情况是,对于正义原则的需要可能会导致混乱和分裂,而且也可能模糊资本主义与共产主义根本的差别。[①]

尽管如此,布坎南依然认为,罗尔斯从马克思那里汲取了两个主要的思想观念:一是罗尔斯接受了马克思关于个体的信念和价值依赖于他置身于其中的社会结构的观点,看到了个体与社会体制的关系,并注意到了社会体制对个体存在的影响;二是罗尔斯也吸收了马克思

[①] Allen E. Buchanan, *Marx and Justice: The Radical Critique of Liberalism*, Lanham: Rowman and Littlefield, 1982, pp. 156-157.

思想中的历史性思想方法。于是，在布坎南看来，罗尔斯与马克思在思想上又有诸多可以沟通的因素。①

金里卡持有与布坎南不同的观点。他认为，发展一种"马克思主义的正义理论"是解决当前现实问题的重要步骤。② 因此，他一方面赞成马克思主义思想并不一概反对正义理论，同时也提出了发展马克思主义正义理论需要解决的几个问题。在他看来，在马克思所设想的未来共产主义社会中如果缺乏正义将是不可想象的，相反，马克思所提出的个体是类存在物并要过一种社会生活等观点都表达了对正义的共同体体制的需要。因此，"这样一种观点——我们可以在放弃公平、权利和义务理念的同时创造一个由平等者组成的共同体——是站不住脚的"③。在确认马克思的思想中具有正义理论的内涵之后，金里卡进一步沟通马克思的正义观念与当代平等主义的自由主义。在他看来，"使马克思主义的正义有别于罗尔斯式的正义的，并非资源应该被平等化到怎样的程度；而是这种平等化应该采取什么样的形式。罗尔斯相信，资源平等应该采取这样的一种形式：使每个人所能获得的私有财产的数量平等化。但是马克思却持另一种立场：'一言以蔽之，共产主义理论就是：废除私有财产'"④。因此，马克思之所以拒绝资产阶级的自由平等观念并不是他不把人们当作平等者来看待，更不是因为他不需要追求一个平等正义的社会生活，而恰恰在于在现有的体制下他所要求的权利根本没有得到实现。不言而喻，

---

① 参见 Allen E. Buchanan, *Marx and Justice: The Radical Critique of Liberalism*, Lanham: Rowman and Littlefield, 1982, pp. 159-161。
② 参见金里卡：《当代政治哲学》，刘莘译，上海译文出版社 2015 年版，第 224 页。
③ 金里卡：《当代政治哲学》，刘莘译，上海译文出版社 2015 年版，第 224 页。
④ 金里卡：《当代政治哲学》，刘莘译，上海译文出版社 2015 年版，第 226 页。

在金里卡那里，马克思的正义观念依然是一个需要不断挖掘的思想要点。

否认马克思具有某种正义观念的哲学家秉持的另一个重要理由是，马克思主要关注的是资本主义的生产关系，而不是基于正义原则的分配关系。因此，通过正义观念根本无法理解马克思所要达到的目标，即推翻资本主义的生产资料私有制。

伍德援引马克思的文本认为，分配方式并不是为集体道德或政治智慧所任意安排的，任何分配方式都是由当时的生产方式决定的。也因此，剩余价值和劳动剥削并不是资本主义生产的堕落、武断或者不公平的实践造成的。对工人的剥削乃是资本主义的本质使然，而且随着资本主义生产方式的不断发展，作为生产发展结果的剥削也愈发严重，"但是它并不能通过加强和规范分配制度来消除，或者通过在资本主义政治体制生发出的道德的或政治的改良来实现"[①]。

而杰拉斯（Norman Geras）则持相反的观点，在他看来，马克思十分关注自由时间的分配，完善自身的活动机会的分配，不愉快和惹人讨厌的工作的分配。与此同时，他还异常关注社会财富的分配以及社会经济利益和负担的分配等等。而生产资料的分配，则是更广泛意义上社会得以进行的基础。因此，马克思并不反对未来更高阶段社会存在一定的分配形式，他反对的只是那种忽视差异、绝对平均的分配方式，而不是一般意义上的分配，同时他也认为生产条件的分配与消费方式的分配是相互依存的，而且马克思对社会关系的分析也潜在地包

---

① Allen W. Wood, "The Marxian Critique of Justice", *Philosophy and Public Affairs*, Vol. 1, No. 3, 1972, p. 268.

含有一种平等分配的观念。① 柯亨也认为，马克思反对的是脱离生产分配条件的单纯的消费资料的分配。②

二、马克思是否认为资本主义是一个不正义的社会？

一种观点认为，马克思完全反对正义观念，认为其代表的是资产阶级的价值和利益，从根本意义上而言乃是资产阶级调和社会矛盾的思想工具。因此，正义只在一定历史条件下存续，并将随着资本主义制度的消亡而不复存在。也在此意义上，马克思反对从正义、非正义的视角来评判资本主义。他们主张，资本家对工人的剥削不能等同于马克思对资本主义社会的不正义的谴责。比如塔克指出，在资本主义条件下，资本家遵循价值规律付给工人工资，而工人把自己的劳动力出卖给资本家，这样的行为本身是正义的。

> 资本家已经购买了劳动力一天的使用价值，换句话说，他已经有权来处置劳动力一天之内所创造的所有价值。当然，这一观点在一定长度的工作时间之内也是适用的。并且对于马克思而言，在这里并没有去认定什么是权利和正义。当资本家试图延长工作时间的时候，他仅仅是在行使他的权力。并且工人也在履行他所享有的权利："于是这里出现了二律背反，权利同权利对

---

① 参见 Norman Geras, "The Controversy about Marx and Justice", in A. Callinicons (ed.), *Marxist Theory*, Oxford: Oxford University Press, 1989, pp. 228-229。
② 参见 G. A. Cohen, *History, Labour, and Freedom: Themes from Marx*, Oxford: Oxford University Press, 1988, pp. 299-300。

抗，而这两种权利却同样是商品交换规律所承认的。在平等的权利之间，力量就起决定作用。"①

伍德也援引马克思在《资本论》中的一段话来证明自己的观点：

> 生产当事人之间进行的交易的正义性在于：这种交易是从生产关系中作为自然结果产生出来的。这种经济交易作为当事人的意志行为，作为他们的共同意志的表示，作为可以由国家强加给立约双方的契约，表现在法律形式上，这些法律形式作为单纯的形式，是不能决定这个内容本身的。这些形式只是表示这个内容。这个内容，只要与生产方式相适应，相一致，就是正义的；只要与生产方式相矛盾，就是非正义的。在资本主义生产方式的基础上，奴隶制是非正义的；在商品质量上弄虚作假也是非正义的。②

伍德认为，当马克思说公平交易是适合并满足于资本主义生产方式的时候，他的意思也就很明确了，即与一定社会生产条件相适应的交易方式就是正义的，而违背资本主义生产方式的交易方式就是非正义的，由此可见，马克思并没有谴责资本主义条件下的商品买卖的非正义性。也因此，并不能通过正义和非正义的论证来消除资本主义的剥削，甚至也不能据此批判资本主义社会的统治关系。在马克思那里，他通过对生产力与生产关系相互关系的分析，得出资本主义条件

---

① Robert C. Tucker, *The Marxian Revolutionary Idea*, New York: W. W. Norton & Company, 1969, p. 45.
② 《马克思恩格斯文集》第7卷，人民出版社2009年版，第379页。

下社会关系不能适应生产力的发展要求这一结论，据此才提出推翻资本主义的要求。

塔克和伍德的上述观点遭到了胡萨米（Ziyad Husami）的反对，在胡萨米看来，伍德根本就没有区分正义的不同属性，因此也就没有区分马克思自身具有的道德观念和资产阶级的道德观念。于是，当伍德说，马克思并没有谴责资本主义在分配问题上的非正义性的时候，她无形中就把马克思的道德观念看作从资产主义社会中产生并为当前社会作论证的依凭。在胡萨米看来，每一个统治阶级都会把自己的阶级利益说成是普遍性的，并且他们也会把该社会的道德规范说成是天然形成的。而当伍德这样来理解马克思的时候，她也就把马克思所具有的正义观念归属为资产阶级价值体系的范畴了。正因为伍德的立论基础是错误的，她也就没有看到马克思在分配正义问题上鲜明的道德立场。在胡萨米看来，如果资本主义的生产和分配方式是一种掠夺，那么显然，在马克思的心目中，也存在一个合乎正义的生产和分配价值规范，那就是消除这样的剥削，恢复工人阶级的真实生活，因而，"分配正义也关涉到对特定分配方式的道德评价"[①]。也就是说，在胡萨米那里，关于正义与非正义的判断不仅有现实性的维度，而且还与阶级利益紧密相关。

三、马克思是否基于某种正义观念来谴责资本主义？

一些学者认为，马克思不仅明确否定了反映资产阶级利益的正义

[①] Ziyad I. Husami, "Marx on Distributive Justice", *Philosophy and Public Affairs*, Vol. 8, No. 1, 1978, p. 31.

观念，而且也反对从道德平等观念出发来批判资本主义社会，认为道德平等依然是资产阶级法权的基础。因此，在他们看来，马克思并不信任平等的社会安排，认为诉诸平等原则根本无法改变资本主义社会的不平等现实。

布坎南从五个方面来说明马克思对正义观念的拒绝：

(1)对资本主义和所有阶级社会的最严厉的控诉之一，不在于它们是不正义的或他们侵犯了人的"权利"，而在于它们是建立在有缺陷的生产方式之上的，这种生产方式必然与正义和权利概念相联系；(2)在这种必然依赖正义概念的条件下，正义的要求不可能得到满足，因而那些追寻正义的努力也将不可避免地导向失败；(3)在共产主义代替资本主义的阶级斗争中，权利或者正义概念不会起到主要的激发作用；(4)在共产主义社会中，正义概念(包括尊重的正义概念)在建构社会关系中不会起到关键性的作用；(5)作为本质上具有正义感和权利载体的人的概念，乃是一个有严重缺陷的概念，只能存在于根本不健全的人类社会形式之中。①

米勒(Richard Miller)认为，马克思在不同场合都批判道德化的观念和制度安排，而且未来共产主义社会也将取缔所有的道德说教而代之以新的理论图景，特别是在推翻资本主义的过程中，以正义观念和道德愤怒来反对现实社会根本行不通，因此，很显然，"在宽泛的意

---

① Allen E. Buchanan, *Marx and Justice: The Radical Critique of Liberalism*, Lanham: Rowman and Littlefield, 1982, pp. 50-51.

义上把马克思称作道德主义者是人为的扩大,并且错误地理解了马克思的观点"①。塞耶斯(Sean Sayers)也否认马克思基于某种正义或道德观念来批判资本主义并构想未来社会。在他看来,"马克思的方法不能被理解为建立在人类本质概念上的功利主义的自然主义形式,也不能被解释为以康德主义式正义和权利标准为前提。马克思的批判方法并不依赖于超越性的价值,它是内在的和历史性的。它在现实存在的社会条件内为批判视角寻求基础"②。因此,塞耶斯坚持以历史的和社会的视角来理解马克思的道德概念,正义和道德原则只在一定的历史条件下存续,随着新的社会条件的产生,这样的原则本身也就失去了正当性。

伍德在对马克思的《哥达纲领批判》进行解读后认为,马克思并不认同平等本身就是某种值得追寻的善概念③,道德和正义规范意义上的平等观念在马克思那里也只能从属于生产过程,而不能作为基础性的价值标准。"马克思对资本主义的批判建立在这样的主张上,资本主义损害了诸多重要的非道德的利益:自我实现、安全、身体健康、舒适、共同体、自由。"④ 而且,在伍德看来,马克思对蒲鲁东、海因岑等人的批判表明,其本人很反对基于道德的理由来批判资本主义社会的做法。

如果说塔克、伍德以及布坎南等人既不承认马克思关于资本主义

---

① Richard W. Miller, *Analyzing Marx: Morality, Power and History*, Princeton: Princeton University Press, 1984, p. 15.

② Sean Sayers, "Marxism And Morality", *Philosophical Researches*, Vol. 9, 2007, pp. 8-12.

③ 参见 Allen W. Wood, "Marx on Right and Justice: A Reply to Husami", *Philosophy and Public Affairs*, Vol. 8, No. 3, 1979, p. 281。

④ Allen W. Wood, *Karl Marx*, London: Routledge & Kegan Paul Ltd, 2004, p. 129.

是不正义的认定，又断然拒绝马克思对资本主义社会的批判是基于某种正义观念的话，那么以柯亨为首的分析的马克思主义学派以及杰拉斯、金里卡等人则有意突出基于正义观念的马克思理论形象。他们认为，在马克思那里，他不仅对资本主义的剥削和压迫抱有激烈的道德批判，而且在对未来社会的建构中，马克思也是以新的正义标准来规范个体行为和社会生活的。比如柯亨认为，在马克思那里，"所有的剥削，包括那些有助于实现自由的剥削，都是非正义的"①。他们把罗尔斯的理论与马克思的思想进行了连接，并寄希望于一场基于公平正义基础上的道德革命。在对马克思思想进行重新解读后，柯亨等人复活了马克思思想中的政治话语，并在诸多方面与当代政治哲学思潮交汇，特别是在运用正义观念建构社会生活等方面作出了诸多贡献。在杰拉斯看来，马克思坚持一种道德现实主义的思想理路，主张一切道德和权利都与一定的社会发展阶段相联系，不能跨越当时的经济社会发展结构。但是在马克思的思想深处，向往自由平等、自我发展以及幸福生活等这些社会正义的理念依然占据着根本性的位置，因此，"必须公开对人们的伦理观点负责，阐释它们，捍卫它们并使其更加完善。探讨马克思的正义概念的时机也已经成熟"②。

四、共产主义是超越正义的社会形态吗？

该主张的支持者认为，由于在未来共产主义社会中，物质生活极

---

① G. A. Cohen, *History, Labour, and Freedom: Themes from Marx*, Oxford: Oxford University Press, 1988, pp. 303-304.
② Norman Geras, "The Controversy about Marx and Justice", in A. Callinicons (ed.), *Marxist Theory*, Oxford: Oxford University Press, 1989, p. 267.

大丰富，物化社会关系得以消除，那种人与人之间的权利冲突将不复存在，正义也将失去其发挥作用的场所，未来社会将不再需要正义原则来调适。

在塔克看来，马克思关于共产主义社会的构想已经取消了平等权利和公平分配等正义诉求，而且在未来社会中，由于社会生产的高度发展和生活水平的提高，也消灭了分配正义存在的基础。执着于正义的论题将忽视马克思最重要的思想取向，那就是通过生产方式的改变才能够实现社会的发展和人类解放。①

布坎南也是这一主张的坚决支持者，他列举了三条理由来说明自己的观点：

> （1）马克思拒绝指认共产主义是一个正义的社会；（2）马克思认为共产主义将取消分配正义存在的环境（并且在共产主义社会中也不再需要正义原则）；并且（3）马克思还谴责正义和权利是"陈词滥调"和"意识形态的幻想"。②

与此相反，在柯亨等人看来，人与人之间并不存在利益的绝对和谐一致。物质财富的丰饶并不必然消灭人与人之间的冲突和矛盾。未来的共同体也不是建立在消除个体权利之上的。金里卡认为，在马克思那里没有任何表述能够证明未来社会将消除个体之间存在的冲突。他只是认为那种基于利益关系之上的矛盾和阶级差别将会消失，但是

---

① 参见 Robert C. Tucker, *The Marxian Revolutionary Idea*, New York: W. W. Norton & Company, 1969, p. 48。

② Allen E. Buchanan, *Marx and Justice: The Radical Critique of Liberalism*, Lanham: Rowman and Littlefield, 1982, p. 59.

第五章 资本主义社会的历史定位与永恒正义的瓦解

个体由于选择和天赋差异而产生的龃龉将依然存在。而马克思对未来社会生活的规范基础也不是建立在抹杀个性差异的绝对统一性原理之上的:

> 在马克思讨论共产主义的"社会"性的各个地方,他心目中想到的要么是把政治决策整合到日常生活之中;要么是认识到社会的权力和力量实际上是联合的生产者的权力和力量,而不是某种异己的自然事物的权力和力量;或要么是认为先于和独立于个人选择的结构性产生的利益冲突是不存在的。这些主张中没有一个暗示了关心和计划的和谐。实际上,甚至没有一个地方讨论了那个问题。①

在综合探讨争论各方的观点的基础上,杰拉斯提出,不管是就批判资本主义社会而言,还是在未来共产主义社会的构想中,马克思思想中的道德取向始终是存在的,并且正义的维度也不可缺失。他用"把马克思带入正义"这一醒目的标题来表明自己的观点,在他看来:

> 如果社会主义没有道德立场,也就没有任何立场可言;如果它不能通过清晰运用一系列伦理原则来证明自己的正当性,那么它就不可能是正当的。社会主义者根本没有特殊的、与众不同的(诸如辩证法或其他诸如此类的)方式来检验其合理性。我们要做的是去证明资本主义究竟错在哪里,而社会主义的优越性又可

---

① 金里卡:《自由主义、社群与文化》,应奇、葛水林译,上海人民出版社2005年版,第114页。

能是什么,就像其他人对政治和社会选择做出自己的合理判断的方式一样:吁求、阐释、捍卫并修正那些价值和规范。①

在我们看来,马克思思想中存在着多元的和异质的正义观念,应该结合具体问题进行分析和阐释。换言之,必须结合他对资本主义社会的历史性理解来解读其正义观念。一方面,他要揭露资本主义所宣扬的社会永恒正义的虚幻性,指出其实质是维护资产阶级私有财产权;另一方面,马克思则要在现实社会生活的基础上确立相应的规范价值。② 因此也正如尼尔森(Kai Nielsen)指出的,马克思的思想中同时存在着反道德主义的和道德主义的两种因素。③ 我们不同意尼尔森等人的地方在于,他们依然是在经济基础和上层建筑的单一框架内理解马克思的正义观念的。于是,塔克、伍德以及尼尔森等人后

---

① Norman Geras, "Bringing Marx to Justice: An Addendum and Rejoinder", *New Left Review*, Vol. 195, 1992, p. 66.

② 对马克思正义理论的多元性和异质性的论述,我们受到了德里达对马克思历史性思想论述的启发。在德里达看来,历史的历史性对应的正是异质的正义观念,与资本主义无时间性的正义相反,这种正义理论"不是为了可计算的平等,因此不是为了主体或客体的对称与共时的可计算性或可归罪性,不是为了恢复一种限于惩罚、复原和公平处事的正义,而是为了恢复诸如赠礼的不可计算性和他人的非经济的超立场的独特性样的正义"。在德里达那里,对于资本主义宪制原则的批判与对弥赛亚精神的号召相互结合,从而生发出特殊性的正义观念,这是马克思思想遗产的重要部分,"如果说混沌能够首先描述在张开的豁口中——在等待和召唤我们在此由于对弥赛亚的号召,即另一个绝对的不可预知的具有独特性的和代表正义的到来者即将到来,一无所知而戏称的东西中的无限性、过度性和不相称性。我们相信,这个救世主的号召仍然是马克思的遗产的一种不可磨灭的印迹——一种既无法抹除也不应当抹除的印迹,并且它无疑也是一般的遗产继承经验和继承行为的印迹。否则,人们就会简约事件的事件性和其他人的独特性与相异性。否则,正义就有危险再一次被简约在法律-道德的原则、规范或表征,被归约为一种不可避免的总体化境域(完全重建、赎罪或重新挪用的运动)内部"(德里达:《马克思的幽灵》,何一译,中国人民大学出版社1999年版,第34、41页)。

③ Kai Nielsen, "Arguing about Justice: Marxist Immoralism and Marxist Moralism", *Philosophy and Public Affairs*, Vol. 17, No. 3, 1988, pp. 212-234.

来彻底否定了平等和正义观念的历史性作用。① 正如伍德指出的，"假如有马克思的正义概念的话，资本对工人的剥削也是正义的。因为资本主义生产中买卖的正义是满足并适合于资本主义的生产方式的"②。在我看来，关键是应该区分作为上层建筑的道德层面的正义观念和作为寻求社会希望的正义观念。前者植根于一定的社会生产方式之中，后者则通过对现实社会的批判超越现存社会。之所以把这样的超越性的维度称作正义的，是因为马克思思想中始终存在着对个体价值的尊重、对好生活的期望以及对社会建构规范基础的寻求。而且更为重要的是，这一超越性意义的正义观念，乃是马克思主义走向当代并发挥其应有效力的可贵精神遗产。

我们认为，对于马克思社会正义观念的探讨也许更多的是展示一种可能，他的思想也让我们明白，正义不止一种而是多元的，不是固定的而是流变的，不是同质而是异质，正如德里达通过解构理论呈现给我们的，当总体性的正义观念被祛除之后，带有延异、踪迹的正义观念也许就会出场。③ 于是，通过考察马克思批判资本主义社会的正义观念，一方面，我们应该防止在单纯法律、宪制的框架内言说社会正义；另一方面也应向德里达看齐，重申马克思的指令，把社会正义带回人间。④ 也许，通过这样的努力，我们就会清楚地知道"我们究

---

① 参见 Robert C. Tucker, *The Marxian Revolutionary Idea*, New York: W. W. Norton & Company, 1969, p. 42; Kai Nielsen, "Marx on Justice: The Tucker-Wood Thesis Revisited", *The University of Toronto Law Journal*, Vol. 38, No. 1, 1988, pp. 28-63。

② Allen W. Wood, *Karl Marx*, London: Routledge & Kegan Paul Ltd, 2004, p. 138.

③ 参见德里达：《多重立场》，佘碧平译，生活·读书·新知三联书店2006年版，第9—10、31—34页。

④ 德里达：《马克思的幽灵》，何一译，中国人民大学出版社1999年版，第40—41页。

竟想要什么",或者,通过这样的展示,"表明社会主义在道德上比资本主义更优越"①。在这里,我将对马克思的社会正义观念简单作一勾勒。

一是,在构建未来的社会生活中,如果说正义观念依然值得期待的话,那么首先应该关注的问题是实现这一正义观念的前提条件。在马克思那里,推翻私有财产制度、消灭阶级等现实的改变都是构想正义的必要条件。而在原有的资产阶级体制内进行正义的安排,至少对于马克思来说是不可行的。也就是说,资产阶级社会中存在的所谓人权实质上只是私有财产的权利,"私有财产这一人权是任意地、同他人无关地、不受社会影响地享用和处理自己的财产的权利;这一权利是自私自利的权利。这种个人自由和对这种自由的应用构成了市民社会的基础。这种自由使每个人不是把他人看做自己自由的实现,而是看做自己自由的限制"②。因此,在市民社会和私有财产制度下,权利根本无法得到真正的实现。正是在这一意义上,针对一些人基于资产阶级生产体制提出的自然权利理论,并试图以此来实现人的本真状态的观点,马克思提出了自己的异议:

> 18世纪流行过的一种虚构,认为自然状态是人类本性的真实状态。当时有人想用肉眼去看人的思想,因此就创造出自然人——巴巴盖诺,他们纯朴得居然身披羽毛。在18世纪最后几十年间,有人曾经设想,那些原始民族具有非凡的才智,那时到

---

① R. G. Peffer, *Marxism, Morality, and Social Justice*, Princeton: Princeton University Press, 1990, p. 318.
② 《马克思恩格斯文集》第1卷,人民出版社2009年版,第41页。

处都听到捕鸟者模仿易洛魁人和印第安人等的鸟鸣术,以为用这种方法就能诱鸟入彀。所有这些离奇的言行都是以这样一种正确的想法为根据的,即原始状态是一幅幅描绘人类真实状态的纯朴的尼德兰图画。①

与传统自由主义在自然状态中设想人的权利不同,马克思始终着眼于现实情景来寻获正义的道路。在他看来,那种自然状态中的所谓权利在现实中根本无法得到保障,而要真正实现,只能打破现有的建立在私有财产基础上的社会关系。因此,马克思把在资产阶级社会中寻求自然权利的做法视为妄谈,称其为缘木求鱼。

二是,在马克思那里,自由和平等的权利无疑是重中之重,但是在资产阶级社会生活中,这样的权利却建立在私有财产神圣不可侵犯的基础之上,因此,只有通过破除私有制的魔咒才能真正解放个人。也就是说,在资本主义状况下,所谓法权并不是为了完善个体的生命活动,充分发展其各项能力,也不是为了建构良好的社会秩序,而在于规定每个人的活动界限,鼓励个体的自私自利。而当这样的权利试图超越法律的界限时,就会受到极力镇压。"自由是可以做和可以从事任何不损害他人的事情的权利。每个人能够不损害他人而进行活动的界限是由法律规定的,正像两块田地之间的界限是由界桩确定的一样。这里所说的是人作为孤立的、自我封闭的单子的自由。"因此,"自由这一人权不是建立在人与人相结合的基础上,而是相反,建立在人与人相分隔的基础上。这一权利就是这种分隔的权利,是狭隘

---

① 《马克思恩格斯全集》第1卷,人民出版社1995年版,第229页。

的、局限于自身的个人的权利"。"自由这一人权的实际应用就是私有财产这一人权。"① 所以在马克思看来,在没有彻底改造现实社会基础的条件下,或者说,没有对社会生活进行彻底的重建的话,资本主义社会的自由权利最终将会导致对个人自由的限制。所以在这里,马克思思想中的正义观念显然是借由对社会生活的改造建构起来的,这与自由主义思潮从个体自由出发的正义理路存在根本差别。在马克思看来,不改变现实的社会关系,个人的自由正义就是水中月、镜中花,而对于自由主义的倡导者来说,在资本主义宪制下保护个体自由则是重要的思想出发点。

三是,在我看来,关键不在于自由和平等这些正义观念出了问题,也不是简单废除观念形态的东西就能实现真正的社会生活。问题在于,现实资产阶级社会的物质生产的价值规律产生了平等和自由的幻象,而其具有的现实的剥削性质又打破了这一幻象。"权利决不能超出社会的经济结构以及由经济结构制约的社会的文化发展。"② 因而,推翻现有的生产关系以及从现实出发来构想新的社会正义观念不仅是可能的而且也是必要的。因此,我依然认为,马克思对于在资产阶级意识形态内的平等和自由观念的拒绝并不代表其没有对于新的社会正义安排的向往。马克思只是在说明,不从批判现有的资产阶级生产关系和制度安排本身出发,任何正义都只能流于空幻。也可以这样表述,在消灭了资产阶级所有制以及实现了对生产资料的社会化占有的前提下,可以而且应该对社会进行基于另一种正义观念的构建。事实上,在《哥达纲领批判》中,马克思正是在这一意义上来提出自己

---

① 《马克思恩格斯文集》第1卷,人民出版社2009年版,第40—41页。
② 《马克思恩格斯文集》第3卷,人民出版社2009年版,第435页。

第五章　资本主义社会的历史定位与永恒正义的瓦解

的正义原则的。

马克思一方面指出，在未来社会的一定历史阶段，在新的社会生产方式基础上，资产阶级法权意义上的平等权利原则依然存在，"在经过长久阵痛刚刚从资本主义社会产生出来的共产主义社会第一阶段，是不可避免的。权利决不能超出社会的经济结构以及由经济结构制约的社会的文化发展"①。而在生产力高度发展的基础上，未来社会的分配方式依然有其主要的作用：

> 在共产主义社会高级阶段，在迫使个人奴隶般地服从分工的情况已经消失，从而脑力劳动和体力劳动的对立也随之消失之后；在劳动已经不仅仅是谋生的手段，而且本身成了生活的第一需要之后；在随着个人的全面发展，他们的生产力也增长起来，而集体财富的一切源泉都充分涌流之后，——只有在那个时候，才能完全超出资产阶级权利的狭隘眼界，社会才能在自己的旗帜上写上：各尽所能，按需分配。②

因此，马克思并没有抽象地否定一切平等权利，而是着眼于现实的历史发展阶段来阐释其正义观念。

概括地来说，在马克思那里，首先要改变的是资本主义的生产关系，而把注意力单纯集中在分配关系上或者抽象地谈论权利，则是一种倒退的行为。

---

① 《马克思恩格斯文集》第3卷，人民出版社2009年版，第435页。
② 《马克思恩格斯文集》第3卷，人民出版社2009年版，第435—436页。

消费资料的任何一种分配，都不过是生产条件本身分配的结果；而生产条件的分配，则表现生产方式本身的性质。例如，资本主义生产方式的基础是：生产的物质条件以资本和地产的形式掌握在非劳动者手中，而人民大众所有的只是生产的人身条件，即劳动力。既然生产的要素是这样分配的，那么自然就产生现在这样的消费资料的分配。如果生产的物质条件是劳动者自己的集体财产，那么同样要产生一种和现在不同的消费资料的分配。庸俗的社会主义仿效资产阶级经济学家（一部分民主派又仿效庸俗社会主义）把分配看成并解释成一种不依赖于生产方式的东西，从而把社会主义描写为主要是围绕着分配兜圈子。既然真实的关系早已弄清楚了，为什么又要开倒车呢？①

第四节　马克思社会历史观的当代价值

在厘清了马克思对资产阶级社会正义的批判及其思想中所包含的正义指向以后，我们现在重点解决这样一个问题：马克思的历史必然性论断的真实内涵是什么？可以说，这是至今依然未能得到很好解决的重大理论问题，由于这一问题没有得到很好的解读，也导致后来的许多人把马克思的历史观等同于历史决定论、历史科学或实证科学，从而也丧失了其中有价值的思想内涵。因此，对这一问题的回答，也关涉到对马克思历史观其他诸多问题的解决。事实是否如金里卡先生所指出的那样，"作为一种历史必然性理论的'科学的'

---

① 《马克思恩格斯文集》第3卷，人民出版社2009年版，第436页。

第五章　资本主义社会的历史定位与永恒正义的瓦解

马克思主义的消亡,却换来了作为一种规范政治理论的马克思主义的诞生"①。马克思的社会历史观的真实指向是什么?如何达到合规律性与合意性的平衡与契合?这是当前需要加以认真审视的重大理论问题。

在我们看来,马克思的历史观的一个重要所指是对资本主义这一现代社会人类生存困境的批判和超越,而历史必然性直接关联着现代性批判,也只能在批判和革命的意义上来理解。在马克思的思想语境中,历史必然性实质上具有一定的历史规律内涵。它并没有寻求解决一切问题的万能药方,也不指望能够一劳永逸地解决人类面临的所有问题。② 所以,一方面,它不能被当作与人无关的自然必然性,相反,只要有人类存在,自然和人类就紧密依存;另一方面,那种无视个人意志和情感诉求的社会发展规律也必须得到历史性的理解,即这样的自然必然性实质与建立在资本主义基础上的现代性状况密切相连,在这样的社会状态中,生产的社会联系处于一种无政府状态之中,并且还表现为统治与奴役人的自然规律。

> 尽管在资本主义生产的基础上,对于直接生产者大众来说,他们的生产的社会性质是以实行严格管理的权威的形式,并且是以劳动过程的完全按等级组织的社会机制的形式出现

---

① 金里卡:《当代政治哲学》,刘莘译,上海译文出版社2015年版,第214页。
② 阿隆(Raymond Aron)把那些声称能够发现历史最终规律的人叫作江湖骗子,"那些声称能够提出一种最终裁决的人是江湖骗子。人们在选择时两者必居其一:要么历史是最高的裁判官,它的终审判决要到最后一刻才作出;要么由良心(或上帝)来审判历史,而未来并不比当下更具权威性"(阿隆:《知识分子的鸦片》,吕一民、顾杭译,译林出版社2005年版,第136页)。

的，——这种权威的承担者，只是作为同劳动相对立的劳动条件的人格化，而不是像在以前的各种生产形式中那样，是作为政治的统治者或神权政体的统治者得到这种权威的，——但是，在这种权威的承担者中间，在只是作为商品占有者互相对立的资本家本身中间，占统治地位的却是极端无政府状态，在这种状态中，生产的社会联系只是表现为对于个人随意性起压倒作用的自然规律。①

可以看出，马克思在这里所说的自然规律特指那种在资本主义条件下压制个人意志的状况，对于这一现代性特征，马克思恰是持强烈的批判态度的。

尽管这一状况采取了比以往任何一个社会都要隐蔽得多的形式，尽管在这一状况下人有了相对的自由，但是在根本上，人依然受制于资本主义的物化状态，依然无法逃脱被控制和奴役的现实。在这个意义上，马克思破除了那种美化资本主义社会，并把它看作永恒的自然规律的观点，"这个一定的历史形式达到一定的成熟阶段就会被抛弃，并让位给较高级的形式"②。马克思在《哲学的贫困》和《致安年柯夫的信》等论著中都非常注重对经验事实作历史性的理解，这样，他就同时区别于资产阶级庸俗经济学家和某些冒牌的社会主义者，后两者都把资产阶级生产方式视为具有永恒性的社会状态而无法认清其必然灭亡的实质，因而也只能停留在现代性的体制内反对资本主

---

① 《马克思恩格斯文集》第7卷，人民出版社2009年版，第997—998页。
② 《马克思恩格斯文集》第7卷，人民出版社2009年版，第1000页。

义。① 而在马克思那里,所谓的历史必然性、历史的不可避免性确实在批判的意义上指明了资本主义生产关系的历史性质,同时也揭示了这一生产关系面纱下所隐藏的无法调和的内部矛盾,"资产阶级在其历史发展过程中不可避免地要发展它的对抗性质,起初这种性质或多或少是掩饰起来的,仅仅处于隐蔽状态"②。从而,马克思也粉碎了资本主义的神化外观,证明了资本主义注定陨灭以及被更高社会形态所代替的历史必然,这是从现代性的人类生存状况出发得出的批判性成果,而不是理论公式推论出来的或原理教义设定的。

从马克思的社会批判视角来切入他的历史观,我们可以很容易看穿资产阶级学者所宣扬的自然规律的真实面目,在马克思那里,是把社会作为一个变化和运动的机体来看待的,任何形态都无一例外地要被历史终结,资产阶级的历史却无法终结人类的历史。在这一意义上,恰是资产阶级经济学家依然反复鼓吹非历史的自然规律,"只要政治经济学是资产阶级的政治经济学,就是说,只要它把资本主义制度不是看做历史上过渡的发展阶段,而是看做社会生产的绝对的最后的形式,那就只有在阶级斗争处于潜伏状态或只是在个别的现象上表现出来的时候,它还能够是科学"③。也就是说,真正的实证科学意义上的历史观鲜明体现在资产阶级的经济学上,而且这样的历史观最终陷入了非历史的窠臼,于是,在资产阶级那里,历史的终结时常被当作维护并拓展自身利益的工具并一直延续至今。马克思具体分析了李嘉图(David Ricardo)的经济学理路,指出其很天真地把阶级对立看

---

① 《马克思恩格斯文集》第1卷,人民出版社2009年版,第656—657页。
② 《马克思恩格斯文集》第1卷,人民出版社2009年版,第614页。
③ 《马克思恩格斯文集》第5卷,人民出版社2009年版,第16页。

作一种社会自然规律，显而易见，这里所谓的自然规律实质上是资产阶级经济学家美化现实并服务于资本主义需要的一种企图。而铁的必然性乃是资本不断增殖的必然性，也是资本家剥削压迫工人的必然性，更是资本主义制度万古长存的必然性，这恰恰是马克思所要打破和粉碎的。在马克思看来，铁的必然性只是资产阶级维护自身统治的思想工具，而人类社会却要打破这种必然性向更高阶段迈进。在马克思的社会理想中，未来社会图景应该是一种个人自由参与并发展自己个性的社会联合体，这样的联合体作为社会理想不是由先验的范畴推演出来的，而是植根于人类生活实践，在人的社会物质生活的丰富和充盈的基础上才能实现。

所以，马克思指出，当资本主义社会的阶级斗争趋向于白热化之际，资产阶级政治经济学的研究就失去了其科学性和客观性，"阶级斗争在实践方面和理论方面采取了日益鲜明的和带有威胁性的形式。它敲响了科学的资产阶级经济学的丧钟。现在问题不再是这个或那个原理是否正确，而是它对资本有利还是有害，方便还是不方便，违背警章还是不违背警章。无私的研究让位于豢养的文丐的争斗，不偏不倚的科学探讨让位于辩护士的坏心恶意"①。也就是说，在现代性条件下，从来没有不偏不倚的实证科学可言，一切被冠以科学外衣的事物其实都隐藏着资本增殖和剥削的秘密。在这样的阶级关系中，知识分子的价值中立立场也随之失去了效应，一切都被资本主义市场规律所制约，"资产阶级抹去了一切向来受人尊崇和令人敬畏的职业的神圣光环。它把医生、律师、教士、诗人和学者

---

① 《马克思恩格斯文集》第5卷，人民出版社2009年版，第17页。

第五章　资本主义社会的历史定位与永恒正义的瓦解

变成了它出钱招雇的雇佣劳动者"①。可以看出，马克思对所谓科学知识的分析都是在现代性的批判和反思的视角中进行的，在他那里，所谓发现自然规律的历史科学其实是被当作深层的意识形态来加以批判的，这一批判的矛头直接指向资本主义的生产方式而不是单纯的理性力量②，这一批判的最终目的是戳破资本主义剥削和压制现实个人的赘瘤。在《1844年手稿》中，马克思极力反对那种非历史的无批判的资产阶级实证经济学立场，"国民经济学从私有财产的事实出发。它没有给我们说明这个事实。它把私有财产在现实中所经历的物质过程，放进一般的、抽象的公式，然后把这些公式当作规律。它不理解这些规律，就是说，它没有指明这些规律是怎样从私有财产的本质中产生出来的"，而导致这一切的根本原因在于，"它把资本家的利益当作最终原因；就是说，它把应当加以阐明的东西当做前提"。③ 马克思正是在这样的抽象规律的外衣下发现了一个最基本的历史事实，即个人在资本主义生产条件下的非人化或物化，并指出必须建立一个在个性自由发展基础上的真实社会。因此，未来社会的必然性更多关涉的是人的生存状况而不是僵死的规律，在这方面，恩格斯对唯物史观与科

---

① 《马克思恩格斯文集》第2卷，人民出版社2009年版，第34页。
② 在这方面，马克思和韦伯就存在着诸多分歧。韦伯持有现代主义的立场，在对现代社会的现实状况进行彻底审查后依旧能够保持足够的清醒和理智，并以世俗化的理性之尺去度量社会的各个领域，在祛魅的世界中回归工具理性，祛除价值理性，提倡责任伦理，排斥信念伦理的结论，韦伯在深层的理论运思中为现代资本主义社会进行了合理化的论证。正如他所说，"今天，作为'职业'的科学，不是派发神圣价值和神启的通灵者或先知送来的神赐之物，而是通过专业化学科的操作，服务于有关自我和事实间关系的知识思考。它也不属于智者和哲人对世界意义所做沉思的一部分。这是我们的历史环境中无可逃避的事实，只要我们忠实于自己，我们便不可能摆脱这一事实"（韦伯：《学术与政治》，冯克利译，商务印书馆2018年版，第35页）。
③ 《马克思恩格斯文集》第1卷，人民出版社2009年版，第155页。

学社会主义关系的论述可谓是一针见血。在他看来，空想社会主义者从绝对的原理、理性和正义等形式原则出发，最终只能流于无现实根基的不伦不类的社会主义的空巢中，"对所有这些人来说，社会主义是绝对真理、理性和正义的表现，只要它被发现了，它就能用自己的力量征服世界；因为绝对真理是不依赖于时间、空间和人类的历史发展的，所以，它在什么时候和什么地方被发现，那纯粹是偶然的事情"[①]。

与此相反，在唯物史观看来，"社会主义现在已经不再被看做某个天才头脑的偶然发现，而被看作两个历史地产生的阶级即无产阶级和资产阶级之间斗争的必然产物。它的任务不再是构想出一个尽可能完善的社会制度，而是研究必然产生这两个阶级及其相互斗争的那种历史的经济的过程；并在由此造成的经济状况中找出解决冲突的手段。……以往的社会主义固然批判了现存的资本主义生产方式及其后果，但是，它不能说明这个生产方式，因而也就不能对付这个生产方式；它只能简单地把它当作坏东西抛弃掉。它越是激烈地反对同这种生产方式密不可分的对工人阶级的剥削，就越是不能明白指出，这种剥削是怎么回事，它是怎样产生的"[②]。

马克思把历史规律的论域严格限制在共产主义社会之前，特别是资本主义社会。

也就是说，马克思的社会历史观中的规律性论证是与资本主义及其以前的社会形态紧密相关的，而不是一个抽象的原理，因此也就不是历史决定论或先验原理所建构出来的普遍规律。正如马克思所说：

---

① 《马克思恩格斯文集》第3卷，人民出版社2009年版，第536—537页。
② 《马克思恩格斯文集》第3卷，人民出版社2009年版，第545页。

第五章 资本主义社会的历史定位与永恒正义的瓦解

  问题本身并不在于资本主义生产的自然规律所引起的社会对抗的发展程度的高低。问题在于这些规律本身,在于这些以铁的必然性发生作用并且正在实现的趋势。工业较发达的国家向工业较不发达的国家所显示的,只是后者未来的景象。①

  此处的工业较发达国家明显指称的是现代资本主义国家。马克思紧接着更明确地指出,社会历史规律意指现代社会的经济运动规律,"一个社会即使探索到了本身运动的自然规律——本书的最终目的就是揭示现代社会的经济运动规律——,它还是既不能跳过也不能用法令取消自然的发展阶段。但是它能缩短和减轻分娩的痛苦"②。我们认为,这里的社会严格限制在资产阶级社会或前资本主义社会的历史阶段框架内,这时的社会正如马克思曾说过的,还受到严格的自然必然性的制约,个体还受到严格的自然规律的控制和压迫。正如在奴隶、农奴和个人的社会生活中,经济的奴役和压制表现为一种个人无法摆脱的铁的必然性,这种必然性乃是社会生产关系上的奴役和压制的一定的历史形式和外在的表现,所以马克思才说:

  为了避免可能产生的误解,要说明一下。我决不用玫瑰色描绘资本家和地主的面貌。不过这里涉及的人,只是经济范畴的人格化,是一定的阶级关系和利益的承担者。我的观点是把经济的社会形态的发展理解为一种自然史的过程。不管个人在主观上怎样超脱各种关系,他在社会意义上总是这些关系的产物。同其他

---

① 《马克思恩格斯文集》第5卷,人民出版社2009年版,第8页。
② 《马克思恩格斯文集》第5卷,人民出版社2009年版,第9—10页。

任何观点比起来,我的观点是更不能要个人对这些关系负责的。①

许多人把马克思的这段话作为其历史观的经典表述,但是在我们看来,这里的历史观主要是批判资本主义社会的铁的必然性对现实个人的压迫和奴役,而决不是说明历史过程乃是无人身的自然规律。马克思从来没有提供给我们一个客观的历史规律,更没有把这样的规律当作一种绝对的无法抗拒的必然性来预言未来社会形态,恰恰相反,马克思的历史观在根本的思想旨趣上乃是批判的和革命的。

在晚年的著作和书信中,马克思不断强调他所创立的社会历史观的有限性和条件性,在他那里,社会发展规律只能是一定历史时期的规律,而不是普遍的和永恒的。在1881年3月8日给查苏里利奇的信中,马克思很明确地把他在《资本论》中对资本主义历史必然性的论证限于西欧各国;在《路易波拿巴的雾月十八日》中,马克思通过对一个历史事件的具体分析,为我们展现了历史性分析方法的深刻内涵和重大价值。按照马克思的分析,一个似乎纯粹偶然的、拙劣的历史事变其实是真实的历史运动的结果,同时,历史本身的前进步伐并不神秘,而是由众多现实的力量相互作用产生的。在这一意义上他才指出,"人们自己创造自己的历史,但是他们并不是随心所欲地创造,并不是在他们自己选定的条件下创造,而是在直接碰到的、既定的、从过去承继下来的条件下创造。一切已死的先辈们的传统,像梦魇一样纠缠着活人的头脑"②。在这一历史观基础上,马克思才明确

---

① 《马克思恩格斯文集》第5卷,人民出版社2009年版,第10页。
② 《马克思恩格斯文集》第2卷,人民出版社2009年版,第470—471页。

地说明了"法国阶级斗争怎样造成了一种局势和条件，使得一个平庸而可笑的人物有可能扮演了英雄的角色"①。

我们应该认识到，对马克思关于历史必然性的诸多论断必须进行历史性的理解和把握。

历史必然性规律（铁的必然性）主要在批判资本主义社会中起作用，而在马克思看来，在未来社会中，一种自由的王国将代替那种冷酷的必然王国，同时实现了人的个性的全面发展和联合，人也在一定意义上拥有了自由自觉的劳动，这是未来社会的现实根基。"事实上，自由王国只是在必要性和外在目的规定要做的劳动终止的地方才开始；因而按照事物的本性来说，它存在于真正物质生产领域的彼岸。"② 在一个消解了铁的必然性的社会生活中，劳动不再是一种压制的奴役力量，而成为人的真正创造性的活动的体现。于是，真正的历史是人自由自觉创造活动的历史，在这一意义上，历史的终结恰恰意味着那种剥削和压迫的资本主义历史的终结，人类必将解锁历史的新关卡。因此，我们现在就不难理解，在《资本论》中，马克思把类似于自然过程的必然性作为资本主义生产方式的主要思想旨趣。

> 资本主义的私有制，是对个人的、以自己劳动为基础的私有制的第一个否定。但资本主义生产由于自然过程的必然性，造成了对自身的否定。这是否定的否定。这种否定不是重新建立私有制，而是在资本主义时代的成就的基础上，也就是说，在协作和对土地及靠劳动本身生产的生产资料的共同占有的基础上，重新

---

① 《马克思恩格斯文集》第2卷，人民出版社2009年版，第466页。
② 《马克思恩格斯文集》第7卷，人民出版社2009年版，第928页。

建立个人所有制。①

综上,我们的考察所得出的结论是,马克思的历史观及其对历史必然性的论述必须得到具体的、历史的理解。在特定的语境中,这种必然性、铁的必然性、自然历史过程以及天然的必然性等等词语主要指向的是资本主义社会形态,进而批判那种外在的、强制性的束缚,并揭露其与人的社会存在相区别的个体存在方式,"把他们连接起来的唯一纽带是自然的必然性,是需要和私人利益,是对他们的财产和他们的利己的人身的保护"②。也在这一意义上,马克思恰恰要反对那种思辨的无人身的历史理性以及历史目的论,"其实,前期历史的'使命'、'目的'、'萌芽'、'观念'等词所表示的东西,终究不过是从后期历史中得出的抽象,不过是从前期历史对后期历史发生的积极影响中得出的抽象"③,而马克思的历史观却有着截然不同的内涵。

这种历史观就在于:从直接生活的物质生产出发来阐述现实的生产过程,把同这种生产方式相联系的、它所产生的交往形式即各个不同阶段上的市民社会理解为整个历史的基础,从市民社会作为国家的活动描述市民社会,同时从市民社会出发阐明意识的所有各种不同的理论产物和形式,如宗教、哲学、道德等等,而且追溯它们产生的过程。④

---

① 《马克思恩格斯文集》第5卷,人民出版社2009年版,第874页。
② 《马克思恩格斯全集》第1卷,人民出版社2009年版,第42页。
③ 《马克思恩格斯文集》第1卷,人民出版社2009年版,第540页。
④ 《马克思恩格斯文集》第1卷,人民出版社2009年版,第544页。

第五章　资本主义社会的历史定位与永恒正义的瓦解

时代发展到今天，我们与马克思曾经批判和斗争过的那个时代已然渐行渐远。我们又和马克思之后的许多理论家一样，不断遭遇新的时代课题。我们也很容易窥见各种后马克思主义思潮，它们借助于时代背景的更迭而改头换面，其实质依然是换汤不换药。不管对这个时代冠以什么样的主题，作为坚定的马克思主义者，我们的使命仍是不断继承和发展马克思主义。在此时，坚守马克思所开创的社会历史观将具有深远的意义。

首先，坚持唯物史观所揭示的社会发展规律和一般原理，对于我们进一步认识和解释当代世界社会矛盾运动规律的新形式、新特点，仍然具有不可忽视的重要指导作用。从整个马克思思想的发展历程来看，马克思倾其毕生精力所投身的事业都是批判资本主义社会并为人类社会的解放指明道路，在这一总的目标下，马克思在很长的时间内为了捍卫其所创立的科学的社会历史观而不得不再三阐明其基本原理。这些基本原理在长期的革命斗争和建设的实践中不断得到证实和发展，这是我们任何时候都应该坚持的马克思社会哲学思想的基本原则和方向，也是我们观察和分析问题的基本立足点。当代社会矛盾和问题尽管千变万化、层出不穷（比如阶级问题、国家问题等），亦和马克思的那个时代不可同日而语，但是唯物史观所揭示的社会基本矛盾、社会发展的历史性进程、社会结构等方面的基本规律，仍然是我们分析和把握诸多社会现实的有力参照，也是我们穿透各种意识形态迷雾直达事物本质的重要方法论武器。

其次，我们要运用马克思社会历史观的革命批判精神，历史地、全面地、实事求是地认识当代发达资本主义社会的特点、作用、矛盾及问题，并对其进行恰如其分的批判，突出马克思社会哲学的批判维度。直面现实问题是马克思主义的重要理论态度和思想品格。马克思实现历史观变革的一个重要标志就是实现了剖析现实问题的视角和思想方式的转换，把历史观研究与批判资本主义社会结合起来，把新世界观的阐发与实现人的解放结合起来，从而破除了那种以外在的历史原则来规范现实、以抽象的观念或解释模式来裁剪历史的旧形而上学思维方式。因此，在根本的理论旨趣上，马克思主义历史观（不管这一历史观被冠以何种名号）都是以批判资本主义社会的问题并走出现代社会的困境为出发点和落脚点的，批判的武器不是永恒不变的普遍性原则，而是立足于革命性社会实践的根本立场和方法。也因此，马克思思想革命的现实意义在于批判性地分析资本主义社会问题的历史和现状，为无产阶级革命指明道路。当前，发达资本主义社会出现了许多值得重新研究和重点把握的新情况、新特点，都需要我们在运用马克思唯物史观基本原理的同时，不断以历史的、实践的思路对其进行批判性分析，这也是马克思的社会批判思想需要得到再三阐发的重要意义所在。当然，马克思不可能详细地预测到当前的现实，也没有可以直接拿来使用的分析工具，这正是马克思思想区别于一切价值悬设和空想意识形态的关键所在，也为我们不断开拓马克思社会哲学的当代视野提供了广阔的空间。

  这也警示我们对当今生活的种种社会现象和社会问题进行冷静、清醒且有远见的批判性分析。马克思的社会哲学思想具有开放性的特点，表现为不断吸收当代社会发展的最新成果，包括当代社会发展所面临的重大问题（技术问题、生态问题、文化问题、意识形态问题等等），正是在不断解决重大问题的现实背景下，马克思主义理论才彰显出强大的生命力。面对当前的媒介社会、消费社会等新景观，一些

第五章　资本主义社会的历史定位与永恒正义的瓦解

理论家把马克思理论作为批判当代现实的发源地之一。

> 马克思敏锐地察觉到第一个强有力的颠倒和抽象形式开始于自治的经济，一种自足的资本主义制度，其生产围绕利润的截取和积累来组织。他不仅看到帝国主义和垄断的早期形式，而且也看到一个正在出现的消费社会和自我的最初表现。①

最后，理清马克思在社会历史观方面的变革也能够帮助我们理智地看待西方学者的惯常批评。特别是近几十年来，国外学者围绕唯物史观问题作出了许多富有价值的论述，尽管这些论述往往是以歪曲和误读马克思历史观变革为前提的，但是他们依然揭示出了许多值得我们深思的理论问题。刻意回避或简单拒斥这些问题，当然不是马克思主义研究者的理论态度。在应对这些批评和诘难的时候，我们也不应当预设一个唯物史观的正统解释模式，把阐发并维护一种抽象的解释原则和基本原理作为理论目标，这样做便很有可能在为唯物史观辩护的过程中，再度陷入马克思所批判的旧历史观的窠臼。实际上，马克思的哲学革命让我们具有了审视现实问题的崭新思想维度和思想方式，从而提升了我们的反思力和批判力，而不是耽溺于一成不变的解释原则和世界观。也因此，在讨论和发掘马克思主义历史观的变革和内涵时，必须从当前我们所面对的重大理论和现实问题出发，而不是仅仅陷于维护旧有的唯物史观原理的囹圄。

因此，马克思的历史唯物主义不是一种外在的解释原则而是内在

---

① 贝斯特、科尔纳：《后现代转向》，陈刚等译，南京大学出版社2002年版，第70页。

于人类生活的历史性思想。把历史唯物主义当成一种解释原则是指，存在着现成的历史事实，我们去反映、加工并进行反思，于是，历史本身成为一种在场的客观状态，历史唯物主义只不过是对当下客观事实的描述和表达。同时，这种主张还认为，存在着等待我们去发现与追寻的先定的历史规律和历史目标。与此相反，把历史唯物主义作为一种内在于人类生活的历史性思想，意指我们没有孤立的、外在于人生活之外的历史观，也没有无时间性的历史观，更没有先天的历史目的，马克思的历史观是人类社会生活的产物，随着社会生活的变化而变化。因此，并不存在普遍性的历史原则和历史方法，也不存在所谓超历史的社会发展规律。而且更为重要的是，这一历史观是对人类理想生活的引导和规范，促使我们在不同的生活场域中进行批判性建构。在我们看来，只有从对历史的盲目崇拜中走出来，平实地审视现实社会生活，才能打破资本主义社会超历史的幻象，也才能够更好地创造历史而不是听任历史规律的摆布。

不难发现，在马克思那里，社会概念历史性的维度不在于确立抽象的规律和原则，甚至也不仅仅在于向我们提供探寻事件真相的方法，而在于一种对于现实社会生活暂时性、差异性的揭示，从而打破现存社会体制永恒正义的幻象，这也彰显了马克思破除一切本质主义形而上学历史观的不懈努力，以及其倾尽心血所孜孜以求的正义事业。

第六章

比较与融通：马克思社会政治思想的当代阐释

近年来，对照西方正义观来阅读马克思并阐发其正义思想成为国内学界的重要致思取向。但就当前的研究态势看，二元对立的思维方式依然占据主导地位。一方面，学者们有意无意地以马克思的正义观作为基准来判定、裁决实质上多元的西方正义理论，特别是马克思对建立在捍卫私有财产和个人私利基础上的自由平等观念乃至整个资产阶级法权观念的批判，成为把握和理解西方正义学说的标准范式；另一方面，在两者的比较研究中，大多数学者的主要目标依然是区分其差异和对立，而忽视两种正义观存在的共通之处。本章通过解读罗尔斯、柯亨思想语境中的马克思正义观，试图找寻两者可以互补与共通的地方；我们试图阐明，固守传统意义上的马克思主义正义观是不充分的，需要结合包括罗尔斯、柯亨等自由平等主义者在内的诸多观点来完善相关论证；我们尤其强调，应该以实践理性范式阐明马克思批判自然权利学说的思想缘起，就一些重大理论问题加强对话交流，进而彰显唯物史观重构人类价值秩序和未来社会形态的规范性内涵。

第一节 马克思与正义：从罗尔斯的观点看

自《正义论》于 1971 年面世以来，当代道德和政治哲学特别是有关正义问题的讨论大多与这本书、与罗尔斯本人密不可分。正像柯亨等人的学术历程所表明的那样，推进马克思主义研究应该注重考察包括罗尔斯正义论在内的一系列自由主义学说。① 相比之下，国内马克思主义研究在正义原则等规范性问题上的论证却相对匮乏，导致我们难以对马克思主义语境下的人与社会理想提供一种建构性阐释。② 值得注意的是，西方（特别是英美）学界已经在不断打破马克思主义和自由主义之间存在的藩篱，更注重就一些重大理论问题进行对话沟通，从而共同找寻解决人类现实困境的合理方案。

本节通过考察罗尔斯对马克思正义思想的解读及其本人对于来自马克思主义阵营诸多批评的回应，呈现罗尔斯视野中的马克思正义观及其关注平等的自由主义取向，进而找寻两者可以沟通互补的地方。其中，罗尔斯对道德上任意不平等的纠正，对个体两种道德能力的阐释，以及对社会合作规范基础的寻求，都有助于我们进一步思考并推

---

① 柯亨：《如果你是平等主义者，为何如此富有？》，霍政欣译，北京大学出版社 2009 年版，第 150—151 页。
② 在此，我把建构主义与批判性理论进路区别开来。道德建构主义、政治建构主义是罗尔斯奠立其正义理论大厦的思想基石。关于两种建构主义的内涵与异同，参见 John Rawls, "Kantian Constructivism in Moral Theory", in S. Freeman (ed.), *Collected Papers*, Cambridge, MA: Harvard University Press, 1999, pp. 303-358; John Rawls, *Political Liberalism*, New York: Columbia University Press, 2005, pp. 89-129。

进马克思在人与社会问题上的理想性诉求。为此，需要摆脱二元对立的思维方式和研究方式，用当代政治哲学的最新研究成果来丰富和发展马克思主义的道德和政治哲学。特别是在当前情势下，马克思主义的诸多前提预设需要得到重新理解并被赋予新的内涵，从而为解决当前道德困境并实现社会联合提供思想资源。

一、重新解读马克思的正义思想

作为20世纪的著名政治哲学家，罗尔斯不仅就正义问题提出了新的论证思路，从而实现了当代道德与政治哲学的"规范论"转向，而且还通过对哲学史的详尽考察，为我们了解诸多重要的道德和政治哲学家提供了思想参照。在其中，罗尔斯对马克思的阐释尤其值得关注。

罗尔斯对马克思正义观的解读主要体现在三个思想文本中：一是《作为公平的正义——正义新论》一书第52节，题为"讨论马克思对自由主义的批判"，其中对马克思关于自由主义的批判纲领，罗尔斯一一作了应答[①]；二是《政治哲学史讲义》中有关马克思思想的3次讲座[②]；三是在《正义论》特别是其中第5章"分配的份额"中，罗尔斯还谈到了市场机制和社会主义制度在调节经济分配问题上的相容性，以及自由市场的使用和生产资料私人占有之间没有本质联系，进而强

---

① John Rawls, *Justice as Fairness: A Restatement*, E. Kelly (ed.), Cambridge, MA: Harvard University Press, 2001, p. 176-179.

② John Rawls, *Lectures on the History of Political Philosophy*, S. Freeman (ed.), Cambridge, MA: Harvard University Press, 2007, pp. 317-372.

调正义原则对于两种背景制度的限定性作用①。我们试图在学界已经作出的研究基础上推进对马克思正义观的理解。

罗尔斯之所以分外关注马克思正义观,其理论背景在于,苏东剧变后,马克思主义在一些西方学者看来似乎已经无法再成为指引人类前进的重要思想力量。许多学者便以"历史的终结"来形容当下与未来资本主义一统天下的场景,似乎以前奉为圭臬的马克思学说,特别是其社会哲学和经济学说在当前已经失去价值了。②罗尔斯对这种无知的态度进行了严肃的批判。在他看来,尽管像苏联这样集中式的社会主义体制模式已经被证明存在问题,但是并不能否认社会主义还有其他实现形式,比如自由社会主义,而苏联式的社会主义从来都不是一种合理的社会模式。③罗尔斯还认为,自由放任的资本主义存在着巨大缺陷,因而应该被变革和修正,马克思的社会主义思想,包括其后来的发展——自由社会主义以及其他各种观点,都可以一同提供改革社会的思想资源。因此,虽然马克思对自由主义持激烈的批判态度,且后来的马克思主义者对包括罗尔斯在内的新自由主义更是不满,但是罗尔斯还是冷静地分析了马克思及社会主义思想的得失,进而依照自己的理解作出阐释和回应。

---

① John Rawls, *A Theory of Justice*, Cambridge, MA: Harvard University Press, 1999, pp. 234-251.
② 福山:《历史的终结及最后之人》,黄胜强、许铭原译,中国社会科学出版社2003年版,第172页。
③ 在罗尔斯的思想语境中,与其正义学说的内涵相关联,自由社会主义至少包含四个方面的合理内涵,比如存在着一个立宪体制,由法律所规范的市场竞争体系,工人所有或部分由公共所有的生产体制,一个对自然资源和生产资料进行普遍分配的所有权体系等等。参见 John Rawls, *Lectures on the History of Political Philosophy*, S. Freeman (ed.), Cambridge, MA: Harvard University Press, 2007, p. 323。

第六章 比较与融通：马克思社会政治思想的当代阐释

首先，罗尔斯认为马克思对正义的批判与其对整个资本主义体系的批判紧密相关。我们认为这是很深刻的定位，正如罗尔斯所言，"正是在这个意义上，马克思所研究的资本主义是一个阶级社会。这意味着对他来说，在资本主义社会里，由于其在制度结构中的位置，某些阶级的人们能够侵吞别人的剩余劳动。对他而言，与奴隶制和封建制相似，资本主义是一个统治和剥削的体系"[①]。但是罗尔斯紧接着又指出资本主义不同于以往社会体制的地方，那就是引导这个社会的规范基础是独特的，它不像奴隶社会和封建社会那样，把赤裸裸的人身奴役和强制当作社会体制的外部特征。恰恰相反，从外部表象上看，资本主义并不让人感觉到或显现出剥削和统治的体制特征。其根源在罗尔斯看来是很关键的问题，"马克思认为，我们需要一种理论，去解释为什么资本主义制度的这些特征会不被人们辨认出来，以及它们是如何隐藏于视线之外的"[②]。

于是，罗尔斯详细分析了马克思关于资本主义社会体系特征的一概论述。这些特征主要包括：(1) 资本主义社会体系分裂为两个独立的、对立的两大阶级，即资本家和工人。其中，资本家拥有并控制生产资料(工具)和自然资源(土地)等，但是资本主义与奴隶制的差别在于，资本家并不拥有人的劳动力，后者乃是工人所拥有的。但是，单一的劳动力是无法完成一个生产过程的，必须和资本家手中的生产资料相结合。(2) 这个体系内部存在着自由竞争的市场。这、市场是从事商品交易和买卖的场所，每个人在其中各取所需。但是表面上的

[①] John Rawls, *Lectures on the History of Political Philosophy*, S. Freeman (ed.), Cambridge, MA: Harvard University Press, 2007, p. 324.

[②] John Rawls, *Lectures on the History of Political Philosophy*, S. Freeman (ed.), Cambridge, MA: Harvard University Press, 2007, p. 324.

自由交易和选择实质上却掩盖了诸多不平等，马克思认为，资本家通过这一看似平等的契约关系获取了剩余价值，亦即工人所获得的工资性收入小于其劳动生产的价值。在罗尔斯看来，马克思所要解决的一个关键问题就是："这是如何可能的？它是如何在经济系统日常交换的表面下隐秘地发生的？"① 表面上这一体制并没有强制和公开的奴役，一切都是通过一种平等的契约关系进行的，与奴隶制和封建制不同，剩余价值的获取被表面上的平等掩盖了，人们无法认识到其中的奥秘，马克思的一个重要任务便是揭示表面平等的契约关系背后所存在的对工人剩余劳动的占有。(3)工人和资本家在资本社会生产方式中作为两个不同的经济主体拥有不同的地位和目标。资本家通过掌握的生产资料投入生产获取收益，而工人则通过出卖劳动力获取维持其生存的基本生活资料。(4)资本家的目的和社会角色就是获取最大的资本收益，无论是储存生产资料还是关心生产，无论是付给工人工资还是进行其他投资，资本家的阶级地位和对生产的全面控制导致其享有根本的特权，这一特权不是对某一部分而言的，而是对整个社会体系而言的。② (5)资本家和工人的利益始终处于绝对的对立状态下，这与他们在社会关系中的地位的对立相适应，也会导致整个资本主义日益激化的社会矛盾逐渐暴露在公众视野之中，而资本主义体系也终将迎来解体的宿命。

在罗尔斯看来，这也是马克思意识形态批判的主题。罗尔斯认识到，今天对"意识形态"这个词汇的理解与马克思的时代存在诸多

---

① John Rawls, *Lectures on the History of Political Philosophy*, S. Freeman (ed.), Cambridge, MA: Harvard University Press, 2007, p. 326.

② 参见 John Rawls, *Lectures on the History of Political Philosophy*, S. Freeman (ed.), Cambridge, MA: Harvard University Press, 2007, p. 328。

第六章 比较与融通：马克思社会政治思想的当代阐释

偏差。在马克思那里，意识形态不仅仅是错误的意识，而且是为了保存社会体制而得到加强的一种社会和心理角色。马克思认为，存在着两种意识形态意识：假象(illusions)和幻象(delusions)。所谓假象，是社会呈现在我们眼前的表面现象，由于意识形态的原因，我们只能停留在表象层面而无法深入真实的社会现实，比如工资关系就是一种假象，它用看似平等的契约掩盖了资本主义社会中真实存在的不平等的剥削关系。马克思的劳动价值论便是用一种现实性的经济理论戳穿了资本主义社会的平等假象，而在未来社会，由于自由生产者的联合，政治经济关系中的本质和形式直接融合在一起，也就不存在意识形态的假象了。至于幻象，马克思同样认为那是一种错误的意识，同时还包含着一种错误的和非理性价值在其中。如果我们能够充分认识到这些价值的由来，或者消除对这些价值的心理依赖，抑或是被迫屈从于这些价值的社会地位，那么自然就不会受其摆布了。在未来自由人的联合体中，假象和幻象均成了无源之水，因为经济受到公开的民主计划的指导，而且这些观点对所有人都是开放的，因此人们不会受到假象和幻象的蒙蔽。

其次，罗尔斯还着手处理马克思正义观念中存在的一个矛盾性问题，这也是困扰许多学者的一个理论难点，不解决这一问题，也就无法清晰呈现马克思的正义观。一些学者曾指出，马克思思想文本中同时存在着两种道德观和正义观。[1] 通过解读马克思关于资本主义社会体系特征的观点，罗尔斯试图从总体上和一定的社会语境中把握马克思的权利和正义学说。罗尔斯认为，如果要准确地把握马克思的正义

---

[1] Kai Nielsen, "Arguing about Justice: Marxist Immoralism and Marxist Moralism", *Philosophy and Public Affairs*, Vol. 17, No. 3, 1988, pp. 212-234.

学说，就应该从其对整个社会体系的批判和改造处着手，而不是用断章取义的方法。

罗尔斯通过区分两种思维方式来回应马克思正义观所面临的困境：描述性概念和规范性观念。罗尔斯认为，一旦我们从更宽泛的意义上理解马克思的正义观念，就会发现，当马克思在批判资本主义基本结构和社会体系的时候，他所具有的正义观念（也许是隐含于其理论之中的）就是一种批判的、规范性的观念，"如果这（某种广义的政治正义概念）被证明是真的，那么前面的悖论就可以消除。如我所言，马克思是否具有这样一种政治观念，取决于他谴责资本主义时所诉诸的特定价值"①。

所以罗尔斯反对把马克思关于剥削的定义看作描述性的概念，或仅仅当作一个分析社会的中立性的公式。在罗尔斯看来，必须着眼于马克思对整个资本主义社会体系的批判来理解剩余价值和剥削学说，实际上，罗尔斯指出，"剥削是一个道德概念，而且它潜在地诉诸于某种类型的正义原则，否则它对于我们来说就是无益的"②。我们必须从社会基本结构的视角来分析剥削的产生与马克思的批判性观点。于是，"其结果是，剥削的概念预设了一种正当与正义的观念，社会的基本结构就是根据这种观念来加以评判的。换言之，如果预设的不是某种正当与正义的观念的话，某种类型的规范性观点也是必需的"③。

---

① John Rawls, *Lectures on the History of Political Philosophy*, S. Freeman (ed.), Cambridge, MA: Harvard University Press, 2007, p. 336.
② John Rawls, *Lectures on the History of Political Philosophy*, S. Freeman (ed.), Cambridge, MA: Harvard University Press, 2007, p. 335.
③ John Rawls, *Lectures on the History of Political Philosophy*, S. Freeman (ed.), Cambridge, MA: Harvard University Press, 2007, p. 336.

第六章 比较与融通：马克思社会政治思想的当代阐释

罗尔斯认为，这就提出了一个重要课题，那就是马克思是依据何种规范性视角来指认资本主义是一个剥削体制的？

罗尔斯认为，对于这个问题的讨论是有分歧的，表现在两种相互对立的观点上，这也是他所看到的，在理解马克思正义观念时学者之间的意见不一。罗尔斯援引格拉斯和柯亨的观点指出，"马克思确实把资本主义社会谴责为不正义的。另一方面他并不认为他自己是在那么做"[1]。罗尔斯详细阐述了学界关于马克思正义观的矛盾性立场，一种观点认为，马克思"认为作为占主导地位之法律和司法规范的正义是内在于社会与经济秩序的；并且，如果运行良好，这些规范就有助于社会规范完成其历史使命"[2]。同时，在更为狭窄的意义上，马克思认为正义是与市场交换和处于其中的分配关系相关联的，正义在此意义上仅仅是一种关涉交换和分配的概念。

罗尔斯和柯亨一样对此持有不同看法，他在直觉上相信马克思拥有一种正义的规范性价值诉求，并借此批判资本主义社会。他对马克思正义观的解读也是沿着这一深思熟虑的确信进行的。但是他也坦言，虽然马克思思想中隐含着这一正义诉求，但是却并没有对这一主题进行系统和详细的关注。按照罗尔斯的理解，其中的原因是，无论在理论还是实践上，马克思都并不认为正义这一规范基础是特别重要的课题，这也导致他把时间和精力都放在了其自认为更紧迫的事务上。罗尔斯对此持有批评的意见，他认为由于这一原因，马克思"可能有着非常严重的错误，因为他对正当与正义理念的表面上的轻

---

[1] John Rawls, *Lectures on the History of Political Philosophy*, S. Freeman (ed.), Cambridge, MA: Harvard University Press, 2007, p.336.

[2] John Rawls, *Lectures on the History of Political Philosophy*, S. Freeman (ed.), Cambridge, MA: Harvard University Press, 2007, p.336.

视态度可能会给社会主义带来严重的长期后果"①。

　　罗尔斯分析了在马克思的思想进程中,为什么对正义的关注是含蓄的、不连贯的这一问题。一是马克思极力反对一种乌托邦式的价值理想,因此断定一切关于正义或权利的价值诉求都与这一空想的社会主义思潮相关联;二是马克思反对改良主义者,认为其关注分配正义(比如工资关系和收入分配等)是目光短浅的做法;三是乌托邦社会主义者代表了工人阶级实现其目标的最初阶段,这一阶段由于其局限性,掩盖了工人阶级的真实的需求;四是空想社会主义者的诸多观念不是从现实的政治和经济条件中生发出来的,而是对于现实资本主义运动规律的漠视,这些规律将导致资本主义的灭亡和阶级差别的消失。此外,马克思没有对正义观念进行清晰连贯的阐释的最后一个理由是,他认为空想社会主义思潮只是一些个人的臆想,试图为未来社会提供自己的看法,在他们的心目中,阶级斗争和革命性行动是不必要的,所以他们希望对社会进行人道主义的解释,而马克思则主张通过实践的革命方式来改变世界。

　　不过,虽然马克思自己对正义观念没有进行清晰的阐释,但是并不妨碍罗尔斯对其思想进行重新建构。罗尔斯认为,对马克思的正义思想的清晰且连贯的阐释的关键,在于区分马克思批判资本主义的正义观念与具有规范性维度的正义观念。②

---

　　① John Rawls, *Lectures on the History of Political Philosophy*, S. Freeman (ed.), Cambridge, MA: Harvard University Press, 2007, p. 337. 罗尔斯的这一批评具有一定的合理性,特别是在当前的马克思主义研究中,我们有意无意忽略了作为道德指引的马克思思想,而不断把马克思的思想实证化、科学化、教条化,从而遮蔽了其中具有的丰富价值情怀和理想目标。

　　② John Rawls, *Lectures on the History of Political Philosophy*, S. Freeman (ed.), Cambridge, MA: Harvard University Press, 2007, pp. 354-356.

第三，沿着这一思路(即认为存在着对马克思正义观的狭义理解和广义理解方式)，罗尔斯接下来分别考察了马克思思想中作为法权观念的正义概念与规范性意义上的正义概念，并确认马克思是以后者的视角(亦即一种超越性的正义观)来评判资本主义社会非正义性的，亦即，仅仅着眼于法权观念来理解正义和权利是远远不够的，而应该从超越国家和法律体制的意义上加以理解，从而判定社会基本结构及其基本安排。

罗尔斯首先考察了伍德等人对马克思正义观的理解。[①] 他把这些观点归纳如下：在《资本论》中，马克思认为工资关系作为平等的价值交换(劳动力换取工资)对于工人而言并不是非正义的；在《哥达纲领批判》中，马克思批判那种着眼于公平和分配正义的社会主义观念不仅犯了严重的错误，而且迷失了方向；马克思认为权利和正义的规范作为基本的要素乃是内化于一定的生产方式之中的，在此意义上，这些规范是与特定的历史阶段相联系并起作用的；马克思认为道德一般作为意识形态并隶属于社会的上层建筑领域，随着上层建筑适应特定的生产方式而发生改变，作为道德的正义也随之发生改变；把注意力放在正义问题上是对马克思的误解，将会把他的思想置于一个狭窄的、改良主义的方向，比如仅仅关注工资水平和收入差异等分配问题，马克思的目标乃是更加根本的和革命的，即实现私有财产权和工资关系的根本转换；因此，认为马克思只关注正义问题无疑是无稽之谈，这将会把马克思的目标从最主要的、最紧迫的任务(推翻资本主义)转移到一些琐碎的争论上来，马克思本人对于这些做法也是持怀

---

① John Rawls, *Lectures on the History of Political Philosophy*, S. Freeman (ed.), Cambridge, MA: Harvard University Press, 2007, pp. 337-338.

疑态度，认为那是一种唯心主义；同时，马克思认为法权意义上的正义观念在充分实现了的共产主义社会将不再奏效，因为马克思断言那个时候国家与法律体制已经不复存在；在未来的共产主义社会，由于物质财富极其丰饶，人们可以按照更高的原则，即"各尽所能、按需分配"行动，因此正义所赖以存在的现实环境（匮乏和冲突）已然丧失了根基；马克思当然也谴责资本主义，但是是基于诸如自由和自我实现这些价值标准进行的。①

基于以上分析，伍德等人认为，马克思并没有谴责资本主义是非正义的，相反，在一定意义上，他恰恰认为资本主义社会是正义的。资本主义的正义观念是适合于资本主义这一特定的历史阶段的，因此，"并不存在具有普遍的可适用性或可以普遍运用于所有社会形态的正义概念。在这一意义上说，对马克思来说，也就不存在什么普遍有效的正义原则"②。

罗尔斯不认可伍德等人的结论，但是他承认这一视角还是有意义的。在他看来，虽然基于资本主义的正义观念，马克思并不认为资本家掠夺了工人的财产，但是在更为广泛的规范性的正义视角看来，资本家确实盗窃了工人的财富，于是，正如其批判奴隶制和封建制一样，在马克思那里存在一般性的正义观念。以此看来，马克思关于正义属于一定的历史阶段的观点并不意味着这一正义无须加以评判，正义自身肯定有其超越性的、规范性的维度，以此对于特定历史阶段的正义观念进行评判和裁决。

---

① 参见 John Rawls, *Lectures on the History of Political Philosophy*, S. Freeman (ed.), Cambridge, MA: Harvard University Press, 2007, pp. 337-338。

② John Rawls, *Lectures on the History of Political Philosophy*, S. Freeman (ed.), Cambridge, MA: Harvard University Press, 2007, p. 339.

第六章　比较与融通：马克思社会政治思想的当代阐释

为了支持自己的论点，罗尔斯借助对杰拉斯和柯亨等人观点的分析来表明：无论他是否意识到了这一点，马克思确实谴责资本主义是非正义的，而且马克思的心目中一定存在着规范性的正义和权利观念。罗尔斯把格拉斯和柯亨等人的观点总结如下：马克思虽然认为工资关系是一种交换关系，但是这种关系所谓的平等性只是从适合于资本主义生产体系的狭隘性视角出发的，从资本主义生产关系的总体性视角来看，这种工资关系绝不是平等的，而是一种对无偿劳动的占有行为以及资本家对工人的剥削；即使马克思反对和批判那种道德化的无效批判，他的资本主义理论依然认为剥削是错误的、非正义的，称其为"盗窃"和"抢劫"；经由《哥达纲领批判》中的论证，马克思依据一种社会主义阶段（共产主义社会的初级阶段）的分配原则来对分配原则进行了排序，以此超越资本主义的规范基础，在这样做的时候，马克思实际上已经假定了存在着客观的、超越性的正义标准，借此标准对那种一定历史阶段的社会形态加以判定，以此来发现社会在多大程度上接近这种理想；马克思对道德相对主义的陈述实际上是表明，一定的物质条件是实现正义和公平以及其他重要价值的必要条件，也就是说，道德和正义以一定的物质生产为背景条件，如果忽视这一事实，就会陷入唯心主义；一旦我们具备恰当的和广泛的正义观念，并以此进行包含财产权和其他基本要素在内的各种基本权利的分配，那么对分配正义问题的关注就不是贬义的改良主义；尽管马克思认为基于正义与其他观念的道德批判是不充分的，但是，这在他的思想理路与分析历史变革的动力方面依然具有重要地位；仅仅厘清正义和权利是一种法权观念是远远不够的，实际上，它们可以从超越国家和法律体制的意义上进行理解，从而判定社会基本结构及其基本安排;即使马克思设想在未来社会中国家和强制性的法律体制将消失,但是"各尽所能、按需分配"原则的目标是所有人享有平等权利的自我实现;最终,在两种价值和原则(权利和正义的价值和原则与自由和自我实现的价值和原则)之间进行的所谓的区分对马克思的共产主义原则而言完全是武断的,我们完全可以采用这些词汇来理解马克思对于资本主义的批判以及对未来社会的构想。①

所以,按照柯亨等人的观点,马克思的确谴责了资本主义的非正义性,当然这一批判依据的价值标准肯定不是资本主义法权意义上的正义观念。罗尔斯同样认同柯亨等人的看法,认为马克思那里存在着对于权利的尊重和正义的一般性诉求,社会中的每个成员都拥有基于正义的社会平等要求,这一要求通过重新占有生产资料和自然资源而实现。马克思依据这一观念认定无论表面上的工资关系和劳动力买卖关系多么公正,资本主义的所有权关系都是不正义的。进而在马克思的观念中,也存在着要求重新调整社会关系,通过促使所有人都能够拥有平等的生产资料所有权来实现正义的诉求,这也是他拒绝私有财产制的原因。

第四,罗尔斯通过分析马克思对资本主义社会异化和剥削现实的批判,深入阐释了马克思对资本主义非正义性的认定。马克思对未来社会的构想与其异化劳动批判思想相关联。在《1844年手稿》中,马克思讨论了资本主义社会存在四个方面的异化:一是在资本主义生产条件下,劳动者与其劳动产品的异化;二是劳动者与其生产活动的异化;三是人与其类本质的异化;四是人与他人的异化。在马克思看

---

① 参见 John Rawls, *Lectures on the History of Political Philosophy*, S. Freeman (ed.), Cambridge, MA: Harvard University Press, 2007, pp. 342-344。

来，消除这四个异化乃是实现个人自由全面发展的必要条件，未来社会也因此才是值得追寻的。在后来的思想发展中，马克思始终强调资本主义社会中物的力量对人的支配性，并主张消灭分工、消除私有财产权关系以及资本对劳动的统治，"在现代，物的关系对个人的统治、偶然性对个性的压抑，已具有最尖锐最普遍的形式，这样就给现有的个人提出了十分明确的任务。这种情况向他们提出了这样的任务：确立个人对偶然性和关系的统治，以之代替关系和偶然性对个人的统治"①。

关于剥削问题，马克思指出，由于实现了工人的自由联合，集中掌握了生产资料，因而就不会存在资本主义社会状况下的剩余劳动，从而也就从根本上消除了剥削关系。罗尔斯并不完全认同马克思的思想理路，他援引柯亨的观点指出，马克思对私有财产权的消除及公有制的主张可能持有与自由至上主义者如诺齐克(Robert Nozick)相近的观点，即每个人对其财产拥有绝对的、不可剥夺的所有权，除非其自愿，任何人都不能被迫放弃其对财产的拥有资格。那么在此意义上，马克思认为每个人都有相应的所有权，而其他人也没有权利对其进行利益上的(强制)要求，如果那样的话将会导致另一种形式的压迫。② 按罗尔斯的理解，未来社会之所以不存在剥削，乃是因为社会主义条件下的经济活动遵循公开的民主计划，在其中每个人都是平等的参与者。这种对于每个人平等诉求的尊重植根于马克思的正义观念，这一观念主张所有人都平等拥有社会资源。这样，经由自由人的

---

① 《马克思恩格斯全集》第3卷，人民出版社1960年版，第515页。
② 参见 John Rawls, *Lectures on the History of Political Philosophy*, S. Freeman (ed.), Cambridge, MA: Harvard University Press, 2007, pp. 367-368。

联合占有社会生产资料,并通过民主公开的经济计划,原先的意识形态幻象、异化和剥削将不复存在,"它也是对于一个正义和良善的社会世界的描绘。它是这样一个世界,在其中,个人追求自由和自我发展的真正的人类需要得到了满足,同时,他们也承认所有人都拥有使用社会资源的平等权利"[1]。

最后,罗尔斯对正义观念在马克思未来社会(共产主义社会)中的地位和作用进行了评判。在罗尔斯看来,马克思关于未来社会的构想分为两个阶段:一是作为初级阶段的社会主义社会,二是完全充分发展了的共产主义社会。在前一阶段,社会还存在资本主义的残留,存在着一定程度的社会不平等,同时还存在着劳动分工。这种不平等在马克思看来是不可避免的特定历史阶段的产物,从而我们应该等待经济社会的充分发展,进而消除这些缺憾。[2] 而在后一个阶段,将是自由联合起来的生产者的社会,而这一社会的最重要的特征表现在两个方面:一是作为意识形态的意识将消失,也就是说,未来社会中的人们对他们的社会世界有了充分的了解,而且其从事的劳动没有任何欺骗式的假象存在。[3] 这样一个社会没有任何幻象,生活于其中的人也不再需要这些幻象。二是自由联合起来的生产者的社会中不存在异

---

[1] John Rawls, *Lectures on the History of Political Philosophy*, S. Freeman (ed.), Cambridge, MA: Harvard University Press, 2007, p. 365.

[2] 马克思在《哥达纲领批判》中指出,权利不平等这些弊病"在经过长久阵痛刚刚从资本主义社会产生出来的共产主义社会第一阶段,是不可避免的。权利决不能超出社会的经济结构以及由经济结构制约的社会的文化发展"(《马克思恩格斯文集》第3卷,人民出版社2009年版,第435页)。

[3] 罗尔斯以良序社会条件下的"公共性"(publicity)限定,来说明所有公民在自由平等状态下得以实现自主性,从而在政治生活中就"没有什么需要隐藏了","因为在所有人都承认的一个正义的自由社会中,社会的幻想和假象也就没有必要起作用了"(John Rawls, *Political Liberalism*, New York: Columbia University Press, 1995, pp. 68-69)。

化和剥削。通过自由人联合占有社会生产资料，并通过民主公开的经济计划，原先的意识形态幻象、异化和剥削将消失。

很明显，罗尔斯对马克思关于未来社会和人的理想的解读带有很强烈的平等自由主义色彩，支持这一解读的加拿大学者金里卡据此认为，主张"产权民主制"的罗尔斯在很大程度上与马克思共享着平等主义的诉求，"平等待人这个观念对马克思来说是根本性的。它出现在马克思那里的形式与出现在康德那里的形式是一样的，即要求我们应当把人们当做目的而不是手段。这一要求既是他批判资本主义的基础，也是他为共产主义辩护的基础"[1]。

二、回应马克思对自由主义的批判

罗尔斯对马克思正义观的创造性解读，不仅包含着感同身受，也是对马克思曾具有的重要地位的承认。但是罗尔斯对马克思的深入理解和同情，并不意味着他完全认同马克思的观点，在很大程度上，罗尔斯对马克思的解读带有很强的自由主义风格，在一些观点上其与马克思的观点存在诸多偏差。其中的原因当然还是由于时代的变迁，罗尔斯的生活场景已与马克思的时代相去甚远。前者是资本主义创造了巨大福祉和安康的时代，而后者则是工人处于水深火热的状态；前者不再以暴力革命作为改变生产结构的主要路径，后者则主张在批判、变革旧世界中实现新世界；前者的正义诉求是在人们已经享有诸多自由平等权利情况下的进一步提升，而后者则认为工人缺乏基本的尊严

---

[1] Will Kymlicka, *Liberalism, Community and Culture*, Oxford: Oxford University Press, 1989, p. 107.

和价值。诸如此类的差异也表现在罗尔斯对马克思关于自由主义批判的回应上。

（1）针对马克思关于基本自由和权利的批判，即认为这种现代人的个体权利是对资产阶级的市民社会中的利己主义公民权利的表达和保护，罗尔斯的回应是，在一个设计良好的产权民主制（property-owning democracy）条件下确立的权利和自由，乃是契合于表现和保护作为自由平等公民的更高阶利益的。尽管生产资料的所有权是被允许的，然而这种权利并不是一种基本权利，而是在既定条件下要满足一定的要求，即是以最有效的方式吻合正义原则。

（2）针对马克思关于政治权利和宪制的批判，即认为它们都是纯粹形式的，罗尔斯的回应是，经由政治自由的公平价值（这与正义的其他原则共同起作用），所有的公民，无论他们居于何种社会地位，都有公平的机会发挥政治影响。

（3）针对马克思提出的关涉私有财产权的宪制的批判，指称这一评判只保护通常意义上的消极自由，罗尔斯的回应是，财产所有制民主这一背景体制，与机会公平平等和差异原则一道，给予公民诸多积极的自由。

（4）针对马克思关于资本主义条件下的劳动分工问题，罗尔斯的回应是，通过建立并实现一个财产所有权民主体制，那种狭窄的、消解生存意义的分工应该可以被克服。①

（5）在关于未来社会正义原则的作用和地位问题上，罗尔斯与马克思的观点出现了重大分歧。

---

① 参见 John Rawls, *Justice as Fairness: A Restatement*, E. Kelly (ed.), Cambridge, MA: Harvard University Press, 2001, pp. 176-177。

第六章 比较与融通：马克思社会政治思想的当代阐释

一方面，罗尔斯认为，为什么我们非要把这种不平等看作是必然的进而只是袖手旁观，而不是采取积极的政策措施比如正义原则来实现社会平等呢？而正义原则的选择和施行，并最大程度地纠正社会不平等，在罗尔斯看来与实现包括马克思所期望的社会理想在精神实质上是一致的，亦即都是通过生产关系和交换关系两个方面的变革来实现社会平等的理想。在此意义上，"正义论自身并不偏爱这两种制度①中的某一种，正如我们所看到的，对于哪种体系能对一个特定民族作出最好的决定是以那个民族的环境、制度和历史传统为根据的"②。其中隐含的观念是，社会主义和罗尔斯支持的产权民主制都应该以平等主义作为道德价值诉求，这也是以柯亨为代表的"分析学派的马克思主义"所关注的主题，在柯亨看来，马克思主义者需要发挥平等的道德理想在社会变革中的作用。

另一方面，罗尔斯认为，如果按照马克思的描述，未来社会中每个人都拥有获得社会生产资料的平等权利，同时每个人都能与其他人一道平等地参与公共的和民主的生产计划，进而能够获得自觉自愿的劳动机会，那么这一社会形态当然就是正义的。与此同时，马克思又认为共产主义是超越正义的。因为在共产主义社会中，由于社会化的大生产和物质资源的无限丰富，人们无须具备正义感并根据正义原则进行社会活动。也就是说，在共产主义社会，根本不存在正义的培养皿，也无其存在的必要，人们之间将不再以正义的以及其他的道德性要求进行交往。罗尔斯不同意后一种看法，他不仅如柯亨一样，认为

---

① 亦即产权民主制和自由社会主义政体（liberal socialist regime）。
② 罗尔斯：《正义论》，何怀宏、何包钢、廖申白译，中国社会科学出版社2009年版，第221页。

未来社会的资源稀缺性不可能消除利益的冲突、实现正义的原则。同时还主张，未来社会的正义体制不会自发形成，而是依赖于公民的正义感等道德能力，这种正义感乃是从一定的社会体制环境中获得的。

罗尔斯认为，导致上述分歧的重要缘由在于：马克思在一定意义上是"左翼自由至上主义"（Left-Wing Libertarianism）的，而他则主张"自由平等主义"（Liberal Egalitarianism）的正义观，他认为在相当长的时间内，社会需要引入差异原则并维持背景正义。

可以感受到，上述回应表明罗尔斯在努力缩小他与马克思的距离，这也体现了一位学者包容的胸怀：善于汲取各种资源而不是盲目拒斥，单纯宣告一种理论无意义乃是鲁莽之举。罗尔斯对于历史上曾经有过重大影响的哲学家，都不同程度地给予了认真关注，而且在进行理论建构时都尽可能地考虑并吸收这些学者的思想价值。[①]

当然，罗尔斯对马克思的尊重和认同是有限度的，他并不认为自己的思想与马克思的完全一致。正如他指出的：

> 尽管财产所有的民主制观念尽力回应来自社会主义传统的合理反对意见，但是拥有作为公平之正义的良序社会理念，与马克思之完全的共产主义社会理念仍十分不同。一个完全的共产主义社会似乎是一种超越了正义的社会，因为产生分配正义问题的境况被超越了，公民在日常生活中不需要也不会去关心它。相比之下，作为公平的正义假定，鉴于民主政体的政治社会学的一般事实（比如合理多元论的事实），基于正义的原则和政治美德将永

[①] S. Freeman (ed.), *The Cambridge Companion to Rawls*, Cambridge: Cambridge University Press, 2003, p. 7.

第六章 比较与融通：马克思社会政治思想的当代阐释

远在公共生活中发挥作用。正义的消失，哪怕是分配正义的消失也是不可能的，而我认为这也是不值得欲求的。①

马克思与罗尔斯的分歧当然不止于此，特别是就马克思的原本思想来说，他也不会同意罗尔斯的解读与回应。但是我们需要明白的一个重要的背景条件是，现代社会的发展已经让马克思的学说面临着来自各方面的挑战，他的一些经典命题不仅遭遇了诸多反对意见，而且也面临着失去效力的危机。不难设想，如果一个理论对于当代的现实无法给出一个有说服力的解答，并且无法与其他学说一道为一个更为良善的社会提供智力支持的话，那么这样的学说可能就会埋没在故纸堆中，无人问津。

罗尔斯当然也明白马克思主义者一定会对其回应予以评述，但是在他看来，进行相关论辩的一个方法论前提是，判断理论的对错不是拿一种理论的理想性和另一种理论的实际性相比较，而是对两种理论的实际效果进行比较，而且这种比较应该立足于我们当下的生存境况。② 言下之意，我们应该把解决当前最为重大的课题与追寻可能世界的理想图景结合起来。

三、两种正义观的对话与融通

在传统马克思主义哲学研究视域中，平等和正义问题主要源于经

---

① John Rawls, *Justice as Fairness: A Restatement*, E. Kelly (ed.), Cambridge, MA: Harvard University Press, 2001, p. 177.
② John Rawls, *Justice as Fairness: A Restatement*, E. Kelly (ed.), Cambridge, MA: Harvard University Press, 2001, p. 178.

济地位和阶级差别造成的不平等。在此观念中，财产私有权制是一切罪恶之源，只要这一根基被打破，那么所有的社会问题（包括平等问题）也就迎刃而解。在此语境中，如罗尔斯那样谈论正义似乎是找错了方向、分散了精力，正义至多是一种补救性方案而绝不会如罗尔斯所言，是"社会制度的首要美德"，社会变革的首要目标是解决生产领域的占有权问题，而关注分配这些表层问题则于事无补。[①] 还有些学者认为，像罗尔斯这样的自由主义者提出的分配正义观即使合理也无法真正得到施行，甚至会导致对个体权利或私人生活的侵害。他们援引马克思在《哥达纲领批判》中的观点，指出分配问题是依赖生产并以后者为前提的：

> 消费资料的任何一种分配，都不过是生产条件本身分配的结果。……庸俗的社会主义仿效资产阶级经济学家（一部分民主派又仿效庸俗社会主义）把分配看成并解释成一种不依赖于生产方式的东西，从而把社会主义描写为主要是围绕着分配兜圈子。既然真实的关系早已弄清楚了，为什么又要开倒车呢？[②]

可以说，马克思的上述表述非常明确地批判了着眼于分配领域的正义观，而把革命和斗争的重点放在生产领域，也就是改变生产资料的所有权关系。我们认为马克思的这一思想是深刻的、合理的，不能

[①] Will Kymlicka, *Contemporary Political Philosophy: An Introduction*, Oxford: Oxford University Press, 2002, pp. 168-175.
[②] 《马克思恩格斯文集》第3卷，人民出版社2009年版，第436页。

仅仅局限于在分配领域谈论正义问题，而应去改变深层次的生产资料所有权上的不平等。但是问题的关键在于，罗尔斯是否如沃尔夫以及其他一些学者所批判的那样，只关注分配而不关注生产问题呢？我们认为这一论断是不确切的，需要仔细辨识。

一方面，罗尔斯的正义理论确实关注分配问题，这是不争的事实。他试图对人们实现其高阶利益所需要的首要善（primary goods）的分配进行正义的社会制度安排。在此意义上，罗尔斯的分配正义观是很明确的。另一方面，在如何实现"首要善"的分配问题上，罗尔斯的思想方案却并不局限于分配领域，而是试图从根本上解决生产资料的所有权来实现平等。这突出表现在其对"差异原则"的说明上，差异原则要求社会财富的分配要有利于最不利者，而对最不利者的正义安排不仅仅是财富的倾斜或补贴，而是着眼于其具有根本性的自然禀赋、社会地位和合法期望，让他们在初始的生产资料占有上就具备平等的权利。在此意义上，罗尔斯自己也指出，差异原则以及整个正义原则要求一种"产权民主制"或者"自由社会主义政体"，而不同于福利国家政策。这一制度设计正是通过分散财富和资本的所有权来防止权力的过分集中和剥削的产生。

> 产权民主制要避免这一情况发生，不是通过在每个时期结束时再分配收入给那些所得较少的人，而毋宁是在每一个时期的开始就确保生产资料与人力资本（受过教育与训练的能力与技艺）的广泛所有权，而所有这些都是置于一种基本自由与机会的公平平等的背景之下，其理念是不仅要帮助那些因为偶然事故或不幸而遭受损失的人（虽然这也必须做），而且要使所有公民都能够

安排他们自己的事务，在恰当平等的条件下，立足于互相尊重来参加社会合作。①

他还指出：

> 在一种产权民主制中，目标是在作为自由与平等的人的公民中实现一种持久合作的公平体系的社会观念。这样，基本制度必须从一开始就放在一般公民的手里，而不是放在一些人手里，生产手段是属于一个社会的充分合作的成员。②

因此，那种认为罗尔斯的正义观仅仅关注分配而不关注更为根本的生产问题的看法是不准确的，也是具有误导性的。罗尔斯的真正目标其实和马克思具有相似之处，那就是从根源（生产资料的占有）上实现权利和机会的公平平等。这也是正义论所要解决的根本问题。

另一方面，即使罗尔斯更为关注分配正义而马克思更为关注变革生产方式，但正如金里卡所追问的："为何把两者看作相互竞争而不是互补的正义观念呢？"③ 特别是在面对当前存在的各种形式的不平等（有些源于体制，有些源于个体选择与偏好，有些源于社会境况与自然禀赋）的条件下，马克思主义的平等观和罗尔斯式的自由平等主

---

① 罗尔斯：《正义论》，何怀宏、何包钢、廖申白译，中国社会科学出版社2009年版，"修订版序言"第4页。
② 罗尔斯：《正义论》，何怀宏、何包钢、廖申白译，中国社会科学出版社2009年版，"修订版序言"第5页。
③ Will Kymlicka, *Contemporary Political Philosophy: An Introduction*, Oxford: Oxford University Press, 2002, p. 197.

义应该而且也能够相互合作，共同为解决人类面临的重大课题作出贡献。正如柯亨所指出的，平等、正义乃至整个道德规范在马克思主义学说中受到漠视的根本原因在于，经由革命消灭了阶级以及生产力的发展，社会根本矛盾不再存在，物质财富将极大丰富，"各尽所能、按需分配"，导致人与人之间矛盾的根源被消解了，平等分配也就不再成为一个问题了。但是柯亨不同意这样的预设和结论，在他看来，关于物质财富极大丰富的预设已经被当代生态危机的事实所驳倒，在此（资源稀缺的）基础上，即使阶级矛盾在未来不复存在，依然存在着个体间的"能者多劳、多劳多得"的情况，于是，"社会主义者不得不确立一个更为低调的方案，他们必须更多地从道义上阐扬社会主义，改变过去那种追求潮流的做法"①。

我们可以沿着柯亨的论证继续前行，即使阶级矛盾消失了，但由于存在资源稀缺，那么一个好逸恶劳者和勤劳俭朴的人应该得到同样的财富吗？一个出生优越的富二代与一个贫寒家庭的孩子应该安分守旧而无需改变吗？所有这些不仅需要生产的发展，更需要平等的道德规范从而纠正这些罗尔斯所言的"道德上任意的偶然性"，"通过使不平等的安排适合于互惠的目的，通过避免在一个平等自由的结构中利用自然和社会环境中的偶然因素，人们在他们的社会结构中表达了相互的尊重。通过这种方式，他们就以合理的方式保证了他们的自尊"②，对人的平等主义关照和尊重在可预见的将来始终是一个重要的课题。

---

① 柯亨：《如果你是平等主义者，为何如此富有？》，霍政欣译，北京大学出版社2009年版，第144页。
② 罗尔斯：《正义论》，何怀宏、何包钢、廖申白译，中国社会科学出版社2009年版，第139页。

对此，罗尔斯式正义观可以有助于我们解决上述困惑。罗尔斯试图解决在当前情势下（中等匮乏和善观念冲突的状况下）如何实现公平正义这一问题。[①] 其确立的自由平等主义的基本理念是，人们的命运应该由他们的选择来决定，通过选择来决定他们过什么样的生活以及如何生活，而不是由他们所处的境况决定，这些境况在道德上看是任意的和偶然的，原初状态理论正是对这种不平等的的祛除。[②] 用德沃金更加学术化的语言来说就是，分配方案应该"钝于禀赋"（endowment-insensitive）同时"敏于选择"（ambition-sensitive）。[③] 德沃金的意思是，人们的生活和命运应该由他们自己的抱负和选择来决定，比如他们对自己生活的规划和目标；而不是由他们所处的偶然的自然状况或社会禀赋来决定，比如他们寻求目标所处的身体和社会境况。对于德沃金等人而言，正义的分配方案要着重厘清哪些不平等是由人们自己的选择导致的，哪些又是由人们无法选择的境况所致。[④]

在这里，"境况"是指传统马克思主义曾经强调的阶级不平等，于是不难看出，罗尔斯式的自由平等主义也与马克思主义抱有同样的目标，即试图消除这种阶级地位导致的不平等。在此意义上，两者是共通的。但是，对于境况的解释两者却存在不同，那就是自由平等主义者还关注那种自然禀赋的差异导致的不平等，认为这种禀赋是偶然

[①] John Rawls, *Collected Papers*, S. Freeman (ed.), Cambridge, MA: Harvard University Press, 1999, p.323.

[②] 在金里卡看来，自由平等主义的一个重要理论目标就是对道德上的任意不平等进行纠正。参见 Will Kymlicka, *Politics in the Vernacular: Nationalism, Multiculturalism and Citizenship*, Oxford: Oxford University Press, 2001, p.329。

[③] 德沃金:《至上的美德：平等的理论与实践》，冯克利译，中国人民大学出版社2022年版，第13—159页。

[④] 德沃金:《原则问题》，张国清译，江苏人民出版社2012年版，第208页。

第六章 比较与融通：马克思社会政治思想的当代阐释

的、随机的，因此所受的额外奖励是不应得的。比如每个人与生俱来的智商、身体状况或心智状态等等都是偶然的，所以高智商、身体健康的和心智完善的人并不该从中受利，而马克思主义者大多把这些问题作为细枝末节而弃之不顾。

如果把正义的关切和论证作为一种道德理想诉求也能弥合双方的分歧，或者更能找到对话的空间。作为一种道德理想，无论是罗尔斯还是马克思所勾画的未来社会形态都吻合我们作为个体自由平等的存在方式。同时，作为一种道德理想，罗尔斯并不满足于现存资产阶级的正义观，而是试图进行一种"现实的乌托邦"（realistic utopia）式的建构，这和马克思的理论目标并不相悖，马克思所要批判和颠覆的乃是资产阶级的正义观，认为其仅仅反映了资本主义市场交换的法权关系，"关于公平和正义的空谈，归结起来不过是要用适应于简单交换的所有权关系或法的关系作为尺度，来衡量交换价值的更高阶段上的所有权关系和法的关系"①。但是马克思并没有全盘否弃正义的道德理想，他通过打破资本主义永恒正义的幻象，还原的是一个彰显真实个体自由和社会存在的正义观念。因此在我看来，国内的马克思主义研究不仅要论证社会主义代替资本主义的"历史必然性"，更要论证社会主义在道德上更值得向往和追寻。在此意义上，罗尔斯和马克思并没有根本的冲突。

一些学者还指出，罗尔斯错误地认为社会阶级的存在是人类社会的永久特征，进而其正义论是建立在阶级偏见基础上的。麦克弗森（Crawford Macpherson）就认为：

---

① 《马克思恩格斯全集》第 30 卷，人民出版社 2004 年版，第 279 页。

罗尔斯提出并捍卫的正义原则，并以此作为判定各种权利和收入分配的道德价值标准的做法仅仅存在于一个阶级分化的社会中。他的理论建构的一个明确前提是，影响人们生活前景的体制化不平等将是任何社会的必可避免的特征，而且他所指的不平等是基于收入或财富导致的阶级差别。正是基于这些基本的不平等乃是不可避免的前提假定，罗尔斯的正义两原则的首要目标也是试图解决这种不平等。或者正如他自己所说的，"源于基本结构的生活前景的差异是不可避免的，正是基于这些差异是正当的意义上，差异原则的目标才是可行的"。①

我们认为麦克弗森的批判也不完全合理。因为当罗尔斯说正义理论所赖以为继的环境具有永久性特征的时候，他并没有认为这一环境是合理的。即使按照麦克弗森所言，阶级和特权已经消失的社会依然会存在罗尔斯所言的"基本益品"分配问题。特别是，罗尔斯所认定的不平等社会体制将长期存在并不意味着阶级社会也将长期存在，恰恰相反，他肯定是反对而不是承认阶级特权的。至少在可见的未来，各种不平等（包括社会地位和个体差异导致的）都将是无法回避的事实。换句话说，罗尔斯着眼于现阶段或今后相当长时期内的不平等问题吻合我们的生存直觉，因此不能成为反对其正义思想的理由。正如我们也不能说马克思着眼于消灭阶级和未来无阶级社会中的理想图景的不合理。比较可行的方法是，我们可以把罗尔斯和马克思结合起来，前者可能更着眼于现阶段的人类问题（比如偶然境况导致的不

---

① C. B. Macpherson, *Democratic Theory: Essays in Retrieval*, Oxford: Clarendon Press, 1973, p. 87.

平等和源于个体差异的不平等)进而提出解决方案,后者则提供了一个重要视角,那就是正义问题的探讨不能陷入为资产阶级正义进行论证的窠臼,而应以超越性的眼光来解决正义问题。两者的比较让我们明白,对正义问题进行探讨的首要隐患不是其本身是否永久存在,而是用超越性的视角反对那种仅仅局限于资产阶级法权意义上的不平等。①

除了上述反对意见,美国另一位"左翼"学者、政治哲学家佩弗(Rodney Peffer)于 1990 年出版了《马克思主义、道德与社会正义》一书。在该书中,他继布坎南之后对马克思与罗尔斯的正义理论做了比较研究,重新梳理并系统性地概括了马克思主义者对罗尔斯正义论的批判。② 我们认为,从马克思主义视角对罗尔斯正义理论进行批判的做法不会戛然而止,这不仅是因为两位思想家在当代政治论争中占据着重要的地位,还在于他们解决问题的方案以及理论气质均有很大差异。但是,两者的差异并不是无法对话的理由,恰恰相反,两种理论之间的差异让彼此间的对话和沟通显得更为重要。

与马克思一样,罗尔斯的理论具有强烈的道德理想主义色彩,主要体现在其关于道德人和社会合作的理想性建构上。

---

① 布坎南也对此及其他批评意见一并作出了回应。参见 Allen E. Buchanan, *Marx and Justice: the Radical Critique of Liberalism*, Lanham: Rowman and Littlefield, 1982, p. 122。

② R. G. Peffer, *Marxism, Morality and Social Justice*, Princeton: Princeton University Press, 1990, pp. 370-371. 值得注意的是,罗尔斯对佩弗从社会主义视角出发对其正义理论进行修正的做法大体上持赞同态度,只是对实现正义论的体制模式(社会主义)持保留态度,认为这需要传统和环境的证明。参见 John Rawls, *Political Liberalism*, New York: Columbia University Press, 2005, pp. 7-8。

> 我们的正义观蕴含着某些制度形态。这种观念与完善论具有同一性质：即确立了一种约束现存欲望追求的有关个人的理想。在这一方面，公平的正义和完善论都是与功利主义对立的。①

在他看来，这种理想性的诉求乃是确定一个正义原则和社会体制的"阿基米德支点"。在我们看来，这一支点正是他经由康德式的道德建构主义所确立的道德人格和良序社会的理想。这一道德人格主要以人所具有的两种道德能力为特征，"一是对于一种善观念的能力，二是对于一种正义感的能力"②，并通过自由平等的自主性来确立社会规范的正义原则，同时建立社会联合的纽带。

> 自我的作为一个自由平等的道德人的本性是人所共有的，合理计划的基本形式方面的相似性表现着这一事实。……由于自我是在许多自我的活动中实现的，和所有的人都会同意的原则相符的正义关系最适合于表达每个人的本性。于是，一致协议的要求聚集起来，最终与人们作为一个社会联合的成员追求共同体的价值的观念联系在一起。③

---

① 罗尔斯：《正义论》，何怀宏、何包钢、廖申白译，中国社会科学出版社2009年版，第206页。
② 罗尔斯：《正义论》，何怀宏、何包钢、廖申白译，中国社会科学出版社2009年版，第444页。
③ 罗尔斯：《正义论》，何怀宏、何包钢、廖申白译，中国社会科学出版社2009年版，第447页。

第六章 比较与融通：马克思社会政治思想的当代阐释

为实现这一个人和社会理想，罗尔斯倾其一生的理论建构都着眼于消除由道德上任意（源于自然禀赋与社会境况）的偶然性带来的不平等，"一旦我们决定寻找这样一种正义观，它防止人们在追求政治和经济利益时把自然天赋和社会环境中的偶然因素用作筹码，那么我们就被引导到这些原则。它们体现了把那些从道德观点看是任意的社会因素排除在一边的思想"①。

马克思的理论建构同样有赖于其关于人和社会联合的理想，在其思想深处，同样也含纳着对道德上任意的偶然性及其导致的不平等状况的消除。在马克思看来，个人摆脱资本主义社会状况下的"物化逻辑"，消除关系对个人的独立化、个性对偶然性的称服、个人的私人关系对共同的阶级关系的屈从等，归根到底都要归结于分工的消灭。

> 我们也曾指出，只有交往和生产力已经发展到这样普遍的程度，以致私有制和分工变成了它们的桎梏的时候，分工才会消灭。我们还曾指出，私有制只有在个人得到全面发展的条件下才能消灭，因为现存的交往形式和生产力是全面的，所以只有全面发展的个人才可能占有它们，即才可能使它们变成自己的自由的生活活动。我们也曾指出，现代的个人必须去消灭私有制，因为生产力和交往形式已经发展到这样的程度，以致它们在私有制的统治下竟成了破坏力量，同时还因为阶级对立达到了极点。最后，我们曾指出，私有制和分

---

① 罗尔斯：《正义论》，何怀宏、何包钢、廖申白译，中国社会科学出版社 2009 年版，第 12 页。

工的消灭同时也就是个人在现代生产力和世界交往所建立的基础上的联合。①

马克思进而从经济前提、自由个人的团结一致以及生产力发展基础上共同的生活方式这三个层面来界定理想的未来社会。

> 在共产主义社会中,即在个人的独创的和自由的发展不再是一句空话的唯一的社会中,这种发展正是取决于个人间的联系,而这种个人间的联系则表现在下列三个方面,即经济前提,一切人的自由发展的必要的团结一致以及在现有生产力基础上的个人的共同活动方式。因此,这里谈的是一定历史发展阶段上的个人,而决不是任何偶然的个人,至于不可避免的共产主义革命就更不用说了,因为它本身就是个人自由发展的共同条件。当然,个人关于个人间的相互关系的意识也将完全是另外一回事,因此,它既不会是"爱的原则"或 dévouement(自我牺牲精神),也不会是利己主义。②

在此意义上,罗尔斯和马克思之间并不存在根本冲突。其中的关键在于区分作为抽象道德、法律层面的正义观念和作为寻求社会希望、哲学层面的正义观念。之所以把这样的超越性的维度称作"正义"的,是因为马克思思想中始终存在着对个体价值的尊重、对良善生活的期望以及对社会建构规范基础的寻求。"超越性"层

---

① 《马克思恩格斯全集》第3卷,人民出版社1960年版,第516页。
② 《马克思恩格斯全集》第3卷,人民出版社1960年版,第516页。

第六章 比较与融通：马克思社会政治思想的当代阐释

面的正义观凸显了马克思作为思想家的使命和担当，正如萨义德（Edward Said）所言，"真正的知识分子在受到形而上学的热情以及正义、真理的超然无私的原则感召时，叱责腐败，保卫弱者、反抗不完美的或压迫的权威，这才是他们的本色"①，这一"超越性"的正义观乃是马克思主义走向当代并发挥其应有效力的宝贵精神遗产。

比较研究罗尔斯与马克思的思想，我们的目的不仅是找出两者观点的异同，而且更为重要的是经由这样的比较，一方面，促使我们更全面、更深刻地省察当代社会问题，特别是罗尔斯与马克思共同关注的"社会基本结构"问题（在马克思那里表现为对作为体系的资本主义制度的批判），从而为解决这些问题提供思想方案，而通过分析，我们认为他们在许多方面具有对话的空间；另一方面，比较研究能够让我们反思批判当前的马克思哲学研究方式和思维方式，切实抛弃那种独白式的、印象式的思想理路。所谓独白式的思维方式，乃是停留于马克思内部的自足性，拒绝与其他学说进行对话；所谓印象式的理路，主要是认为马克思的思想已经穷尽了真理，而其他学说只能处于补充的地位或者批判对象的位置。即使已经开展的一些比较研究，也仅仅是运用其他学说反衬马克思思想的"正确"。这两种思想理路极大阻碍了马克思思想的丰富和扩展，也削弱了马克思思想作用于现实世界的生命力。

---

① 萨义德：《知识分子论》，单德兴译，生活·读书·新知三联书店2016年版，第27页。

第二节　柯亨的平等主义诉求及其道德价值

在当代政治哲学研究领域，柯亨的观点可以说是自成一格。他是"分析马克思主义学派"的创立者，始终强调其学术研究的马克思主义渊源，并以此立场批判了诺齐克、罗尔斯等人的自由主义观点，却又与传统马克思主义甚至当代左派马克思主义的研究理路存在很大差异。在不懈的反思追问中，柯亨用切身体验和生动的语言为激活当代政治哲学思考打开了新视角、提供了新典范。他通过对马克思以及马克思主义的诸多观点进行批判性考察，或者摒弃了一些在他看来过时的学说，或者增添了切合当代的新观点，从而在一个信仰幻灭的时代依然坚守着社会主义的理想信念。在这一节中，我们将着眼于柯亨的《如果你是平等主义者，为何如此富有？》一书，考察其中关于传统马克思主义道德论证匮乏的原因及出路的分析，进而解读其对罗尔斯社会基本结构论题的批判。柯亨认为，道德论证的缺失不仅是传统马克思主义研究的症结所在，也是导致社会主义运动出现困境的重要原因，而对个体美德与正义风尚的忽视则是以罗尔斯为代表的自由主义的重大疏漏。柯亨对平等主义道德思想的阐释，不仅为沟通当代道德和政治哲学的不同理路作出了示范，也为讨论马克思主义和自由主义的正义问题提供了指引。更为重要的是，正是由于像柯亨这样的学者对平等理想的坚守，我们在这个信仰缺失、责任匮乏的时代依然能够感受到弥足珍贵的希望，也因此，探寻柯亨的思想内涵具有重要的理论价值和现实意义。

本节将首先呈现柯亨对马克思主义立场的坚持和发展，展现其在马克思主义道德论题上所做的重要修正;其次通过分析柯亨对罗尔斯正义学说的诸多异议,彰显其关注个体德性和社会风尚的思想内涵,从而推进自由主义正义观的讨论;最后结合我们对当前道德与政治哲学走向的理解,评析柯亨思想的当代价值。

一、柯亨的马克思主义道德观

共产主义运动与道德原则有关联吗?社会主义革命是否需要一种应然价值信念的指引?年轻的柯亨就曾向他的姑父(一位共产主义运动家)提出这样的问题。对这些问题的思考也伴随了他的一生,比如他和英国工党的一些领导人相处的时候,就常常纳闷,这些笃信平等主义的政党领导为什么腰缠万贯却不肯为面临破产危机的工党还清债务呢?可能正是由于对这些人行为和信仰间存在的巨大落差颇感失望,柯亨曾三度加入该党又三度退党。

失望归失望,问题依然还在,更需要找出满意的答案。作为一位英美世界的杰出理论家、"分析马克思主义学派"的创立者,柯亨不会轻易放过这些在普通人看来也许有点鸡毛蒜皮的小问题。通过追问"在一个平等的社会中富有的平等主义者是否应当竭尽全力践行其平等的道德规范",柯亨运用其擅长的分析哲学方法,致力于"反驳马克思主义(以及罗尔斯派)的如下立场,即力图削减作为道德规范的平等的分量"①,进而触动了马克思主义、罗尔斯的正义论乃至整个政治哲学的前提预设。

---

① 柯亨:《如果你是平等主义者,为何如此富有?》,霍政欣译,北京大学出版社2009年版,"前言"第11页。

柯亨从小成长于一个共产主义社区的工人阶级家庭，耳濡目染，他心灵深处的社会主义信念是异常牢固的。他坚信社会主义革命会荡涤资本主义的尘埃，建立一个完全平等的、人人相亲相爱的世界。更为重要的是，这一时代乃是不以个体的意志为转移的必然历史进程，柯亨把这一观点称作"分娩主义"（Obstericism），意思是，社会主义酝酿于资本主义之中，自然从母体分娩出来。人类始终只会提出自己能够解决的任务，只要仔细观察，就可以发现，任务本身只有在解决它的物质条件已经存在，或者至少是在形成过程中的时候，才会发生。于是，建构未来社会的主要思想工具是助产术而不是工程学。我们知道，柯亨陈述的正是马克思主义发展史上影响深远的经济决定论，把社会发展的多样性和特殊性化解为单一的类似于自然科学的必然律，并以经济发展作为社会发展的根本决定因素而严重忽视了道德规范的作用。

这就是说，尽管社会生活现象错综复杂，但是社会历史科学能够成为例如生物学一样准确的科学，能够拿社会发展规律来实际应用。这就是说，无产阶级党在它的实际活动中，不应该以任何偶然动机为指南，而应该以社会发展规律、以这些规律中得出的实际结论为指南。这就是说，社会主义从关于人类美好未来的空想变成了科学。①

在柯亨看来，这一关于共产主义社会必然到来的历史决定论直接

---

① 联共（布）中央特设委员会编：《联共（布）党史简明教程》，中共中央马克思恩格斯列宁斯大林著作编译局译，人民出版社1975年版，第128页。

第六章 比较与融通：马克思社会政治思想的当代阐释

导致了许多后果。

首先，个体的行为方式和价值选择变得无关紧要。无论人们做什么、怎么做，都无法使历史的车轮发生丝毫转向，最多只能缩短"阵痛"的时间。于是，在政治斗争中，个体对于自己肩负的责任就无法有自觉的意识，而且在重大的历史关头很有可能逃脱责任或者盲目行事，更不用说在日常生活中根本不关注自身德性和品格的培育。

其次，描绘未来社会的蓝图并进行价值引领也变得没有意义。既然一切都已先定，既然问题的解决早已存在于问题本身之中，我们所能做的至多只是等待，于是描绘未来社会的理想图景和规范旨趣不仅多余而且违背科学理论的精神实质。柯亨小时候曾对共产主义政党的领导者充满仰慕之情，认为他们是知晓未来美好社会何时降临的人，这源于这些领袖对历史规律的把握，也源于柯亨早先的信念：规划未来只是空想社会主义（包括基督教社会主义）过时的把戏。

> 关键并不在于运动由非共产主义的理想来指引，而在于它不需要理想，不需要超越尘世的灵感，不需要"超脱人间"的神，这如同问题不需要来自问题之外的答案一样。一个问题在被适当地提出时，就能得到其答案，问题从其自身发展中发展出答案。①

最后，平等和正义的道德规范也不具有合法性了。社会主义者为什么不谈道德呢？难道一名忠诚的共产主义者不会怀有强烈的道德信念吗？借用柯亨的姑父的回答："这与道德无关，……我是在为我的

---

① 柯亨：《如果你是平等主义者，为何如此富有？》，霍政欣译，北京大学出版社2009年版，第86页。

阶级而斗争！"① 马克思主义者不谈道德的原因有很多，重要的一点在于，既然社会主义已经如恩格斯所阐释的那般，实现了"从空想到科学"的发展，那么剩下的就是遵循关于事实的科学学说来采取行动，这就必然要抛弃一切不切实际的道德说教。既然经典的马克思主义认为社会主义代替资本主义是大势所趋，那么平等也就无须论证便可以自然实现。"平等行将实现，平等备受欢迎，因此在理论上研究它为什么受欢迎是在浪费时间，相形之下，还不如去研究如何能使它尽可能早日以及兵不血刃地实现。"②

柯亨当然反对那种漠视个体价值、拒斥个体行动的社会历史观，而且他通过对马克思的"宗教是人民的鸦片"这一论断的分析，认为马克思也并不赞同思想指引终是虚幻的、无意义的这一说法。同时，他结合对马克思理论与实践关系观点的剖析认为：

> 将第十一项提纲描述为摒弃理论、投身实践的号召是具有误导性的，这仿佛是荒谬地认为我们应该停止思考、开始行动。第十一项提纲反映了这样一个观点：依此观点，正确的理论，即关于世界的无幻想的概念，只有在实践颠覆了不断制造错误理论的体系之后，才能取得上风。不过，为了使实践颠覆这些体系，理论必须首先阐明对我们所处世界的理解。因此，我们不应停止对世界的解释。③

---

① 柯亨：《如果你是平等主义者，为何如此富有？》，霍政欣译，北京大学出版社2009年版，第130页。
② 柯亨：《如果你是平等主义者，为何如此富有？》，霍政欣译，北京大学出版社2009年版，第132页。
③ 柯亨：《如果你是平等主义者，为何如此富有？》，霍政欣译，北京大学出版社2009年版，第124页。

第六章 比较与融通：马克思社会政治思想的当代阐释

但是柯亨并不认同马克思关于无产阶级彻底革命的观点，在他看来，随着社会的进化特别是资本主义社会的改良，无产阶级原初属性已经不复存在，无产阶级革命运动的基本方式也应该实现变革，而这就需要发挥道德理想在社会变革中的作用，于是，"社会主义者不得不确立一个更为低调的方案，他们必须更多地从道义上阐扬社会主义，改变过去那种追求潮流的做法"①。

也因此，与卢森堡、恩格斯等人的观点不同，柯亨坚持要为社会主义事业制定新的"食谱"。

> 社会主义的受挫史表明，社会主义者确实需要撰写食谱，这不仅仅(历史已经证明)是为了知晓如何处置权力，而且是为了吸引普罗大众，因为普罗大众往往会与他们所认识的魔鬼为伍。除非我们为未来的烹调撰写食谱，否则就没有理由认为我们能得到自己钟爱的食物。②

与此相关的是，我们应该知道自己的行动的方向，我们努力的目标以及为之奋斗的理想。

> 这意味着社会主义者必须摒弃分娩式概念，而且他们必须在一定程度上成为乌托邦的设计者，这并不是说他们必须在每个方

---

① 柯亨：《如果你是平等主义者，为何如此富有？》，霍政欣译，北京大学出版社2009年版，第144页。
② 柯亨：《如果你是平等主义者，为何如此富有？》，霍政欣译，北京大学出版社2009年版，第100页。

面都必须是乌托邦主义者(即马克思和恩格斯所称的那些空想社会主义者或乌托邦主义者)。①

经由柯亨的阐释,我们可以基于时代性问题语境开辟马克思主义与当代自由主义的对话空间,诸多学者已经在这方面作出了有创见的思想成果。② 我们认为,正是这些"小问题"影响着马克思主义的当代生命力,也只有着眼于这些问题并提出切实可行的方案,马克思主义才能赢得更多的拥护者。而在当代中国,从马克思主义理论中生发出公平正义等道德理想显得尤为迫切,而这也是我们需要认真对待柯亨的道德论证的根本缘由。

二、批判罗尔斯的社会基本结构论题

自20世纪70年代罗尔斯的《正义论》出版以来,道德与政治哲学发生了一种被称为"规范论"的转向,大多数哲学家把思考问题的着眼点放在如何提出规范性的道德观念和思想理路上,以此引导和构建社会基本结构(包括立宪法律体制、经济体制以及所有权制度等)。按照诺齐克的说法,"现在,政治哲学家们或者必须在罗尔斯的理论

---

① 柯亨:《如果你是平等主义者,为何如此富有?》,霍政欣译,北京大学出版社2009年版,第55页。
② 希普诺维奇认为在平等问题上,柯亨感受到了自由主义对马克思主义的挑战,也需要当代的马克思主义者作出有力回应。这也是柯亨后来用心考察诺齐克和罗尔斯等人思想的源动力。参见 Christine Sypnowich, "Equality: From Marxism to Liberalism (and Back Again)", *Political Studies Review*, Vol. 1, No. 3, 2003, pp. 333-343。

第六章　比较与融通：马克思社会政治思想的当代阐释

框架内工作，或者必须解释不这样做的理由"①。

在我看来，罗尔斯的重要理论贡献表现为对自由平等的人之尊严的尊重与关切，这突出体现在他提出的建构社会体制的两个基本原则上。无论是平等的自由原则还是差异原则，罗尔斯的根本旨趣在于，如何纠正那种因为天赋差异和生存境况的不同而导致的不平等。其中隐含的道德理念是，那种基于偶然处境和幸运天赋而占有的优势地位是"不应得的"，于是，"如果我们希望建立这样一个社会体系，它使任何人都不会因为他在自然资质的分布中的偶然地位或者社会中的最初地位得益或受损而不同时给出或收到某些补偿利益，我们就被引导到差别原则"②。

由于时代变迁和问题域的转换，柯亨逐渐抛弃了马克思主义的决定论维度，转而诉求道德规范在引领社会变革中的作用，这也是其投入自由主义政治哲学研究的重要动机。我们也可以说，柯亨的自由主义政治哲学研究为其发展马克思主义提供了重要思想资源，而在根本上他依然是一位马克思主义者，这也是他批判罗尔斯正义论的出发点。

柯亨认为，罗尔斯仅仅关注社会的基本结构，而对个体禀赋和价值选择着墨甚少。在他看来，"要实现分配正义，不仅需要公正的规则，而且需要在公正的规则所设立的框架之中，作出公正的个人选

---

① 诺齐克：《无政府、国家和乌托邦》，姚大志译，中国社会科学出版社2008年版，第218页。
② 罗尔斯：《正义论》，何怀宏、何包钢、廖申白译，中国社会科学出版社2009年版，第78页。

择"①。于是，与罗尔斯从社会基本结构出发探寻社会正义的视角不同，柯亨认为，社会正义不仅与公共体制（政治的、经济的和法律的）层面上的"强制结构"紧密相连，而且与个体选择以及在此基础上营造的社会风尚也息息相关。

在柯亨看来，罗尔斯的理论给人一种强烈的印象，似乎政治法律意义上的强制性制度是社会基本结构的全部，换句话说，政治法律制度之所以属于基本结构，仅仅因为它们具有法律上的强制性。"依据这一理解，因人们在这个特定的基本结构中的选择而产生的限制与葬送的机会，则在所不问。"② 但是柯亨却对此提出质疑，他的问题是，难道在这种法律意义上的强制性结构下，不管人们做什么、作出什么选择，只要满足正义原则，这一结构就是公正的吗？也就是说，罗尔斯的正义理论弱化了那种不具有强制性的根深蒂固的惯例和习俗，也就忽视了基本结构的第二种内涵，"属于基本结构的制度，其构造主要依赖惯例、习俗与期望，而非法律"③。柯亨认为，如果我们关注社会正义，就不得不同时关注以下问题：强制性结构、其他结构、社会风尚以及个人选择。柯亨用家庭结构中存在的大男子主义和经济活动中追逐私利的野心家为例，说明我们不能以遵从惯习来为自己的庸俗和可憎推脱，而应该为自己所选择的行为方式承担责任，同时也需要对照正义原则修正自己的行为方式，经由个体行为的转变与累积来

---

① 柯亨：《如果你是平等主义者，为何如此富有？》，霍政欣译，北京大学出版社2009年版，第4页。
② 柯亨：《如果你是平等主义者，为何如此富有？》，霍政欣译，北京大学出版社2009年版，第176页。
③ 柯亨：《如果你是平等主义者，为何如此富有？》，霍政欣译，北京大学出版社2009年版，第177页。

第六章　比较与融通：马克思社会政治思想的当代阐释

实现社会风尚的改变。柯亨的结论是，"正义需要一种支配日常选择的风尚，这是一种超越遵从正义规则的风尚"①。因此，柯亨强烈主张将非正式结构正义纳入所探寻的主题之内，也就是支持将个体行为及其德性也作为正义诉求的首要主题。②

柯亨对罗尔斯正义论的批评还集中在其差别原则上。罗尔斯对差别原则的核心表述是：当且仅当不平等为提高社会最不利者的地位所必要时，社会基本结构就应当允许这些不平等。③ 柯亨指出，罗尔斯的正义原则允许把不平等看作正义的，这就会导致极端的自私自利者在罗尔斯式的社会结构中安然若素，从而，"罗尔斯对不平等所做的所谓规范性辩护只是对不平等进行的事实性辩护"④。比如罗尔斯会认可高薪酬者的所得是合理的，只要其符合差别原则，因为这样才能产生激励作用进而推动生产力的发展。与之相反，柯亨认为一种正义原则不仅要着眼于社会基本结构，而且应该对于人们在此结构中作出

---

① 柯亨：《如果你是平等主义者，为何如此富有？》，霍政欣译，北京大学出版社2009年版，第175页。
② 在这方面，我认为柯亨与主张美德伦理学的诸多学者也有契合之处，比如麦金泰尔对以罗尔斯为代表的自由主义也有类似的批评。在他看来，社会体制的产生和维系本身就与德性存在密切关系，这体现在两个方面，"一，德性的践行本身就倾向于要求对社会和政治问题有一种非常明确的态度；二，我们永远是在某种有着它自己特点的机构制度的某个具体的社会共同体的范围内学会了或没有学会践行德性"。而对自由主义的个人主义而言，"社会共同体只不过是一个活动场所，在这里，每个个人寻求着他自己的自我选择的好生活的观念，而政治机构的存在，则提供了使这种自我确定的活动能够进行的制度性尺度。政府和法律是，或应当是，在相互匹敌的好生活观念面前保持中立，因此，虽然政府的任务就在于促进法律的遵守，而就自由主义的观点而言，政府的合法性功能里毫不包括任何一种道德观的内容"（麦金泰尔：《德性之后》，龚群、戴扬毅译，中国社会科学出版社2020年版，第247—248页）。
③ 罗尔斯：《正义论》，何怀宏、何包钢、廖申白译，中国社会科学出版社2009年版，第237页。
④ 柯亨：《如果你是平等主义者，为何如此富有？》，霍政欣译，北京大学出版社2009年版，第155页。

的选择的行为进行规范引导。对于那些高薪酬者，如果仅仅是因为其才能和所处的地位拥有了较多的财富，那么这依然缘于一种偶然的能力要素，换句话说，每个人依然可以把在市场中实现利益最大化当作生活目标，"如果他们在日常生活中贪婪地追求利益最大化，那么他们就不会遵守差别原则"①。柯亨认为这与罗尔斯正义论的初衷是背道而驰的，因为在一个差异原则所规范的社会结构中，一个重要的价值指向是反对追逐私利的经济主体。柯亨的观点是：

> 一个依据差别原则是公正的社会，不仅需要强制性规则，而且需要贯穿个人选择的正义风尚（ethos of justice）。如果缺失这种风尚，并非为改善最不利者地位所必要的不平等就会出现——之所以需要这种风尚，是因为与经济游戏规则本身相比，它更能促进分配上的公正。②

通过反思罗尔斯正义原则的主题和内容，指出其存在的两难困境，柯亨为当代政治哲学思考提供了新的视角。他不仅让我们认识到局限于社会基本结构和公共体制的正义思想的缺陷，从而突出个体禀赋和社会风尚的价值；同时也促使我们认识到，对正义问题的探寻乃至整个政治哲学研究应该具有更为宽广的视野，马克思主义和自由主义之间、自由主义与社群主义之间均存在非常广阔的对话空间。公共体制建构与个体价值诉求应该并行不悖、相得益彰才能更好地追寻社

---

① 柯亨：《如果你是平等主义者，为何如此富有？》，霍政欣译，北京大学出版社2009年版，第182页。
② 柯亨：《如果你是平等主义者，为何如此富有？》，霍政欣译，北京大学出版社2009年版，第165页。

会平等正义。用柯亨自己的话说,"个人的确实就是政治的,法律漠不关心的个人选择对社会正义具有决定性意义"①,在作为点睛之笔的该书最后一章里,柯亨集中回应了"如果你是平等主义者,为何如此富有"的九项论据,指出没有理由支持一个富裕的平等主义者保有其个人财富的正当性,从而将政治哲学与个人行为的关联性提升到了一个前所未有的高度。于是,在一个按照正义原则的调节的社会结构中,个体应该为其行为承担责任。一方面,基于每个人的偏好(选择消费还是节俭、闲暇还是勤劳等)造成的不平等并非不正当;另一方面,为实现一个最终平等的社会作出努力应该成为个体应尽的义务。

三、坚守与深化:柯亨平等主义理想的当代价值

在回顾自己学术历程的时候,柯亨曾和许多人一样,把马克思主义与当代英美学界占主流的规范论哲学看作互不相容的两种思潮,"因为对哲学来说,规范性命题的正确与否与时间无关,而根据马克思主义,要不就是不存在规范性真理这样的东西,要不它就是随着经济环境和经济需求而历史地变化的"②。但是随着时间的推移,特别是随着对历史唯物主义研究的不断深入,柯亨发现,马克思主义与道德规范并非形同陌路,特别是亲身经历了当代社会发生的诸多变化(社会主义革命的低潮、生态危机等等)之后,他无法保持传统历史

---

① 柯亨:《如果你是平等主义者,为何如此富有?》,霍政欣译,北京大学出版社2009年版,第183页。
② 柯亨:《自我所有、自由和平等》,李朝晖译,东方出版社2008年版,第2页。

唯物主义的乐观主义预设：随着生产力发展、阶级消灭，平等也将最终实现。在柯亨心目中，这种社会变革理路很可能会导致身处历史洪流中的个人持有事不关己的心态。他援引一本讽刺小说《小世界》主人公的言行对此作了揭示，当文中扎普对弗尔维娅身为富豪却笃信马克思主义大感不解时，后者的回答是：

> 我当然认识到我的生活方式存在矛盾，但这正是资本主义最后阶段的矛盾特质，必将导致资本主义的崩溃。放弃我们自己的一点点特权……丝毫不能加速这一进程，它有自己不可抗拒的节奏和动力，这是由群众运动的压力所决定的，而不取决于微不足道的个人行动。①

柯亨反对这种乐观主义的心态，在他看来，马克思主义如果要继续保持其生命力，必须借鉴当代规范论哲学的最新成果，把自己视为一种指引人们为之奋斗的价值构想，"西方资本主义社会阶级结构发生的丕变引发了规范性问题。这些问题以前并不存在，或者即便存在，其政治意义也微乎其微，而现在，它们的政治意义举足轻重"②。于是，在柯亨那里，马克思主义与空想社会主义以及基督教社会主义的差异并不像以前那么大，他也根据自己的切身感悟，坚信一种平等主义的信仰，"在过去，人人平等的社会主义社会是否是理想的社会这一问题似乎是一个不必争论的问题。现在，除了探索这个问题，别

---

① 柯亨：《如果你是平等主义者，为何如此富有？》，霍政欣译，北京大学出版社2009年版，第198页。
② 柯亨：《如果你是平等主义者，为何如此富有？》，霍政欣译，北京大学出版社2009年版，第134页。

第六章　比较与融通：马克思社会政治思想的当代阐释

的我无暇顾及"①。

因此，与其说柯亨背离了其早期信仰的马克思主义历史决定论，还不如说其始终在改造并坚守自己依据深沉的信仰所确立的新的正义观，这种正义观赋予道德规范这一以前被严重忽略的主题以重要的地位。我们认为，柯亨对马克思主义的信仰是坚定的，但却始终反对教条主义的、经济决定论意义上的马克思主义。正如其所言：

> 我对将我培育成马克思主义者的人依然心怀感恩之情，也丝毫未曾放弃马克思主义信念的中心价值观——社会主义与平等。……马克思主义为自己设置的任务是将人性从资本主义市场带来的压迫中解放出来，这一任务今天并未失去其紧迫性。②

尽管如此，他的运思方式与过去甚至当前的很多马克思主义者明显不同，他的意旨是将马克思主义主题与近期的政治哲学议题，以及对犹太-基督教的长期关注糅合起来，这也是以他为代表的"分析马克思主义学派"的重要致思取向。

同时，与其说柯亨批判了罗尔斯式的仅仅局限于社会基本结构问题上的正义理论，还不如说他扩展并深化了罗尔斯式正义的内涵，即不仅关注对社会基本结构进行规范性改造，同时强调身处社会结构中的个体德性和整个社会风尚的价值。他相信，为实现平等，需要改变社会的精神风尚，需要改变人们在日常生活中对待彼此的态度。以此

---

① 柯亨：《自我所有、自由和平等》，李朝晖译，东方出版社 2008 年版，第 9 页。
② 柯亨：《如果你是平等主义者，为何如此富有？》，霍政欣译，北京大学出版社 2009 年版，"前言"第 10 页。

观之，柯亨与罗尔斯的观点也不存在根本的对立，而是突出了罗尔斯未曾给予充分关注的个体德性和公共善在建构一个良序社会中的重要地位。柯亨对罗尔斯理论的批判性考察也是当前自由主义与公民身份研究热潮的重要体现。在罗尔斯之后，西方学界一方面对其仅仅着眼于权利模式来探寻社会结构的正义原则感到不满，认为其忽略了共同体价值和个体承载的公民责任；另一方面认为其对统一性权利模式的过分关注忽视了少数群体的特殊性权利。① 对前者的关注生发了公民身份、美德伦理以及慎议理论等重要的思想主张，对后者的关注则促使了文化多元主义、少数权利观念的兴起。柯亨从马克思主义理论背景出发对相关主题作出了创造性的阐发，也激发了时至今日依然兴盛的关于马克思主义与正义问题的探讨。

在我看来，柯亨关于马克思主义与当代规范论政治哲学思潮的对接有着重大的理论价值。在当前的研究中，由于受传统思想理路的制约，我们的马克思主义哲学研究依然带有强烈的历史决定论与经济决定论色彩，这已经遭到许多西方学者的批判，也因此显得有些不合时宜。因此，柯亨从规范论视域出发为阐释马克思主义的精神价值开创了新的研究路径，促使我们重新反思马克思主义与自由、平等、正义等一系列道德价值的关联性，而不是诉诸物质财富极大丰裕的幻象来回避这些问题。同时，柯亨也让我们去认真应对由于自然禀赋、偏好和选择的差异造成的不平等问题，而不是想当然地认为，随着社会总体革命以及阶级差别的消失，这些问题将自动消解。正如其弟子金里卡所言：

---

① Will Kymlicka, *Contemporary Political Philosophy: An Introduction*, Oxford: Oxford University, 2002, p. 327.

第六章 比较与融通：马克思社会政治思想的当代阐释

毕竟，如果我们对于由个体差异引起的不平等漠不关心的话，那么我们如何能够对消除社会非正义抱有信心呢？怎么理解把社会不平等与个体差异导致的不平等置于不同的道德论域？如果源自个体差异的不平等尽管范围很广依然被"遗忘或忽视"的话，那么为什么那种由社会境况导致的不平等不能同样被忽视呢？①

柯亨的论著正是要提醒我们，应该关注在现有体制（即使是不平等的体制）下个体选择应该承担的责任以及由此形成的精神风尚的重要性。

当前，道德和政治哲学研究的各种思潮呈现合流的趋势，道义论、德性论和效果论等原先相互对峙的观念如今正在对话沟通中取长补短。在我们看来，无论是安斯康姆（Elizabeth Anscombe）在20世纪50年代所言的德性伦理学的复兴，还是其后罗尔斯基于社会契约论传统对康德式道义论伦理学的发扬，抑或是时下风头正健的功利主义，都应该而且可以与马克思主义一道，为解决当代人类问题作出贡献。柯亨沟通马克思与罗尔斯思想的精细论证，让我们更直观地感受到了这一趋向及其重要思想价值。特别是其独特的马克思主义成长背景以及对平等和正义的拯救与坚守，使得我们对于道德和政治哲学探究将会有更加亲切的体认。

在古典时代，人们对于个体和城邦的亲缘关系抱有坚定的信念，个体的品格与城邦的特质相关，个体行为的卓越乃是美德的体现，是幸福生活的必要条件，更与城邦的至善须臾不离。亚里士多德正是在

---

① Will Kymlicka, "Left-Liberalism Revised", in Christine Sypnowich (ed.), *The Egalitarian Conscience: Essays in Honour of G. A. Cohen*, Oxford: Oxford University Press, 2006, p. 16.

此意义上主张伦理学和政治学、个体美德与共同体政制密不可分。而孔子魂牵梦绕的邦国典范正是德性充盈的三代之治。然而，随着时代变迁，特别是经过韦伯所言的理性祛魅之后，人们与古典时代的至善模式渐行渐远，私人生活的独立和自治成为生活世界的重心，公共领域则日渐式微，政治生活已不再是人们追求至善和幸福指引的必然旨归，而不断沦为一种职业机巧和形式建构。特别是在当下，政治参与似乎只有工具价值而几无德性内涵，只要不触及法律底线、不危及市场规则、不伤及他人尊严，"躲进小楼成一统，管它春夏与秋冬"的自保或逍遥也就顺理成章了。解读柯亨的思想论著，让我们看到重塑个体美德与重建共同体价值的希望，也促使我们在马克思主义研究中与不同的思想资源进行交流对话，进而确立更为合理、坚实的道德理想。

第三节　实践理性与唯物史观的规范性诠释

诚如罗尔斯所言，道德哲学乃是寻求建构基本社会制度的价值规范基础，其《正义论》的核心主题正是为当代民主政治体制提供恰当的、经由深思熟虑所确立的规范性，以此取代占据支配地位的功利主义价值观念进而成为公共价值诉求，"道德哲学的一个目标就是在似乎不存在协议的地方找到它的可能基础。道德哲学必须努力扩大某种现存的一致意见的范围，并为我们的思考努力构想更精细的道德观念"[①]。就

---

① 罗尔斯，《正义论》，何怀宏、何包钢、廖申白译，中国社会科学出版社2009年版，第460页。

当前中国社会秩序建构而言，寻求恰当的基本原则和规范基础，进而达至最大限度的价值共识乃是不可回避的理论和实践难题，这也是当前唯物史观研究亟待阐发并应对的重大课题。

传统的马克思主义研究存在一个误区，那就是认为像自由、平等、权利以及正义问题是马克思曾经批判过的资产阶级意识形态词汇，这些概念充满了模棱两可和假仁假义的道德说教，在此思路的制约下，我们逐渐否弃了权利或正义等词汇在唯物史观研究中的地位。传统解读思路遭到了国外一些学者的诘难，比如在韦尔默（Albrecht Wellmer）看来，"马克思理论的接受和解释史证明了，马克思并没有成功地在他自己对自然权利的意识形态批判与黑格尔对自然权利的批判的相应的正义性和非正义性之间建立一个令人满意的联系"①，"马克思把黑格尔对自然权利的批判颠倒过来，并赋予'自由、平等、财产'这一资产阶级的三元体系以意识形态的特征；但在此过程中，那种结构的合理内核也离他远去了"②。

虽然许多国内学者借助当代西方哲学的思想理念，从实践理性、社会存在论视域探询唯物史观的思想内涵，从而批判物质本体论等实证科学思维方式，并认为在这方面马克思与康德等自由平等学说的倡导者有诸多对话的空间；还有的学者从政治哲学视角探讨了唯物史观的政治向度，因此与自然权利论有更多契合之处。但是毋庸讳言，我们关于唯物史观与正义或权利的关系研究依然不够深入，没有细致清理西方自然权利学说沿革的思想传统，也未对唯物史观与自然权利的

---

① 韦尔默：《后形而上学现代性》，应奇、罗亚玲编译，上海译文出版社2007年版，第59页。
② 韦尔默：《后形而上学现代性》，应奇、罗亚玲编译，上海译文出版社2007年版，第60页。

关系进行充分考察，这也就导致我们未能深切体认西方自然权利论者的问题语境，更多地采取非此即彼而非对话互通的方式回应当下人类社会所面临的困境。也因此，国内学界的唯物史观研究依然需要更新研究范式，汲取包括自然权利学说在内的当代思想资源，进而实现思维方式和价值旨趣的双重转换。

一、自然权利与规范性问题的源初语境

规范性问题由来已久，按照科尔斯戈德（Christine Korsgaard）的观点，"规范性概念之所以存在，乃是因为人类有规范性问题。我们有规范性问题，乃是因为我们是能对自身应该相信什么、应该做什么进行反思的具有自我意识的理性动物"[1]。于是，应询问规范性的基础，也就是询问在何种意义上我们每个人都应该具有一种科尔斯戈德所说的经由反思性结构所确立的"道德统一性"（即作为目的王国的成员），而非只停留在其业已获得的实践统一性上。

> 我们作为道德存在者的同一性——作为赋予他们自身这种人类存在物以价值的人的同一性——就是我们那些特殊的实践同一性的基石。因为我们是人，我们必须根据我们的同一性的实践观念而行动，而且这意味着它们的重要性部分地来自作为人的重要性。[2]

---

[1] 科尔斯戈德：《规范性的来源》，杨顺利译，上海译文出版社2010年版，第53页。
[2] 科尔斯戈德：《规范性的来源》，杨顺利译，上海译文出版社2010年版，第139页。

第六章　比较与融通：马克思社会政治思想的当代阐释

因此，规范性问题来源于人性尊严，这是带有根本性的道德价值尺度的存在，并由此出发，推动形成一个合理性或正当性原则的产生。在此意义上，自古典时代以来规范性问题便与自然权利不可分离，以此区别于由习俗和意见所确立的价值准则。① 基于本节的研究主旨，我们把自然权利学说界定为探询指向社会正义和平等自由的正当性价值准绳，这一诉求通过理论或实践的批判、超越和建构的方式进行。因此自然权利、自然正当和自然正义具有诸多相近的内涵，都试图寻求社会建构的价值规范基础。

如果用正当或正义一词来阐释自然权利，那么自古希腊开始，自然权利便是一个重大的理论课题，特别是在柏拉图和亚里士多德的相关著作中，对其内涵作出了奠基性的阐释。柏拉图在《理想国》的结尾处指出，"让我们永远坚持走向上的路，追求正义和智慧"②，这也启迪并指引了后世思想家的基本致思取向。

我们今天所讨论的自然权利概念更多地源于霍布斯的理论创造。在霍布斯那里，权力或正当性与人的实践理性能力有着更为充分的对接，从而自然权利与通过实践理性确定社会契约进而保障个体福祉密切相关，"自然权利，著作家们一般称之为 jus naturale 的，就是每一个人按照自己所愿意的方式运用自己的力量保全自己的天性——也就是保全自己的生命——的自由。因此，这种自由就是用他自己的判断和理性认为最合适的手段去做任何事的自由"③。而权威源于全体臣民缺乏相应的手段来保障其安全和福祉，因此出于慎思理性而把一切

---

① 参见施特劳斯：《自然权利与历史》，彭刚译，生活·读书·新知三联书店2006年版，第109页。
② 柏拉图：《理想国》，郭斌和、张竹明译，商务印书馆2018年版，第430页。
③ 霍布斯：《利维坦》，黎思复、黎廷弼译，商务印书馆2017年版，第97页。

权利让渡给主权国家。① 但是正如瑞雷（Patrick Riley）所言，在霍布斯那里，政治合法性乃是源于意愿性的同意，这也是一些协定的本质，在此意义上，霍布斯缺乏康德式的纯然实践理性意义上的具有法则能力的意志行动概念，从而也就消解了政治责任以及其他道德观念。②

不过正是从霍布斯开始，自然权利与人性、人的实践理性能力更为紧密地结合在一起，社会契约论也逐渐成为西方道德和政治思想史的主流，体制与秩序的基本法则唯有通过人的道德理性能力的自觉建构才是正当的。特别是在康德那里，启蒙及其对自由与平等价值的彰显成为一切社会法则正当性的源泉。康德强调通过纯粹实践理性能力确立道德法则，进而确保自由这一根本价值理念得到维护和实现；同时关注基于联合的意志建构新的人类关系，从而确保具有普遍性的所有人的平等自由。这也构成了康德整个道德哲学的规范性前提，也是我们理解其法权与道德理论关系的基本立足点。在康德那里，道德法则亦被称作自由的法则，具体区分为法权原则和伦理原则，前者关注的是自由的外在运用，并且允许通过强制力来实施；后者关注的是自由的内在或外在使用，而且除了道德法则自身外不允许其他限制。③ 我们不难认定，康德整个道德形而上学建构的根本指向乃是通过遵循义务（法权义务和伦理义务）法则来规范（通过外在限制和内在限制）自由任性，从而保障人类根本价值亦即普遍自由得到最大限度

---

① 霍布斯：《利维坦》，黎思复、黎廷弼译，商务印书馆 2017 年版，第 104—105 页。
② Patrick Riley, *Will and Political Legitimacy: A Critical Exposition of Social Contract Theory in Hobbes, Locke, Rousseau, Kant, and Hegel*, Cambridge, MA: Harvard University Press, 1999, pp. 142-143.
③ 康德：《康德著作全集》第 6 卷，李秋零主编，中国人民大学出版社 2019 年版，第 221 页。

第六章 比较与融通：马克思社会政治思想的当代阐释

的实现，可以说，这也是康德始终坚持的根本价值信念。①

运用实践理性能力确立普遍法则，从而走出蒙昧状态并实现最大程度的自由价值，乃是康德及其后继者始终不变的理想诉求。在此意义上，无论是黑格尔还是哈贝马斯、罗尔斯等人，都继承了康德主义的事业，即通过一种合乎正当性（自然权利）原则的社会结构安排，来达到对于自由平等的理性存在物的尊重，这也是如柏恩斯（Kenneth Baynes）所言的由康德奠基并经罗尔斯和哈贝马斯等人不断发展的社会批判理论的规范基础。② 与此同时，继承康德式道德建构主义立场的罗尔斯也明确支持自然权利。

> "自然的"这个术语的恰当性就在于，它表明了由正义理论确定的权利和法律和由习惯规定的权利之间的区别。不仅如此，自然权利的观念还包括这种观念：这些权利一开始就是属于人的，并受到特别的重视。容易为着其它价值而被践踏的权利不是自然权利。受第一原则保护的那些权利从优先原则来看具有这两个特点。所以，公平的正义具有自然权利理论的特征。……尽管特定的权利不是绝对的，从实践的意义说，在有利条件下，平等的自由体系是绝对的。③

---

① 参见 Paul Guyer, *Virtues of Freedom: Selected Essays on Kant*, Oxford: Oxford University Press, 2016, pp. 54-69。
② 参见 Kenneth Baynes, *The Normative Grounds of Social Criticism: Kant, Rawls, and Habermas*, Albany: State University of New York Press, 1992。
③ 罗尔斯：《正义论》，何怀宏、何包钢、廖申白译，中国社会科学出版社2009年版，第399页。

由此观之，至少在康德和罗尔斯那里，道德与政治证成中的自然法和社会契约论路径并非二元分立，而是相互支持，共同阐发根本正义价值的思想方案。接下来需要探询的问题是：马克思创立的唯物史观如何对待寻求规范性前提的自然权利学说及其价值诉求。

二、自然权利的批判性重构：马克思的思想道路

世界上存在着自然权利，这意味着什么？何种意义上的权利或正义才值得我们相信并追寻？我们又如何让唯物史观这一经典话语可以与自然权利的语言圆融无碍？重新审视唯物史观的一系列经典著作，特别是真实面对我们所处的思想状况和现实处境，我们不得不和柯亨一样，去探究权利话语并且相信"世界上存在着自然权利"[1]。

1843年9月，马克思于克罗兹纳赫给同是《德法年鉴》主编的卢格写去一封信，在信中他更为坚定地表明了自己对未来新思潮所具有的批判性旨趣，"新思潮的优点又恰恰在于我们不想教条地预期未来，而只是想通过批判旧世界发现新世界"[2]。面对种种自然权利学说，在我们看来，首要的无疑是如马克思一贯的理论品格所昭示的，去理解、批判和重构。但是紧接着的问题在于，我们以何种思路去批判性地重构自然权利学说，以期在唯物史观的话语体系中容纳进这一看似格格不入的要素。

也许从马克思的经典文本着手是最为便捷也是最为准确的道路，

---

[1] 柯亨：《马克思与诺齐克之间》，吕增奎编，江苏人民出版社2008年版，第59页。
[2] 《马克思恩格斯文集》第10卷，人民出版社2009年版，第7页。

第六章 比较与融通：马克思社会政治思想的当代阐释

但我们也必须熟悉自然权利学说的历史与逻辑，清理其错综复杂的历史形态，理解其核心的思想主张，同时明晰其当代最具代表性的提倡者的思想。经由多年的探索和研究，我们对马克思的思想道路及其实现的变革的理解越来越清晰。在马克思那里，唯物史观既然以批判作为其口号和标识，就需要我们首先确认这一批判的内涵和旨趣。

在我们看来，在马克思走向思想舞台伊始，是以黑格尔主义者或青年黑格尔派的身份出现的。而从康德到黑格尔的德国古典哲学的根本价值在于精神或理知的自由，这是一种理想主义的情怀，也是超越性的批判哲学维度。在1837年11月给父亲的信中，马克思一方面表露自己喜爱抒情诗的浪漫情怀，同时渴望专攻哲学，目的是解决现实东西和应有东西之间的对立，并"从对象的发展上细心研究对象本身，而决不允许任意划分；事物本身的理性在这里应当作为一种自身矛盾的东西展开，并且在自身中求得自己的统一"①。同时，马克思的思想起点还有一个重要的关节，那就是他从法哲学的视角切入对时代的思考和把握。一方面，他不满康德的法权形而上学体系，也不喜欢黑格尔哲学"那种离奇古怪的调子"；另一方面，他又立志汲取康德经由费希特到黑格尔哲学的理想主义营养，因此他"从头到尾读了黑格尔的著作，也读了他大部分弟子的著作"②。尽管马克思试图通过转向现实来摆脱黑格尔式思辨形而上学的体系，但是德国古典哲学特有的自由精神和浪漫意向始终伴随着马克思的思想历程。

这体现为《博士论文》时期他对伊壁鸠鲁原子偏斜学说的认可和对德谟克利特式的盲目必然性的拒斥，以及对古希腊思想中透露出来

---

① 《马克思恩格斯全集》第47卷，人民出版社2004年版，第8页。
② 《马克思恩格斯全集》第47卷，人民出版社2004年版，第15页。

的政治契约原则和友爱精神的关注。① 在此基础上，马克思继承古希腊哲学遗产并以从德国古典哲学中汲取的自由精神对其进行重构，那就是以哲学的世界化、实践化作为依归。最终，马克思哲学的开篇便显现出壮丽的意向，"在自身中变得自由的理论精神成为实践力量，作为意志走出阿门塞斯冥国，面向那存在于理论精神之外的尘世的现实"②。在此意义上，马克思是以自由派的风格登上哲学舞台的，这一风格的特质便是批判，以此区别于实证派，这一派局限于自身而无法使世界哲学化，"在内容上，只有自由派才能获得真实的进步，因为它是概念的一派，而实证哲学只能产生一些这样的要求和倾向，这些要求和倾向的形式是同它们的意义相矛盾的"③。

正如麦卡锡（George McCathy）强调的：

> 伦理与社会公正深埋于马克思本人的思想体系之中。政治经济学批判为他提供了社会要素，其中，绝对命令失去了其对社会现实的抽象性，从而开始具备具体的历史形式。马克思为进一步深入黑格尔的康德批判准备好了唯物主义的根基。只有在社会制度的具体情境中，道德才对个体有意义。如果这些制度阻碍或者破坏了理性的自我意识行动的可能性，那么道德本身也就变得不可能。对马克思而言，一个压迫性经济体中的社会关系是阻碍了个人自由与理性行动发展的。④

---

① 《马克思恩格斯全集》第1卷，人民出版社1995年版，第38页。
② 《马克思恩格斯全集》第1卷，人民出版社1995年版，第75页。
③ 《马克思恩格斯全集》第1卷，人民出版社1995年版，第77页。
④ 麦卡锡：《马克思与古人：古典伦理学、社会主义和19世纪政治经济学》，王文扬译，华东师范大学出版社2011年版，第7—8页。

第六章 比较与融通：马克思社会政治思想的当代阐释

这是对马克思哲学所具有的道德和政治意向的恰当诠释。

对古希腊自然权利意识的认同，对德国古典哲学自由精神的充分吸收，结合其对资产阶级社会现实的批判性考察，马克思所创立的唯物史观具有异常鲜明的规范论权利向度。在《德法年鉴》时期，他对鲍威尔主张的政治解放的批判和对人类解放的向往，以及对黑格尔法哲学所蕴含的合理性及其缺陷的剖析，都让我们对自然权利学说的认识不断深化。马克思促使我们明晰，"私有财产的真正基础，即占有，是一个事实，是无可解释的事实，而不是权利。只是由于社会赋予实际占有以法律规定，实际占有才具有合法占有的性质，才具有私有财产的性质"[①]。同时也认识到黑格尔哲学中深藏的泛神论倾向，一种颠倒了的、无批判的伦理实体形式主导着其思想，并以此消解了其中的自由和权利意识，"黑格尔只是阐发了国家形式主义。在黑格尔看来，真正的物质原则是观念，是被当作主体看待的国家的抽象思想形式，是本身不包含任何消极因素、任何物质因素的绝对观念"[②]。

与康德和黑格尔不同，马克思所要求的权利或正当性价值取向乃是通过对现存政治制度的批判性超越实现的，其根本意图乃是全人类的自由和解放，而这种解放的基础在于对人的真实本质的理解，亦即对无产阶级的无权利的生存状况的理解。所以，"它不能再求助于历史的权利，而只能求助于人的权利，它不是同德国国家制度的后果处于片面的对立，而是同这种制度的前提处于全面的对立，最后，在于形成一个若不从其他一切社会领域解放出来从而解放其他一切社会领域就不能解放自己的领域，总之，形成这样一个领域，它表明人的完

[①] 《马克思恩格斯全集》第3卷，人民出版社2002年版，第137页。
[②] 《马克思恩格斯全集》第3卷，人民出版社2002年版，第144页。

全丧失，并因而只有通过人的完全回复才能回复自己本身。社会解体的这个结果，就是无产阶级这个特殊等级"①。

不过，这一渴望自由的理想主义情结在遭遇现实的难题后，产生了重大的思想转变，那就是诉诸一个特殊阶级（无产阶级）来求索人类解放，而不再局限于在资产阶级内部寻求政治解放，人类解放乃是一种自然权利，它是批判一切制度的价值规范基础，也是指向未来社会理想的根本原则。于是马克思才信心满满：

> 哲学把无产阶级当做自己的物质武器，同样，无产阶级也把哲学当做自己的精神武器。思想的闪电一旦彻底击中这块素朴的人民园地，德国人就会解放成为人。②

人类解放是真正的权利和正义的实现，也是批判社会制度正当性的阿基米德支点。这一自然权利表明，资产阶级的法权依然未能逃脱利己主义的思想窠臼，"没有超出作为市民社会成员的人，即没有超出封闭于自身、封闭于自己的私人利益和自己的私人任意行为、脱离共同体的个体"③，政治共同体只能成为维护这一私有权利的手段，而愈发让公民陷入被奴役的地位，而其本质具有的权利向度便岌岌可危。在此意义上，马克思对自然权利学说的亲和性表现在，他与后者一样诉求本质性亦即自然性的权利观念和价值旨趣，这就是他的类哲学的思想缘起。

---

① 《马克思恩格斯文集》第1卷，人民出版社2009年版，第17页。
② 《马克思恩格斯文集》第1卷，人民出版社2009年版，第17—18页。
③ 《马克思恩格斯文集》第1卷，人民出版社2009年版，第42页。

> 只有当现实的个人把抽象的公民复归于自身,并且作为个人,在自己的经验生活、自己的个体劳动、自己的个体关系中间,成为类存在物的时候,只有当人认识到自身"固有的力量"是社会力量,并把这种力量组织起来因而不再把社会力量以政治力量的形式同自身分离的时候,只有到了那个时候,人的解放才能完成。①

由此我们发现,唯物史观新视界在其源头处乃是与自然权利学说相互关联的,它们都欲求人的本质力量的展现,都从人本身是人的最高本质出发,也都保持对现存世界的批判反省态度,而《1844年手稿》则是这种结合的典范之作。

当马克思洞察到资本主义社会中人类的类本质的异化,并把克服类本质异化的道路确认为自然主义和人道主义的双重实现时,马克思是在思想深处认同自然权利学说的,而这一实现乃是以建构一个社会新形态为前提的。

> 自然界的人的本质只有对社会的人来说才是存在的,因为只有在社会中,自然界对人来说才是人与人联系的纽带,才是他为别人的存在和别人为他的存在,只有在社会中,自然界才是人自己的合乎人性的存在的基础,才是人的现实的生活要素。只有在社会中,人的自然的存在对他来说才是人的合乎人性的存在,并且自然界对他来说才成为人。因此,社会是人同自然界的完成了

---

① 《马克思恩格斯文集》第1卷,人民出版社2009年版,第46页。

的本质的统一,是自然界的真正复活,是人的实现了的自然主义和自然界的实现了的人道主义。①

这一新社会形态的完满表现就是共产主义。

经由《1884年手稿》和《神圣家族》的思想历练,马克思和恩格斯对于实然和应然的矛盾的思考进入新的层级,其具体表现在《形态》一文中。通过意识形态批判,马克思把对人的本质的异化和复归的批判性建构落实到对于资本主义社会现实的超越上,而不局限于理论上的反思。于是,唯物史观与自然权利的结合采取的是一种实践的、革命的方式,亦即通过改变资本主义的生产关系,为自由人的联合创造物质基础,这也是唯物史观的新使命。

唯物史观的核心内容后来一直在《形态》的基础上向前推进,或完善,或提升。其中的主旨思想乃是对青年黑格尔派以及当时流行的政治思潮进行一次总清算,这也是唯物史观自我完善的必要环节,至此,新的历史科学得以宣告问世。而对局限于资本主义社会呼吁政治自由、功利主义以及社会主义的思潮,马克思则进行了有力的批判。在此基础上,唯物史观的历史任务也清晰可见,那就是消除以私有财产权关系为主导的虚假的集体,走向真正的联合体。②

值得注意的是,唯物史观与自然权利或社会契约论传统的区别在这里开始显现。在后者那里,人类的联合和个体的自由依然是偶然的,受制于种种未被消除的生产关系。而唯物史观一方面反对社会契约论所设置的自然状态,另一方面对于经社会契约产生的偶然性关系

---

① 《马克思恩格斯文集》第1卷,人民出版社2009年版,第187页。
② 《马克思恩格斯文集》第1卷,人民出版社2009年版,第571页。

第六章　比较与融通：马克思社会政治思想的当代阐释

抱有怀疑态度。于是在唯物史观视野中，自然权利并非从自然状态中推演而来，而是与对现实社会的批判、超越建构紧密相关。

> 18 世纪流行过的一种虚构，认为自然状态是人类本性的真实状态。当时有人想用肉眼去看人的思想，因此就创造出自然人……所有这些离奇的言行都是以这样一种正确的想法为根据的，即原始状态是一幅幅描绘人类真实状态的纯朴的尼德兰图画。①

对自然状态以及社会契约论的批判，让唯物史观与自然权利的关系变得更为复杂。我们需要追问：实现了哲学思想变革的马克思是如何对待自然权利的，完全否弃还是采用另一种方式显现两者之间更为深层的关联？

我们更为认同后一种理解路径。自然权利观念作为一种规范性的社会批判的支点，更为深远地贯穿于《形态》之后的马克思的各个思想文本，特别是《政治经济学大纲》和《资本论》。在其中规范性的伦理和社会正义批判与唯物史观并行不悖，而且很明显可以看出，这种思想维度乃是建立在对古典精神、康德与黑格尔的自由观念以及法国大革命所带来的实际政治经验的更为深切的批判反省之上的，这也使得唯物史观的社会批判力度跃迁到一个新境界。所以我们同意麦卡锡的论断：

---

① 《马克思恩格斯全集》第 1 卷，人民出版社 1995 年版，第 229 页。

马克思批判资本主义是因为它扭曲了人类发展并且碾碎了个体的潜能(亚里士多德);它创造了一个关于自然法与经济神(economic divinities)的超越世界,超出作为个体的人的掌控(伊壁鸠鲁);它将历史与人类的生产(对象化与外在化)变为盲目之天命和更盲目之委身的崇拜对象(伊壁鸠鲁与希伯来传统);它摧毁了人类理性、道德自治与自我决断(卢梭与康德);此外,它还导致了扭曲的自我发展与错误的意识(黑格尔)。[1]

在此基础上麦卡锡断言:

《资本论》是对资本主义的社会学和逻辑学批判,它建立在马克思前所未有地采纳了古典社会伦理学三大主要传统的基础之上:古希腊城邦典范、希伯来先知以及18世纪末19世纪初的德国观念论。这些传统的整合为马克思预备了一个伦理架构,由此可以对资本主义进行评估与道德批判。因此,马克思的后期著作与其说是一门关于政治经济学的科学,毋宁说是给我们提供了一个对资本的伦理批判以及与此相联的要求社会变革的道德命令。[2]

麦卡锡把马克思的主导思想归结为元伦理学,认为其与自然权利学说具有深层的同质性。马克思后期对雇佣劳动、对商品拜物教以及对资本逻辑的批判,无不基于其早期业已确立的关于人性、人的类本

---

[1] 麦卡锡:《马克思与古人:古典伦理学、社会主义和19世纪政治经济学》,王文扬译,华东师范大学出版社2011年版,第8页。
[2] 麦卡锡:《马克思与古人:古典伦理学、社会主义和19世纪政治经济学》,王文扬译,华东师范大学出版社2011年版,第9页。

质、人的自由以及真正联合体的思想。这些主题同时也是古典自然权利论、近代卢梭和康德的权利学说以及黑格尔自由精神的思想旨趣。唯物史观进而可以与自然权利一道，共同破除"以物的依赖性为基础的人的独立性"的社会形态，进而致力于"建立在个人全面发展和他们共同的、社会的生产能力成为从属于他们的社会财富这一基础上的自由个性"这一新社会形态的建构。[①] 这是国内诸多学者结合《资本论》等相关著作的研究呈现唯物史观所蕴含的政治伦理思想旨趣的缘由所在。

更进一步，如果要深入揭示资本逻辑带来的物化和异化，马克思必须借助自然权利学说所阐发的基本价值理念，那就是关于人的功能、实践理性以及人所依赖的市民社会和国家经验的学说，从而提炼出批判资本主义社会的正义和权利等规范性要素，也才能真正实现唯物史观所求索的自由人的联合体，这也正是新唯物主义思想视域的根本价值指向。

三、范式转换与唯物史观规范性向度的再辩护

在唯物史观讨论中引入自然权利问题，有助于对马克思哲学的多种研究范式进行深入反思。在我们看来，生产主义范式容易陷入实证科学窠臼，无法显现马克思思想的批判性旨趣；而社会批判范式也存在一定的误区和盲区，无法应对重大的伦理政治课题；依据康德式的实践理性范式，可以有助于我们确立社会批判理论的规范基础，并依据道

[①] 《马克思恩格斯全集》第 30 卷，人民出版社 1995 年版，第 107—108 页。

德人格而非人道主义理想来重新阐释马克思所确立的实践哲学新视界。

1. 生产主义范式。在马克思主义哲学教科书体系中，关于实践概念的阐释带有较多实证科学的色彩，实践意指主体能动改造客观世界的物质生产、科学实验或处理社会关系的活动。这一实践哲学视界分外强调主体与客观世界的改造与被改造关系，物质生产劳动在这一关系中起到奠基性的作用，科学基础亦被当作重要的实践手段进入生产领域。这一视界逐渐演变为"韦伯式的马克思主义""实证科学理论"，后来遭到卢卡奇、布洛赫以及马尔库塞等人的激烈批判，西方马克思主义者不断揭示和澄清，科学技术（连同其"合理化"）观念不仅无法准确显现马克思哲学精神实质，而且很可能会成为一种新的压迫手段，产生异化、物化和物像化的后果。

哈贝马斯把这一解读模式称为"生产范式"，并且表明这一范式存在三个重大的理论困境：一是，生产范式严重束缚了实践概念，未能彰显具有言说和行动能力的交往主体性内涵。交往行为理论可以实现实践和合理性概念的互通，从而建立基于日常交往实践的合理性概念，以此探询社会生活的规范性基础问题。二是，生产范式在一种自然主义的意义上界定实践概念，导致其无法应对社会和自然之间的宽广领域所产生的问题，亦无法提供切实的规范性基础，换言之，自然和生活成为一种无法打破的定在，从而掩盖了马克思实践哲学的社会批判指向。三是，生产范式赋予实践概念以明确的经验意义，哈贝马斯反问到：在可预见的未来，劳动社会将走向终结，那么，生产范式是否也将失去说服力？[①] 哈贝马斯的一个重要致思取向，便是论证交

[①] 哈贝马斯：《现代性的哲学话语》，曹卫东译，译林出版社2004年版，第91页。

往行为理论将取代过时的生产范式或主体性哲学范式,从而开显更为切近的实践哲学视界,以此反观现代性的哲学话语。

2. 社会批判范式。在马克思的源初思想语境中,社会批判乃是其实践哲学的核心旨趣,并且以此建立了一系列总问题式,无论是早期所主张的"通过批判旧世界发现新世界"①,还是思想成熟时期所阐发的不断改变现存世界的实践唯物主义思想方案②。马克思相信,这一社会批判意义上的实践哲学总的世界观的转换,不仅超越了费尔巴哈和黑格尔的哲学视域,而且能够更准确地找到破解资本主义社会关系奥秘的钥匙,从而为走出这一社会状态创造条件。而且更为重要的是,与生产范式相比,社会批判理论范式具有很深刻的规范性意蕴,这一规范性维度不仅区别于古典政治经济学家和形而上学思辨家,而且致力于确立契合人类根本价值的未来生活世界。

但是,从社会批判视角来解读马克思的实践哲学依然存在误区和盲区。所谓误区是,马克思的实践哲学很容易被理解为一种仅仅主张革命的斗争哲学,甚至分外强调暴力革命的作用,而不是主张对话和宽容的创造性思想活动,这种思想活动指向理想性的道德和政治建构。正如阿伦特曾指出的,如此误读将使行动(区别于劳动、工作)和思想丧失其应有的地位,从而导致在马克思"坚持政治和哲学同样都只是社会和历史的功能时,他也一样既消解了政治的意义,又消解了哲学的意义"③。阿伦特的深层意图与哈贝马斯相近,亦即试图展现实践概念更为源初的意蕴,亦即对话、交往以及自由等价值旨

---

① 《马克思恩格斯文集》第 10 卷,人民出版社 2009 年版,第 7 页。
② 《马克思恩格斯文集》第 1 卷,人民出版社 2009 年版,第 527 页。
③ 阿伦特:《过去与未来之间》,王寅丽、张立立译,译林出版社 2011 年版,第 25 页。

趣,特别是实践观念在重构公共生活(城邦政治)中的重大作用。

所谓盲区是,通过单一的社会批判范式解决重大现实课题很可能忽略更为具体的、阶段性的课题,比如关于残障、医药保健、才能、社会地位、冒险、运气、天赋、趣味、偏见、成瘾症、心智能力、偏好、种族等问题的辩论。对于许多马克思主义者来说,这些问题虽然具体但是过于琐碎,大大脱离了当前迫切需要解决的现实任务,那就是反对那些更根本的源于社会关系和阶级差别的非正义问题,比如压迫、剥削以及社会等级制。然而,倘若我们完全认同金里卡的观点,仅仅聚焦于单一的社会批判观念,那么未免过于狭隘,如此一来便忽视了人们寻求自身事业和善观念能力的差异所导致的物质不平等的重要性,也就是说,即使我们的目标是保护社会平等,我们依然需要综合考虑个体的公平和责任,进而才能够保持理想目标的持续性和稳定性。① 这也是西方分析马克思主义者如柯亨等人所关注的问题域,"社会主义者不得不确立一个更为低调的方案,他们必须更多地从道义上阐扬社会主义,改变过去那种追求潮流的做法"②。

3. 实践理性范式。借助实践理性的范式,我们试图强调马克思实践哲学蕴含的伦理、政治旨趣以及规范性价值根基。实践理性概念在亚里士多德和康德那里具有不同的意旨,后来者如哈贝马斯和阿伦特等人对实践理性的强调亦有差异,究竟如何借助实践理性观念切中并阐发马克思的实践哲学并重新阐释唯物史观,乃是当前重要的理论

---

① Will Kymlicka, "Left-Liberalism Revised", in Christine Sypnowich (ed.), *The Egalitarian Conscience: Essays in Honour of G. A. Cohen*, Oxford: Oxford University Press, 2006, pp. 9-35.

② 柯亨:《如果你是平等主义者,为何如此富有?》,霍政欣译,北京大学出版社2009年版,第144页。

课题。借助古典抑或现代的理论资源，我们有理由期待伦理和政治批判意义上的实践在马克思思想视域中被重新激活。由此，我们可以瓦解经验论、实证论的解读模式，从而在新的思想语境中呈现唯物史观的社会理想，而且正如墨菲(Chantal Mouffe)所言，能够开辟通达这一理想的多元方法和道路。[1]

同时需要关注康德与亚里士多德所持有的不同的实践理性观念。在康德那里，实践理性乃是一种确立普遍法则、保障普遍自由的道德人格能力，"也就是摆脱了整个自然的机械作用的自由和独立，但是它同时却被看作某个存在者的能力，这个存在者服从于自己特有的、也就是由他自己的理性给予的纯粹实践法则，因而人格作为感官世界的人格，就他同时又属于理知世界而言，则服从他自己的人格性；这就不必奇怪，人作为属于两个世界的人，不能不带有崇敬地与他的第二个和最高的使命的关系中看待自己的本质，也不能不以最高的敬重看待这个使命的法则"[2]。这种建立在每个人的自由平等基础上的道德形而上学，也是后来康德建构公共法权[3]和更为宏阔的伦理—公民(政治)共同体的价值基础，"一种伦理的-公民的状态是这样一种状态，即人们是在无强制的、即纯粹的德性法则之下联合起来的"[4]。

不容忽视的难题是，马克思对康德的实践理性观念持有激烈的甚

---

[1] 参见墨菲：《政治的回归》，王恒、臧佩洪译，江苏人民出版社2008年版。
[2] 康德：《实践理性批判》，邓晓芒译，人民出版社2016年版，第108—109页。
[3] 参见康德：《康德著作全集》第6卷，李秋零主编，中国人民大学出版社2019年版，第318—320页。
[4] 康德：《康德著作全集》第6卷，李秋零主编，中国人民大学出版社2019年版，第95页。

至是彻底批判的态度,对康德意义上的自然法权与公民的法权也抱有怀疑态度,而更倾向于建立在社会革命(改变资本主义法权状态)基础上的社会法权,"不管是康德或德国市民(康德是他们的利益的粉饰者),都没有觉察到资产阶级的这些理论思想是以物质利益和由物质生产关系所决定的意志为基础的"①。在马克思看来,康德实践理性观念蕴含的善良意志和自由平等观念实际上是德国市民阶层的软弱性、无反抗能力的体现,他们通过道德幻象让自己局限于私利的、偏狭的世界,从而无法形成共同的价值追求。这也是我们在阐发实践理性范式时同样需要注意的差异性维度。所以尽管阿尔都塞(Louis Althusser)指出,青年马克思首先是康德和费希特派而非黑格尔派②,但他依然把康德伦理学作为人道主义意识形态加以拒斥③。那么该如何以康德式的实践理性视角来呈现马克思实践哲学的新视界呢?在此,我们尝试给出几条沟通路径:

一是,在马克思那里,基于实践经验、社会实践的哲学批判和形而上学批判,如果没有一种普遍性的价值旨趣与内涵,则依然是一种经验性学说,而这种学说无法具有普遍必然的超越性和穿透力。也就是说,马克思的实践的、历史的唯物主义不是一种庸俗的唯物主义,它的理论建构并不仅仅建立在对现实的经验分析和考察之上(这是古典经济学所做的事情)。在此意义上,马克思实践哲学与康德式的实践理性观点共享一种普遍性的价值取向,亦即对人的自由和平等价值的关照,尽管两者的具体思想路径存在差异。

---

① 《马克思恩格斯全集》第 3 卷,人民出版社 1960 年版,第 213 页。
② 参见阿尔都塞:《保卫马克思》,顾良译,商务印书馆 2010 年版,第 18 页。
③ 参见阿尔都塞:《保卫马克思》,顾良译,商务印书馆 2010 年版,第 224 页。

二是，马克思对于资本主义物化关系和资本逻辑的批判，也和康德一样，乃是为了实现物的关系向真正人的关系的转变，从而实现真实的人之存在状态或者类自由状态。与康德祛除基于经验性诉求的实践理性批判事业相近，马克思也主张消除经验的偶然性以及物的关系对个人的统治，当然，他们采取的途径也迥然有别，康德主要是着眼于一种理论和观念上的批判与重建，而马克思则着眼于消灭资本主义状况下的异化这一社会境况，亦即瓦解物对人的统治关系，实现每个人的自由个性的全面发展。①

三是，从实践理性的视角看，马克思的思想革命及其实践哲学价值旨趣，为我们理解和批判当代资本主义社会的现实境遇提供了重要的思想观念，也从而有助于我们重新确立一种建立在新的实践观念基础之上的理想社会，以及在此社会下能够充分享有的平等自由。而康德的道德政治哲学正是在具有普遍性的公共法权和伦理规范中保护普遍自由价值，进而实现正义与良善社会体制的建构。在此意义上，实现社会生活和个体自由的均衡与融合，乃是马克思与康德实践哲学共有的思想诉求。

阐释并重构实践理性范式，有助于我们更为充分地挖掘唯物史观的规范性内涵。特别是通过对马克思与康德、罗尔斯等人的当代道德和政治话语进行沟通比较，可以有效地开拓唯物史观在当代的理论空间；通过进一步拓展康德式实践理性的价值向度，可以有助于我们探询维护普遍自由价值的思想方案。这一建立在相互承认基础上的平等自由价值不仅表现在实现人类解放和社会联合体的社会实践活

---

① 参见《马克思恩格斯全集》第3卷，人民出版社1960年版，第515页。

动中，也表现在个体私人领域承担责任、履行义务等方面，从而确保每个人的自由与所有人的自由权利共存无碍，与此同时，也有助于我们在一些涉及个人权利保护和平等价值提升的问题上（比如教育、分配以及对残障人士和儿童等弱势群体的关注）给出更为详尽具体的方案。

换句话说，唯物史观关于未来社会的展望，并非建立在消解个体差异抑或绝对同一性思想方法之上。马克思虽然把更多的精力放在了改变资本主义社会的整体生产关系层面，但是其理论建构从来没有以消解个体自由平等价值为必需代价。马克思虽然激烈批判资本主义社会中的自由平等权利的虚伪嘴脸，但并未主张未来社会中的每个人的自由平等价值也随之泯灭。在我们看来，马克思主要从现实社会革命实践的立场来反对康德式道德说教的软弱无力，从而彻底批判德意志意识形态带来的思想混乱，因此并没有着力于展现康德哲学"作为法国革命的德国理论"的思想价值，也影响了对康德理论的解读方式，但这并不妨碍我们在当前结合新的思想语境赋予其理论价值。

因此，基于实践理性范式阐发唯物史观的根本价值旨趣，并未远离马克思主义的重大议程，恰恰相反，它反而能够弥补传统解读模式存在的缺陷，通过进一步扩展其中蕴含的道德和政治观念来共同解决社会问题。特别是，基于实践理性范式探询唯物史观的深层内涵，能够呈现其中蕴含的超越性和目的论的双重进路，唯物史观不仅仅是可以解释世界的理论科学，更是一种改变世界的实践哲学。这种实践哲学的根本要义在于能够借助于伦理和政治话语来提供批判维度并超越现存社会，同时运用这种超越性和目的论的价值指向来规范个体与社会。自然和自由、个体与共同体价值在唯物史观视域中呈现出新的内涵。因此，在唯物史观的思想语境中，超越性的与目的论的实践理性维度始终存在，没有前者，则无法有效地批判现实资本主义社会；若无后者，规范性的价值向度也同样会弱化。因此，关于马克思所着力阐发的革命的实践活动，当前更加值得关注的是其中的实践主体的命运，后者可以界定其理想性价值取向，进而通过实践理性能力实现社会秩序的批判和重建。也因此，阐发康德式的实践理性观念及其独特的政治证成路径能够为此思想任务提供重要的理论资源。

但是我们也不能忽略唯物史观的规范性向度与康德式实践哲学观念的差异，也需要认清前者在一定意义上对后者的批判和超越。一方面，与康德强调道德意义上的普遍立法意志亦即自律这一人格力量不同，马克思更为关注社会生产关系的批判与改造，并以之作为基本思想的目标；另一方面，虽然康德与马克思都致力于探询平等自由价值及其实现的可能性，但是康德更多地着眼于观念上的批判与重建这一启蒙事业，而马克思则更直接地面对并关注造成人性异化或自由的丧失的资本主义社会状况。因为在马克思看来，该状况让个体屈从于一定的物质生产关系结构，自由个性和独特性本身也因此无法得到维系，特别是资本主义模式所支配的分工使得个体只能服从于雇佣劳动体制和阶级关系，这 私有财产权制度成为个人自由全面发展的桎梏，自由自觉的生产劳动也就无从谈起。因此马克思不断强调消除私有制乃是实现人类解放的关键步骤，"只有交往和生产力已经发展到这样普遍的程度，以致私有制和分工变成了它们的桎梏的时候，分工才会消灭"①。

---

① 《马克思恩格斯全集》第3卷，人民出版社1960年版，第516页。

因此，唯物史观至少在两个层面远离并且超越了康德：一是对自由作出实践唯物主义而非观念论的理解，把自由平等等自然权利话语还原到现实资本主义的权利关系中；二是对资本主义的权利关系和财产关系进行彻底批判改造，在此基础上着力构建每个人的自由全面发展与一切人自由全面发展相契合的自由人的联合体，也唯有在这一真正的共同体中，自由平等价值理想才能够得到丰富展现。正如马克思所言：

> 它是各个人的这样一种联合（自然是以当时发达的生产力为前提的），这种联合把个人的自由发展和运动的条件置于他们的控制之下。而这些条件从前是受偶然性支配的，并且是作为某种独立的东西同单个人对立的。这正是由于他们作为个人是相互分离的，是由于分工使他们有了一种必然的联合，而这种联合又因为他们的相互分离而成了一种对他们来说是异己的联系。过去的联合决不像《社会契约论》中所描绘的那样是任意的，而只是关于这样一些条件的必然的联合（可以对照例如北美合众国和南美诸共和国形成的情况），在这些条件下，各个人有可能利用偶然性。这种在一定条件下不受阻碍地利用偶然性的权利，迄今一直称为个人自由。——这些生存条件当然只是各个时代的生产力和交往形式。①

在探询平等自由价值得以实现的普遍必然前提上，唯物史观比康德式实践理性思想进路具有更为鲜明的社会现实性取向。

---

① 《马克思恩格斯文集》第 1 卷，人民出版社 2009 年版，第 573—574 页。

主要参考文献

一、马恩经典

《马克思恩格斯文集》第1—10卷,人民出版社2009年版。
《马克思恩格斯选集》第1—4卷,人民出版社2012年版。
《马克思恩格斯全集》第1卷,人民出版社1956年版。
《马克思恩格斯全集》第2卷,人民出版社2009年版。
《马克思恩格斯全集》第3卷,人民出版社2002年版。
《马克思恩格斯全集》第7卷,人民出版社1959年版。
《马克思恩格斯全集》第28卷,人民出版社2018年版。
《马克思恩格斯全集》第30卷,人民出版社1995年版。
《马克思恩格斯全集》第31卷,人民出版社1998年版。
《马克思恩格斯全集》第32卷,人民出版社1998年版。
《马克思恩格斯全集》第42卷,人民出版社1979年版。
《马克思恩格斯全集》第44卷,人民出版社2001年版。
《马克思恩格斯全集》第46卷,人民出版社2003年版。
《马克思恩格斯全集》第47卷,人民出版社2004年版。

二、中文译作

阿多诺:《否定的辩证法》,张峰译,重庆出版社1993年版。
阿尔都塞:《保卫马克思》,顾良译,商务印书馆2010年版。

阿隆:《知识分子的鸦片》,吕一民、顾杭译,译林出版社2005年版。
阿伦特:《过去与未来之间》,王寅丽、张立立译,译林出版社2011年版。
阿伦特:《马克思与西方政治思想传统》,孙传钊译,江苏人民出版社2007年版。
阿伦特:《人的境况》,王寅丽译,上海人民出版社2009年版。
阿维瑞纳:《马克思的生活与政治思想》,张东辉译,知识产权出版社2016年版。
艾森斯塔特:《反思现代性》,旷新年译,生活·读书·新知三联书店2006年版。
安德森:《西方马克思主义探讨》,高铦、文贯中、魏章玲译,人民出版社1981年版。
奥古斯丁:《上帝之城》,王晓朝译,生活·读书·新知三联书店2006年版。
巴雷特:《非理性的人——存在主义哲学研究》,杨照明译,商务印书馆1995年版。
柏拉图:《理想国》,郭斌和、张竹明译,商务印书馆2018年版。
贝斯特、凯尔纳:《后现代转向》,陈刚等译,南京大学出版社2002年版。
波普尔:《开放社会及其敌人》第1—2卷,陆衡等译,中国社会科学出版社1999年版。
波普尔:《历史决定论的贫困》,杜汝楫、邱仁宗译,上海人民出版社2009年版。
伯林:《现实感》,潘荣荣、林茂译,译林出版社2004年版。
伯林:《自由论》,胡传胜译,译林出版社2003年版。
伯曼:《一切坚固的东西都烟消云散了》,徐大健、张辑译,商务印书馆2003年版。
德里达:《多重立场》,佘碧平译,生活·读书·新知三联书店2006年版。
德里达:《马克思的幽灵》,何一译,中国人民大学出版社1999年版。
德沃金:《原则问题》,张国清译,江苏人民出版社2012年版。
德沃金:《至上的美德:平等的理论与实践》,冯克利译,中国人民大学出版社2022年版。

迪尔凯姆：《社会学方法的准则》，狄玉明译，商务印书馆2004年版。
福山：《历史的终结及最后之人》，黄胜强、许铭原译，广西师范大学出版社2003年版。
伽达默尔：《科学时代的理性》，薛华等译，国际图书文化出版社1988年版。
伽达默尔：《哲学解释学》，夏镇平、宋建平译，上海译文出版社2004年版。
格里戈里扬：《关于人的本质的哲学》，汤侠声等译，生活·读书·新知三联书店1984年版。
贡斯当：《古代人的自由和现代人的自由》，阎克文、刘满贵译，上海人民出版2005版。
哈贝马斯：《后形而上学思想》，曹卫东、付德根译，译林出版社2001年版。
哈贝马斯：《交往与社会进化》，张博树译，重庆出版社1989年版。
哈贝马斯：《现代性的哲学话语》，曹卫东译，译林出版社2004年版。
哈贝马斯：《在事实与规范之间——关于法律和民主法治国的商谈理论》，童世骏译，生活·读书·新知三联书店2003年版。
哈耶克：《法律、立法与自由》第2—3卷，邓正来、张守东、李静冰译，中国大百科出版社2000年版。
哈耶克：《个人主义与经济秩序》，邓正来译，生活·读书·新知三联书店2003年版。
哈耶克：《科学的反革命——理性滥用之研究》，冯克利译，译林出版社2003年版。
哈耶克：《自由秩序原理》，邓正来译，生活·读书·新知三联书店1997年版。
海德格尔：《存在与时间》，陈嘉映、王庆节译，商务印书馆2015年版。
海德格尔：《海德格尔选集》，孙周兴选编，生活·读书·新知上海三联书店1996年版。
海德格尔：《路标》，孙周兴译，商务印书馆2000年版。
赫勒：《现代性理论》，李瑞华译，商务印书馆2005年版。

黑格尔:《法哲学原理》,范扬、张企泰译,商务印书馆 1961 年版。
黑格尔:《精神现象学》,贺麟、王玖兴译,商务印书馆 1979 年版。
黑格尔:《小逻辑》,贺麟译,商务印书馆 1980 年版。
华勒斯坦等:《自由主义的终结》,郝名玮、张凡译,社会科学文献出版社 2002 年版。
霍布豪斯:《自由主义》,朱曾汶译,商务印书馆 1996 年版。
霍布斯:《利维坦》,黎思复、黎廷弼译,商务印书馆 2017 年版。
霍耐特:《为承认而斗争》,胡继华译,上海人民出版社 2005 年版。
吉登斯:《现代性的后果》,田禾译,译林出版社 2005 年版。
金里卡:《当代政治哲学》,刘莘译,上海译文出版社 2015 年版。
金里卡:《自由主义、社群与文化》,应奇、葛水林译,上海人民出版社 2005 年版。
康德:《康德著作全集》第 6 卷,李秋零主编,中国人民大学出版社 2019 年版。
康德:《历史理性批判文集》,何兆武译,商务印书馆 1990 年版。
康德:《实践理性批判》,邓晓芒译,人民出版社 2016 年版。
康德:《未来形而上学导论》,庞景仁译,商务印书馆 1978 年版。
柯尔施:《马克思主义和哲学》,王南湜、荣新海译,重庆出版社 1989 年版。
柯亨:《马克思与诺齐克之间》,吕增奎编,江苏人民出版社 2008 年版。
柯亨:《如果你是平等主义者,为何如此富有?》,霍政欣译,北京大学出版社 2009 年版。
柯亨:《自我所有、自由和平等》,李朝晖译,东方出版社 2008 年版。
柯拉柯夫斯基:《形而上学的恐怖》,唐少杰等译,生活·读书·新知三联书店 1999 年版。
科尔斯戈德:《规范性的来源》,杨顺利译,上海译文出版社 2010 年版。
孔德:《论实证精神》,黄建华译,译林出版社 2011 年版。
拉宾:《马克思的青年时代》,南京大学外文系俄罗斯语言文学教研室翻译组译,生活·读书·新知三联书店 1982 年版。
卢卡奇:《历史与阶级意识》,杜章智、任立、燕宏远译,商务印书馆 1999

年版。
罗蒂：《后哲学文化》，黄勇译，上海译文出版社 2004 年版。
罗蒂：《偶然、反讽与团结》，徐文瑞译，商务印书馆 2003 年版。
罗尔斯：《正义论》，何怀宏、何包钢、廖申白译，中国社会科学出版社 2009 年版。
罗尔斯：《政治自由主义》，万俊人译，译林出版社 2011 年版。
洛克：《政府论》，叶启芳、瞿菊农译，商务印书馆 2022 年版。
洛维特：《世界历史与救赎历史——历史哲学的神学前提》，李秋零、田薇译，上海人民出版社 2006 年版。
马尔库塞：《单向度的人》，刘继译，上海译文出版社 2006 年版。
马拉霍夫：《社会发展的辩证法》，单志澄、胡慧琴译，东方出版社 1988 年版。
麦金太尔：《德性之后》，龚群等译，中国社会科学出版社 1995 年版。
麦金太尔：《伦理学简史》，龚群等译，商务印书馆 2003 年版。
麦卡锡：《马克思与古人：古典伦理学、社会主义和 19 世纪政治经济学》，王文扬译，华东师范大学出版社 2011 年版。
麦克莱伦：《卡尔·马克思》，王珍译，中国人民大学出版社 2005 年版。
麦克莱伦：《青年黑格尔派与马克思》，夏威仪、陈启伟、金海民译，商务印书馆 1982 年版。
麦克里兰：《西方政治思想史》，彭淮栋译，海南出版社 2003 年版。
墨菲：《政治的回归》，王恒、臧佩洪译，江苏人民出版社 2008 年版。
尼采：《希腊悲剧时代的哲学》，周国平译，商务印书馆 1994 年版。
诺齐克：《无政府、国家和乌托邦》，姚大志译，中国社会科学出版社 2008 年版。
欧克肖特：《政治中的理性主义》，张汝伦译，上海译文出版社 2004 年版。
普列汉诺夫：《普列汉诺夫哲学著作选集》第 2 卷，生活·读书·新知三联书店 1961 年版。
萨义德：《知识分子论》，单德兴译，生活·读书·新知三联书店 2016 年版。
施特劳斯：《自然权利与历史》，彭刚译，生活·读书·新知三联书店 2006

年版。

斯宾塞:《社会静力学》,张雄武译,商务印书馆2009年版。

泰勒:《黑格尔》,张国清、朱进东译,译林出版社2012年版。

泰勒:《现代性的隐忧》,程炼译,南京大学出版社2020年版。

韦伯:《学术与政治》,冯克利译,商务印书馆2018年版。

韦尔默:《后形而上学现代性》,应奇、罗亚玲译,上海译文出版社2007年版。

韦尔南:《希腊思想的起源》,秦海鹰译,生活·读书·新知三联书店1996年版。

维特根斯坦:《哲学研究》,李步楼译,商务印书馆1996年版。

乌贝克、吉登斯、拉什:《自反性现代化》,赵文书译,商务印书馆2001年版。

伍德:《每个人的自由发展:德国古典哲学中关于自由、法权和伦理的研究》,李仙飞译,人民出版社2022年版。

熊彼特:《资本主义、社会主义与民主》,吴良健译,商务印书馆1999年版。

亚里士多德:《尼各马可伦理学》,廖申白译注,商务印书馆2003年版。

亚里士多德:《政治学》,吴寿彭译,商务印书馆1965年版。

三、中文著作

邓正来:《规则·秩序·无知——关于哈耶克自由主义的研究》,生活·读书·新知三联书店2004年版。

邓正来、亚历山大编:《国家与市民社会——一种社会理论的研究路径》,中央编译出版社2005年版。

高清海:《高清海哲学文存》第1—6卷,吉林人民出版社1997年版。

高清海:《高清海哲学文存·续编》第3卷,黑龙江教育出版社2004年版。

高清海:《哲学的憧憬——〈形而上学〉的沉思》,吉林大学出版社1995年版。

贺来:《辩证法与实践理性》,人民出版社2021年版。

孙正聿:《马克思主义辩证法研究》,北京师范大学出版社 2012 年版。

万俊人:《现代性的伦理话语》,黑龙江人民出版社 2002 年版。

吴晓明:《历史唯物主义的主体概念》,上海人民出版社 1993 年版。

杨耕:《"危机"中的重建——历史唯物主义的现代阐释》,中国人民大学出版社 1995 年版。

仰海峰:《〈资本论〉的哲学》,北京师范大学出版社 2017 年版。

俞吾金:《从康德到马克思——千年之交的哲学沉思》,广西师范大学出版社 2004 年版。

张一兵:《回到马克思》,江苏人民出版社 1999 年版

张汝伦:《德国哲学十论》,复旦大学出版社 2004 年版。

赵汀阳:《论可能生活——一种关于幸福和公正的理论》,中国人民大学出版社 2004 年版。

四、英文文献

Baynes, Kenneth. *The Normative Grounds of Social Criticism: Kant, Rawls, and Habermas*, Albany: State University of New York Press, 1992.

Buchanan, Allen E. *Marx and Justice: The Radical Critique of Liberalism*, London: Methuen, 1982.

Cohen, G. A. *History, Labour, and Freedom: Themes from Marx*, Oxford: Oxford University Press, 1988.

Freeman, S. (ed.), *The Cambridge Companion to Rawls*, Cambridge: Cambridge University Press, 2003.

Gould, Carol C. *Marx's Social Ontology: Individuality and Community in Marx's Theory of Social Reality*, MA: MIT Press, 1978.

Guyer, Paul. *Virtues of Freedom: Selected Essays on Kant*, Oxford: Oxford University Press, 2016.

Kymlicka, Will. *Contemporary Political Philosophy: An Introduction*, Oxford: Oxford University Press, 2002.

Kymlicka, Will. *Liberalism, Community and Culture*, Oxford: Oxford University

Press, 1989.
Lukács, Goerg. *The Young Hegel: Studies in the Relations Between Dialectics and Economics*, London: Merlin Press, 1975.
McCarthy, George E. *Marx And Social Justice: Ethics and Natural Law in the Critique of Political Economy*, Chicago: Haymarket Books, 2018.
Miller, Richard W. *Analyzing Marx: Morality, Power and History*, NJ: Princeton University Press, 1984.
Peffer, R. G. *Marxism, Morality and Social Justice*, NJ: Princeton University Press, 1990.
Rawls, John. *Collected Papers*, S. Freeman (ed.), Cambridge, MA: Harvard University Press, 1999.
Rawls, John. *Justice as Fairness: A Restatement*, E. Kelly (ed.), Cambridge, MA: Harvard University Press, 2001.
Rawls, John. *Lectures on the History of Political Philosophy*, S. Freeman (ed.), Cambridge, MA: Harvard University Press, 2007.
Riley, Patrick. *Will and Political Legitimacy: A Critical Exposition of Social Contract Theory in Hobbes, Locke, Rousseau, Kant, and Hegel*, Cambridge, MA: Harvard University Press, 2014.
Sypnowich, Christine (ed.), *The Egalitarian Conscience: Essays in Honour of G. A. Cohen*, Oxford: Oxford University Press, 2006.
Tucker, Robert C. *The Marxian Revolutionary Idea*, NY: W. W. Norton & Company, 1969.
Wood, Allen W. *Karl Marx*, London: Routledge & Kegan Paul Ltd, 2004.

初版后记

从最初接触哲学至今,我的学习一直与马克思哲学相关。但是现在对马克思思想的感悟与多年前相比,可以说发生了太多改变,这也与生存状态的变迁相适应。现实生活总会有新的困境和问题出现,也会有新的期望和梦想产生,我试图通过探究思想的深层动因来找寻可行的方案。

马克思生活在一个革命的年代,在那个时代,寻找激进的社会变革路径成为其思想主题。今天,我们所处的时代呈现出更加纷繁复杂的图景,如何在多元文化语境中既保有个体自由平等又寻求价值共识和人类团结,成为当前重要的思想议题。马克思哲学若想继续成为我们探询未来道路的理论资源,就必须直面当代人类的生存状态,也只有在回应现实问题的过程中才能不断激发马克思思想的生命力。本书从一个概念切入,表达的是我对马克思如何走向当代的思考。

这一思考不仅与现代性问题语境相关联,也与当代政治哲学的相关讨论进行了批判性对话。对于前者,我们着力较多,已经获得了比较丰富的观念架构和思想方法;而对于后者,我们依然缺乏深入的研究和探索,我想在相当长的时期内这都将是国内学界的重要致思取向。当代学界特别是英美道德和政治哲学研究已经积累了丰厚的思想成果，如果不能自觉地与其进行对话沟通，我们将错失推进马克思思想走向当代的又一重要契机。

也因此，在实践哲学这一总体性的思想语境中，深入研究马克思的自然哲学、道德哲学和政治哲学乃是当前重要的学术课题。这一探究不仅让马克思与康德、黑格尔甚至亚里士多德等古典思想家互通有无，也与罗尔斯、诺齐克和柯亨等当代学者的思考有着诸多契合之处。这种互通和契合不仅能够让我们从更宽广的思想视界来审视马克思的理论建构，进而避免独断的和非此即彼的思维方式，同时也能够帮助我们在新的问题域中重新理解、发展马克思哲学。

本书探询的概念虽然为人们所熟知，但国内学界依然未能对此给予足够的重视。我想借由此番剖析阐述，为推进马克思主义哲学研究作出自己的努力。对于这一努力的成败得失，我会虚心接受所有人的批评。

本书由我的博士论文修改而成。从最初的拟定提纲到成书出版，其中有太多值得珍藏的艰辛和美好。记得两年前，在加拿大东部小城金斯顿，我常常深夜从学校图书馆踩着厚厚的积雪回到住处。也记得在论文的紧要处理不清思绪时，我常去澄澈辽阔的千岛湖边小坐，那里的碧水、湖鸥让我得以缓缓拨开层层迷雾，回归写作的初心。我的很多感悟在书中更多的是以理性的文字表达出来的，但在我内心深处，如果没有切己的生命体验，这样的文字终将失去鲜活的生命力，我将把这份来之不易的积淀带到以后的学习和生活中。

本书从选题、写作到修改、完善，自始至终都是在我的导师贺来教授的指导下进行的。多年来，导师对我的学习、工作给予了很多关心和帮助。在导师的引领下，我不仅感受到了哲学的精神品格和价值取向，自觉拓宽自己的理论视界，也对今后的学术研究方向和道路有了更深切的感知。本书的出版是弟子对老师悉心栽培的铭记和回报。

在我探询哲学问题的各个阶段，得到了很多师长的鼓励和指导，谆谆教诲，永生难忘。我的导师艾福成先生始终关心着我的成长和进步，在为学、为人上对我影响甚深；我本科阶段的指导老师、现任教于北京大学的仰海峰先生是我的哲学启蒙老师，在他身上，我时常能感受到哲学思考的灵性与执着，我会珍藏这一得之不易的感受；我的国外导师、加拿大皇后大学哲学系的金里卡先生对马克思哲学与当代政治哲学均有非常独特的见解，我时常就书中的一些关键问题求教于他，也总能得到非常有启发性的回应。在这里，向他们一道致以衷心的感谢。

在此，还要特别感谢孙正聿教授、孙利天教授、刘福森教授、张盾教授、沈亚生教授、王振林教授，在接受他们指导和帮助的过程中，我体会到了哲学思维的多彩与绚丽，也更深刻地理解到学习哲学的价值和意义；在我博士论文评阅和答辩过程中，杨魁森教授、王南湜教授、胡海波教授、邹诗鹏教授、田海平教授提出了许多宝贵修改意见，谢谢他们的无私馈赠；感谢俞吾金教授、邓正来教授、张曙光教授，在书稿写作和修改期间，我曾多次向他们请教，他们广博的学识和平实的态度让我受益匪浅。虽然已经离开军校到地方工作，但是心中对空军航空大学社会科学系的张菲洲教授、高鹏教授、姜大云教授的感激之情延续至今，谢谢他们的理解、鼓励和帮助。我也要借此机会向白刚博士、高云涌博士、刘富胜博士等学友表示谢意，在与他们相互讨论中，我感受到了哲学论辩所传递的真挚情谊。

博士毕业后，我受聘于山东大学哲学与社会发展学院。在短短一年多的时间里，我已深深体会到了这个共同体的关切与爱护。刘杰院长对我的生活和工作给予了很多关心和帮助，并热情支持该书出版。我的博士后合作导师刘陆鹏教授和教学指导老师何中华教授言传身教，让我深刻领悟到作为一个学者、教师的使命和责任。傅永军教授、傅有德教授、姜涌教授也在工作上给予了我诸多指导，在此一并致谢。我会把他们的关心和帮助珍藏心间，扎实走好每一步，期待将来有更好的作品敬献给他们。

责任编辑崔萌女士为本书的问世付出了诸多辛劳，本书能以如此合宜的样态呈现在读者面前，与她的耐心和细致是分不开的，在此深表感谢。

海德格尔曾说，"作品的存在就是建立一个世界"，本书的出版，让我对身边的人、对这个世界有了更多亲近，感谢那么多人帮我营造了这个世界，我会用心守护。

卞绍斌
2010年于泉城山大南苑

再版后记

基于人性理想和社会观念反省时代问题，进而着力造就人类联合新形态，由此保障和实现每个人的自由全面发展，乃是马克思整个思想建构的根本立足点。这是我在完成博士论文以后的十多年间，特别是通过对以康德和罗尔斯为主线的道德政治哲学的研习，所获得的更为深切的感知和确认。

在马克思看来，经由资本所牵动的物的生产体系，人们之间表面上有着看似分工有序抑或心照不宣的社会合作，实际上却是一种原子式的关系，这种关系在根源上是不断固化的无意识结果，货币这一社会公认的商品价格符号，背后似乎由魔法师所操纵，成为左右人们行动的客观思维方式，也像一束普照的光，映射出人世间的离合悲欢，而经由繁复的政治经济学批判，马克思异常明晰地阐发其立场："一旦我们逃到其他的生产形式中去，商品世界的全部神秘性，在商品生产的基础上笼罩着的劳动产品的一切魔法妖术，就立刻消失了。"

识破货币等经济范畴所营造的眩惑场景，祛除工具理性和交换价值的主导权，通过联合意志重构社会形态进而彰显人格自律和尊严，同样也是康德的主要思想指向。在此意义上，康德式自我意识哲学或实践观念论蕴含着深远的道义论旨趣,在知识领域,作为本源的综合统一性能力,我思借助于概念推证给一切现象总和的自然界颁布先天法则;在道德领域,自我通过纯然实践理性确立道德规范,从而保障每个人和其他所有人的自由能够契合一致,基于目的王国理念造就的社会新形态中,人而非物才是根本目的,人格理想与社会理想由此圆融无碍。

罗尔斯则通过良序社会观念延续康德和马克思的思想抱负。良序社会乃是由公共或公开的正义原则所规导的社会合作体系,而正义原则则是具有善观念和正义感的理性存在者所一致认肯的公共价值规范,而非受制于偶然的出身、阶层和性别等因素,也因此才能够有效捍卫每个人的平等自由价值。为此,无知之幕近似于康德的实践理性批判或马克思的政治经济学批判,均是通过彰显自律人格来消除幻象或假象,进而为新的社会联合奠定规范基础。

上述略显简浅的论断,却是我多年来不断思索的心得。在这期间,金里卡教授再次接受了我的访学申请,并与他一起完成了一篇详细的对谈,让我对当代政治哲学前沿特别是左派与自由主义的圆融会通有了更深入的理解,可以说,假如没有他给予的多次学习机会,无论是博士论文写作还是我的思想视界都将存在诸多缺失。

纽约州立大学奥尔巴尼分校哲学系曼德尔教授、布朗大学哲学系盖耶教授,是我深入研究罗尔斯和康德哲学的良师益友。曼德尔注重在政治哲学发展历程中理解罗尔斯,促使我第一次完整地阅读了康德的法权学说,而对康德政治哲学乃至其整个思想体系的完整把握,则有赖于盖耶的悉心教导。

如今,忆及往昔的留学时光,萦绕于脑海的景象依然是图书馆靠

再版后记

近窗户的自习桌,自朝至暮,寒来暑往,默坐澄心。借由几位导师的指引,经由马克思、罗尔斯和康德这几扇窗,让我观想瞻望多样的学术图景,却又凝眸于相通的思想视界,由此看清路标,缓步前行。

这本书的增订出版让我有机会再次向我的导师贺来教授表达无尽感激,当初我试图以社群主义特别是麦金太尔的思想视角切入论文主题时,是他让我读完罗尔斯的论著后再做决定,这一提醒也奠定了我此后的学术方向。

2019年,我调动到东南大学人文学院工作,如今,回顾忙碌而又充实的四年时光,收获良多。本书修订期间,樊和平教授希望我可以有一个更为高远且系统的学术规划,让我思考如何把此书和后续的写作出版进行联结。这几年,行政工作对于更习惯于书斋的我来说是很大挑战,在一些艰难时刻,人文学院特别是哲学系的同事们给了我很多鼓励和支持,让我有更多信心和勇气,在此一并感谢他们。

值得特别提及的是,我的很多学生参与了本书校对,个别同学还通读了整部书稿,提出了宝贵意见和建议,许多同学还在课堂内外就书稿进行了讨论,衷心感谢他们。最大限度地让学生参与到教学科研中,是我近年来异常关注也是投入较多心力的地方,这样的合作不仅是学问上的彼此成就,也是在共赴一场再造传统、革新观念、拓展视界的学术奥德赛之旅。

感谢商务印书馆对"至善人文"丛书的热情支持,这次合作也是一次良好开端,期待有更好的作品奉献给商务印书馆这座古典又青春的学术殿堂。

也要特别感谢我的家人在漫长的学术旅途中的理解和陪伴,记得这本书初版问世时,女儿悠悠刚出生不久,岁月见证着我们的共同成长，希望她不断努力，为自己也为世界创造更多精彩。

  1903 年，里尔克在给友人的信中写道："几个星期后我将迁入一个寂静而简单的地方，是一座老的望楼，它深深地消失在一片大园林里，足以躲避城市的喧嚣与纷扰。我将在那里住一冬，享受那无边的寂静，从这寂静中我期待着良好而丰盛的时间的赠品。"一切书写都是空间和时间的馈赠，让我自觉没有虚度。

卞绍斌

2023 年 7 月 24 日于江宁长亭街